城市发展丛书

SERIES OF URBAN DEVELOPMENT

城市发展的足迹与回响

从奥林匹克公园到北京城市副中心建设的实践创新

THE FOOTPRINT
AND ECHO OF
URBAN DEVELOPMENT

PRACTICAL INNOVATION OF
CONSTRUCTION
FROM OLYMPIC PARK
TO BEIJING SUBCENTER

北京城市副中心投资建设集团 / 编

李长利 / 主 编

吴金梅 / 副主编

社会科学文献出版社
SOCIAL SCIENCES ACADEMIC PRESS (CHINA)

上图 ▮ 北京奥林匹克中心区

下图 ▮ 北京通州运河商务区

上图 ▎北京通州北关大道跨通惠河桥 —— 青叶伏波
下图 ▎北京奥林匹克中心区

上图 ▎北京丰台丽泽金融商务区效果图
下图 ▎北京通州跨北运河桥 —— 千荷泻露

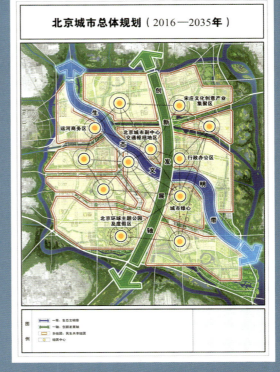

北京城市总体规划（2016—2035年）

上图 ▎北京城市副中心实景图
下图 ▎北京城市副中心规划图

编委会名单

主　　编：李长利

副 主 编：吴金梅

编　　委：杨学锋　史喜亭　魏庆丰　孙洪山　魏　莉
　　　　　高小强　谢　强　佟　瑄　李　珊　曹　峰
　　　　　赵　劲

办 公 室：张　弛　谭禄孝　郭　爽

北京城市副中心投资建设集团有限公司
简介

北京城市副中心投资建设集团有限公司（简称"北投集团"）是北京市属特殊功能类一级国有独资公司。2003 年 12 月 12 日，北京新奥集团公司在原北京奥运场馆土地一级开发指挥部基础上成立，2005 年 3 月 17 日，公司增资改组为北京新奥集团有限公司。2017 年 11 月 20 日，北投集团由原北京新奥集团有限公司翻牌组建而成，注册资本 100 亿元人民币。

北投集团定位为："服务首都发展战略，聚焦城市副中心，主动承载京津冀协同发展重点任务，按照经营城市的理念营造城市，成为国内领先"，集"投资、融资、开发、建设、经营"于一体的城市综合运营商。按照市委、市政府批示的功能定位，北投集团是土地成片开发的综合平台、公共服务供应的优化渠道、推进城乡统筹的骨干力量、授权项目建设的投融资主体、市场条件下的经济实体。截至 2018 年末，北投集团资产总额约 1500 亿元人民币。

"十三五"时期，北投集团围绕"城市投资与融资；城市建设与综合运营"两大主业，充分发挥集团投资建设平台作用，着力推动北京城市副中心规划、投资、建设、运营统筹水平不断提升，加快与雄安新区形成"一核两翼"发展新格局；积极服务首都发展战略的实施，高效实施亚投行总部大楼、2022 年北京冬奥会冬奥村、城市绿心、北京新机场临空经济区、丽泽金融商务区、承德临空经济区等重大项目的投资建设，安全有序高水准运营奥林匹克中心区、奥体文化商务园区和运河商务区等重要城市功能区，为将北京建设成为国际一流的和谐宜居之都做出新的更大贡献。

北投集团作为城市综合运营商，一直秉承奥运精神，不忘初心、继续前进，以精益求精、追求卓越的态度，在专业领域持续提供优质服务，始终致力于将企业打造成为世界领先、具有全球影响力的城市投资与运营集团。

这是一群来自建设第一线的高级工程师的文字，

这是一些当今最具影响力的建设工程的经验总结，

这是一系列刚刚完成或正在实施的最鲜活的城市发展案例，

这是一部可以透视从奥运到如今北京城市建设创新实践的成果集。

城市，一直在发展，

我们，不断在创新，

世界，越来越美好！

摘　要

以北京 2008 年奥运会奥林匹克中心区建设为代表的城市提升和功能区打造，以及以北京城市副中心建设为代表的新城建设，是中国城市发展建设中的经典案例。做为实施主体，进行这两项城市建设的北投集团（原北京新奥集团）在城市土地开发、基础设施建设、功能区建设与运营、城市发展规划等方面进行了全方位、多角度的探索、创新与实践。这些思考与总结是中国城市发展建设模式的梳理，也是在创新基础上经验的概括。本书从土地开发、建设组织、管理创新三个角度总结了模式和做法。

对土地开发模式的探索。针对常规土地开发模式弊端，北投集团创建"三统一"模式，投资建设了多个北京市土地一级开发重点项目，包括奥林匹克公园中心区、奥体文化商务园区、通州新城建设核心区、北京城市副中心核心启动区等。通过对土地一级项目规划、实施及运营统一筹划，最终实现了土地一级开发项目的综合效益——经济效益、社会效益、生态效益的最大化。通过政企联动实现规划的高效推进，运用智慧城市理念发挥规划在土地开发中的引领作用，在土地开发全生命周期中保障了土地开发的科学组织与高效推进。

建设施工组织中的实践。无论是大型综合功能区建设，还是基础设施工程管理，建设施工组织都是一个复杂的系统工程。实施主体需要综合协调组织多个主体、平衡众多因素。结合多个项目的实践，北投集团总结了全过程管理、全措施管理、全天候管理、全要素管理、全员化管理的"5a"安全质量管理理念，建立了"全覆盖规划设计导引、全面实时动态信息管理、全过程质量管控、全时空安全管理、全方位预警制度"五全项目管理体系，并在综合项目群多层级矩阵式管理模式建立、跨项目基础设施建设一体化组织等方面总结了经验和做法，提炼概括了以基础设施驱动的城市功能区建设模式。

管理实施中的创新。依托信息技术，可视化管理系统在综合园区管理中建立，虚拟管理技术在大型综合项目管理中应用，大型综合工程安全质量管理信息化体系有效提高了管理效率，多端口交叉互联项目管理系统实现了工程建设各相关主体的工作任务量化、数据共享，与大型投资建设运营企业相适应的法律风险防控体系、与土地一级开发业务相适应的档案管理及信息化体系建立实施。多角度的管理创新为城市的建设发展提供了有力的支撑。

城市开发建设是一个复杂的体系，在中国快速发展大背景下找到城市发展问题的解决之道，是时代对我们的要求，也是我们努力书写的答案。

Abstract

Project one: The Olympic Central District is the main venue for the Beijing 2008 Olympic Games. Its construction is the embodiment of the upgrade of Beijing's urban functional area. Project two: The construction of a new city presented by construction of the Beijing City Sub − center. The two projectsy are important cases in the development of China's cities. BIG (Beijing Investment Group Ltd. , Formerly Beijing Xinao Group Ltd.) is the core operational role of implementation of these two construction projects. In particular, it has carried out multidimensional research and exploration in urban land development, infrastructure construction, functional area construction and operation, urban development planning, and has continuously innovated and practiced. The results and comprehensive summaries of these studies are a sample for the development and construction of urban development in China, as well as empirical summary based-on innovation. It refines the experience of land development, construction organization, and management innovation in management systems and operational methods within this book.

The perspective of exploration of land development model. To resolve the disadvantages of the traditional land development model, BIG has created the "Three Unification Model", which is planned, implemented and operated as one unified system. By using the "Three Unification Model" there are several key projects for land development in Beijing have been invested and constructed. For example, the Olympic Park Central District, the Olympic Sports Culture Park, the core area of Tongzhou New City Construction, and the core start − up area of the Beijing City Sub − center, etc. According to the unified planning of land level first – level project planning, implementation and operation, the comprehensive benefits of land – level development projects: economic, social and ecological benefits will be maximized. The effective promotion of planning has been achieved through the linkage between the government and enterprises. With the concept of smart city, planning has played a leading role in land development. Thereby ensuring the scientific organization and efficient promotion of land development throughout the life cycle of land development.

The perspective of practice in construction organization. For both Large – scale integrated functional area construction and infrastructure engineering management, building construction organization is complex system engineering. Implementation requires a comprehensive coordination of multiple entities and balancing of many factors. Combined with the practice of multiple projects, BIG summarized the "5A" safety and quality management methods, which are: All process management, All measure management, All weather management, All factor management, and All staff management, and the project management system of "full coverage planning and design guidance, comprehensive real – time dynamic information management, overall process quality control, full space – time security management, and early warning system" was established. It also summarizes the experience and practices in the establishment of multi – level matrix management mode of integrated project group and the integration of project infrastructure construction, and also refines the urban function area construction mode driven by infrastructure.

The perspective of management innovation. Relying on information technology, visual management systems established in comprehensive park management; virtual management technologies implemented in large – scale integrated project; the management efficiency has improved by information systems for safety and quality in large – scale integrated projects; the quantification of work tasks and data sharing has achieved through the multi – port cross – interconnection project management system between multiple construction subjects; The establishment and implementation of legal risk prevention and control system and archives management and information system, which suitable for large – scale investment enterprises and land development projects. Multi – angle management innovation provided a strong support for urban development.

China's urban development and construction is complex system. We are responsible and trying our best to find solutions to problems in a rapidly evolving context.

序

21 世纪，中国进入城市发展最快时期。2000 年，中国的城镇化率只有 36.2%，到 2017 年，中国的城镇化率已经达到 58.52%。中国的城市以日新月异的速度发展，新城建设、旧城提升改造，功能区打造、城市空间综合利用，公共服务提升、产业布局优化、服务业态创新，无论是硬件建设还是软件更新，中国的城市都呈现前所未有的发展速度。

我国"十三五"规划提出"要推进以人为核心的新型城镇化"，这标志着未来的城市规划、城市开发建设和城市运营，都将更加人性化。随着以海绵城市建设、生态红线保护等一系列重大项目为引领的城市生态战略全面开启，以保护历史为龙头的守护城市记忆行动的实施，以科学规划为引领的新城市建设的逐步开展，每个城市将具有更加鲜明的特色，"千城一面"现象会有效改善。以人为本的城市发展基调的确立，标志着中国城市的发展进入一个新的更加科学的阶段。

城市的发展是一个多系统交互作用、共同变化的复杂过程。城市居民的生活体系、城市治理的运行管理体系、城市投资开发建设的成长体系、城市产业运行的市场体系、城市历史传承和现代化发展的文化体系……这些系统既各自独立又相互影响，我们要从城市发展观念，城市发展方向，城市开发建设，城市特色打造，城市产业构建、服务提升，城市群共同发展等多个维度探索城市发展规律，总结城市发展的经验。中国的城市发展形成了经验，也面临许多困难，有误区、走过弯路。其他国家城市发展的经验值得我们借鉴，但更需要立足国情不断实践、思考、总结，找到最适合中国的城市发展道路。

改革开放以来，特别是近 20 年来，中国在城市发展中的一个又一个探索，破解了城市发展的问题和困难，探索了城市发展道路，积累了中国城市发展经验，创造了城市建设发展的中国模式。

北投集团做为集"融资、投资、开发、建设、运营"于一体的城市综合运营商，深刻感受到城市在发展中有力的脉动。为了记载城市发展的脚步，分享我们的经历和感想，汇集城市发展中的智慧和经验，从这本书开始，我们将以"城市发展"为主题，以书为平台，与大家一起交流城市发展的经验与感想。

2018 年秋

目 录

contents

上篇 土地开发

中篇 建设组织

下篇　管理创新

上篇
土地开发

北京奥林匹克公园中心区

"三统一"开发模式的创建与实施

北京城市副中心投资建设集团有限公司[*]

摘　要

常规土地一级开发项目由于存在投入资金量大、开发风险较高以致综合效益难以权衡、前期规划考虑不足难以匹配后期二级地块开发需求等问题，北投集团在奥运主场馆区开发建设过程中经过积极探索，积累并创建了"三统一"开发模式，即"统一规划，统一实施，统一运营"。运用这一理念，出色地完成了奥运中心区、奥体文化商务园等项目的开发建设工作，打造了企业的核心竞争优势，极大地提升了区域开发品质，推动了区域产业发展。"三统一"的开发模式，丰富拓展了"土地一级开发"内涵和外延，为行业未来发展提供了经验和借鉴。

关键词　土地一级开发　"三统一"模式　核心竞争优势

一　"三统一"土地一级开发模式提出背景和主要内容

（一）常规土地一级开发

1. 土地一级开发项目常规概念

常规土地一级开发是指政府或其授权委托的企业作为土地一级开发主

---

* 北京城市副中心投资建设集团有限公司，简称"北投集团"，是北京市属特殊功能类一级国有独资公司。2003 年 12 月 12 日，北京新奥集团公司在原北京奥运场馆土地一级开发指挥部基础上成立，2005 年 3 月 17 日，公司增资改组为北京新奥集团有限公司。2017 年 11 月 20 日，原北京新奥集团有限公司翻牌成为北投集团。

该成果由北投集团全体员工共同创造。

体，根据区域总体规划、详细规划和土地利用总体规划，对纳入土地储备范围内的国有土地和集体土地，进行征收补偿、拆迁安置、城市基础设施和配套设施建设，达到"三通一平""五通一平""七通一平"的建设条件，根据城市经济发展对土地的需求或政府的土地供应计划，再对熟地进行有偿出让或转让的过程。

2. 土地一级开发项目主要模式

一般来说，土地一级开发模式依据主体选择方式的不同主要有以下几种模式。

模式一：储备机构为实施主体。在2002年北京市土地储备和一级开发暂行办法出台以前，许多土地一级开发工作都由市、区土地储备机构来做，在开发过程中，作为开发主体的政府能够有效地控制开发进度、开发成本和开发过程，完成控制性详细规划和修建性详细规划等城市规划要求，能够较好地保证经济效益和社会效益，同时避免城市基础设施改善带来的增值收益大部分流入开发商的口袋，实现对土地市场的宏观调控，保证土地供需平衡目标的实现。

模式二：储备机构为主体，委托国有企业实施。由于开发数量大，每个项目都由储备机构做实施难度较大，因此有的地区采取了储备机构做主体，委托国有企业来进行实际开发的办法。这种方式可以充分发挥政府和企业双方的优势，在专业化程度高、灵活性强的基础上最大限度地保证了政府对土地一级开发的控制。

模式三：通过招标确定开发主体。这种方式是由土地储备机构组织招标，选择相应的开发企业来作为主体实施土地一级开发，由开发企业负责筹措资金、办理规划、项目核准、征地拆迁和大市政建设等手续并组织实施。通过招标方式确定开发企业后，土地储备机构与中标开发企业签订土地一级开发委托协议，并对土地一级开发过程实施监管，待开发工作完成后对项目进行验收。这种方式具有融资可靠，节省人力，政府风险和责任小等特点，可有效解决政府土地开发资金不足的问题，减少政府土地开发风险。

3. 常规开发模式存在的弊端

（1）资金问题

土地一级开发是一项资金密集型的工作。前期的征地、拆迁及市政基础设施建设等都需要大量的资金支持。根据规定，进行土地一级开发的机构，自有资金比例需达到35%才能够予以立项核准，并且只有当开发工作完成、土地入市交易后才可以收回投资。而一般土地一级开发时间至少要两年以上，如果通过银行贷款方式进行一级开发肯定不合算。以此来看，开发商完全通过贷款进行一级开发很可能亏本，这对实施主体的资金数量和低成本的融资能力提出了非常高的要求。

（2）可控性问题

土地一级开发要具备较高可控性。这是因为土地的开发成本和开发进度会直接影响到土地的价格和供应量，进而又会对房地产的价格产生一定的影响。土地价格和土地供应数量都是影响房价的重要因素，尤其在当前房地产价格上涨过快的形势下，提高政府对土地的价格和供应量的控制就显得尤为重要。有的开发企业由于股东之间对该项目的意见不统一，或者因为股权的变更，延误了工期；有的因为公司陷入财务纠纷，忙于打官司，耽误了项目的开发；有的看到土地的巨大增值潜力，故意拖延上市时间，以期谋求更大的利益；还有的开发商过分追求利润最大化，最大限度地降低征地补偿费和拆迁安置的条件，造成严重的拆迁纠纷，因此政府对土地一级开发的控制应该得到充分重视。

（3）综合效益问题

土地一级开发不仅要实现经济效益，而且要实现社会效益和生态效益。现实中每个项目差异性都非常大。如果某个项目的拆迁量小，而且规划用途是商业，加上地理位置较好，它的经济效益就非常高，企业参与该项目的热情也就高。如果该项目拆迁量大，地理位置一般，规划用途又是基础设施或者绿地，即使项目对城市发展有很好的促进或者对周边生态环境有很好的保护，也很可能会无人问津。因此土地一级开发主体不能唯利是图，一定要有社会责任感，必须把自我本位与社会本位有机结合起来，不仅要追求经济效益，而且要注意社会效益和环境生态效益，开发项目一定要注重对城市建设发展的贡献。政府对从事土地一级开发主体进行考核，不应只是对主体本身的考核，还应包括建设项目的影响力、吸引力和带动作用；不应只是对直接效益的考核，还应包括间接效益；不应只对经济效益考核，还应包括社会效益和环境生态效益。

（二）"三统一"创新模式研究背景

1. 集团自身优势

北投集团是专业从事土地一级开发工作的企业，较好解决了当前土地一级开发过程中的几个突出问题。在资金方面，可以向银行贷款，也可以通过资本市场融资，作为国有企业还可以使用财政拨款，这是单纯的开发企业无法实现的，因此在资金方面国有企业有明显的优势。在控制性方面，公司由政府出资设立，受政府管理，在政府领导下从事土地一级开发工作，公司的主要目的不是盈利而是完成政府交办的建设任务，因此更容易与政府达成一致。如此一来，政府可以更好发挥土地一级开发在宏观调控中的作用，将土地一级开发的价值凸显出来。在综合效益方面，公司的主要目的不是盈利，因此在土地一级开发时不会"挑肥拣瘦"或者"嫌贫爱富"，无论是居住、商业还是纯公共配套，都会一视同仁地进行开发；同时由于是代表政府，在征地拆迁过程中识大体、顾大局，综合考虑各方利益，真正实现"绿色开发""和谐开发"。

2. "三统一"创新模式产生的历史背景

北京奥林匹克公园地处北京城中轴线北端，是举世瞩目的、无与伦比的第29届夏季奥运会主会场所在地，从北向南依次划分为北区奥林匹克森林公园、中心区奥运会场馆集聚区和南区亚运会场馆集聚区（即奥体文化商务园），是目前世界上最大的综合性奥林匹克文化展示区，是北京市六大高端产业功能区之一。

北京奥林匹克公园开发建设因其独特位置和重要意义得到市委、市政府的高度重视。而北投集团则于2005年受北京市政府委托，作为土地一级开发单位负责北京奥林匹克公园（即中心区）、奥体文化商务园范围内的征地、拆迁和土地平整工作，并于2007年奥运前夕圆满完成上述任务。北投集团正是在对中心区进行土地一级开发的过程中，积累并形成了一种创新的土地一级开发模式。

（三）"三统一"创新模式含义与内容

"三统一"模式主要指在土地一级开发过程中采用"统一规划、统一实施、统一运营"的全过程开发模式。

"统一规划"指一级开发主体秉承规划先行的原则，在控制性详细规划方案基础上，结合区域开发内容协助政府，综合制定景观绿化、市政专项、空间规划等多方面规划方案，以更好地指导后续区域开发工作。

"统一实施"是指一级开发主体根据地块整体规划，合理安排一级开发多项实施内容，协调管控区域内建筑、道路、景观、综合管线等施工单位的各项工作，实现区域内实施阶段各项建设工作稳步有序推进。

"统一运营"是指一级开发主体依托建设管理优势，承担区域内公共设施的统一运营管理，更好地服务于区域发展。

区别于传统一级开发项目仅包含征地拆迁、三通一平、五通一平或七通一平功能，北投集团开发的一级开发项目建设内容更加丰富、立体，更具内涵，是北投集团在对城市功能区和产业聚集区的功能定位、产业定位进行充分研究、深入挖掘的基础上，开展的集总体规划、统筹实施、统一常态化运营服务为一体的创新型一级开发项目，即本文所提出的集"统一规划、统一实施、统一运营"为一体的"三统一"模式。

二 规划开发模式的统一

（一）统一的规划开发模式概念及优势

1. 常规的规划开发模式存在的问题

因土地一级开发实施主体责任仅限于使土地具备上市条件或满足基本功能，各地块没有进行深化设计，容易造成一级地块市政基础设施条件与后续二级开发的实际需求产生较大的偏差，以及资金直接浪费的同时也加大了二级开发的实施难度。传统的土地一级开发实施主体因融资难、开发风险大等问题，对园林绿化等不涉及供地部分的腾退、征地、市政设施等工作积极性不高，容易造成一级开发项目整体无法严格按照编制的规划实施。随着城市化进程加快和人口规模快速增长与耕地保护的矛盾日益尖锐，对土地一级开发提出了更高的要求。

2. 统一规划开发新模式概念及优势

城市化进程加快和人口规模快速增长及耕地保护的矛盾日益尖锐，居民素质及生活水平不断提高，土地资源也日益紧张，土地一级开发常规模式形式单一、整体性差等问题越发凸显，难以满足民众对建设项目品质、管理水平、服务水平不断增长的高要求。为了在有限的空间内更高效、优质地完成土地一级开发规划，落实满足人民日益增长的美好生活的需要，进而提高土地利用价值，北投集团经过近年来国内土地一级开发市场的研究和实践，尝试在土地一级开发常规模式的基础上，进行统一规划开发模式的探索和研究。

与常规模式相比，在前期区域开发规划阶段，"统一规划开发"新模式使项目整体性加强，对区域整体定位、市政设施配套和二级开发导向系统规划提出了更高标准和更明确的要求，为此可以在进一步提升区域整体规划品质和服务水平的同时提升区域土地利用价值。

"统一规划开发"模式宜采用企业作为主体或政府与企业共同作为主体两种方式，可赋予主体单位更高的规划自由度、更充足的资金以及更高的工作积极性，可形成更具前瞻性的规划理念，有利于提升区域品质和土地价值，同时通过合理的利益分配方式，确保政府和企业的投资收益，实现政企"双赢"。

对于统一规划开发模式的工作内容，由于在一级开发过程中需更多考虑为二级开发提供更高品质的供地条件，因此在腾退、征地、基础设施建设等方面对实施主体规划、工程经验、人员素质乃至施工单位整体要求更高。

因采用新型的开发模式，在项目实施过程中对现行规范和制度难免存在一些突破，项目手续办理、规划设计、现场施工均较一般开发模式实施难度有较大提升，对项目实施团队的链条化管理水平、规划设计能力、风险防控能力以及是否具备丰富的二级开发经验等提出了更高要求。

为了更精细化、系统性地完成一级开发工作，在项目具体实施中，要做到前期手续、规划设计、现场实施等各环节前后有效衔接，应提前考虑各项工作，对项目一致化、链条化管理水平要求极高。如在手续办理过程中充分考虑规划设计现实情况，在规划设计中充分支持手续办理工作，同时考虑现场实施情况，这就要求各环节工作人员需具备扎实的业务能力，同时也要了解自身环节衔接部门的业务，以便更有效地沟通和实现风险管控。

（二）北投集团"统一规划"新模式的创新点

城市的发展离不开金融业、现代服务业、旅游业、工业、制造业等产业的发展，这些产业的布局和建设，无不需要土地作为支撑。土地资源的稀缺性和利用的难以逆转性，决定了土地利用的慎重性。为了保证土地合理利用和高效开发，确保城市土地空间布局的合理性、城市土地的可持续利用度，充分发挥其经济效益和社会效益，土地利用规划作用举足轻重。

传统土地一级开发企业由于自身经济效益等因素，在土地一级开发过程中，可能存在对规划设计理念的理解不到位、规划编制产生过程不熟悉、规划范围内各项目宏观建设目标定位不准等问题，难以做到有序、协调地全面推进规划目标的落实，这将直接导致项目开发难以达到建设目标，大大降低土地价值。

北投集团在奥运会主场区及其他多项标志性土地一级开发项目中，摆脱了"规划规划，墙上挂挂，纸上画画"缺乏操作性、科学性的规划方式，通过不断摸索和总结，充分挖掘地块内土地开发长远的适用性，坚持"准确定位、整合优势、合理布局、互动联动、统筹协调"的基本格局，充分发挥"规划先行"的引导作用，逐步发展出"统一规划"的创新理念。

图 1　奥运主场区布局

1. 科学组织区域整体控制性详细规划的编制工作

控制性详细规划（简称"控规"）是确定建设地区的土地使用性质、强度等控制指标、道路和工程管线控制性位置及空间环境控制的规划。传统土地一级开发模式下，规划设计工作主要由政府部门负责编制，通过对各种文本、蓝图的查阅，来把控规划方案的科学性、合理性、与周边环境的协调性以及各项规划技术经济指标的准确性，这种规划审批程序需要协调多个部门，有可能存在沟通困难、协调不到位等问题，在有限的时间内难以有效全面地统筹考虑区域整体规划，造成区域规划与周边环境不能有效的和谐统一。

在上位规划完成后，具体执行开发建设工作的企业不了解规划编制的产生过程，对于规划设计理念的理解不到位，对规划范围内各项目的宏观建设目标定位不准，难以做到有序、协调地全面推进规划目标的落实。

在多个主要城市功能示范区建设任务中，北投集团十分重视规划设计工作，勇于尝试发挥自身业务专长和优势，在"统一规划"过程中，积极主动参与规划设计编制工作，建言献策，坚持创新、协调、发展的理念，与政府部门及其他机构通力协作，对规划设计方案的总体目标和编制方向共同研究讨论，有效推动了规划设计工作的顺利进行。

例如，在奥体文化商务园区的规划编制过程中，北投集团与市规划部门以及各方设计单位包括北京市规划院、北京市建筑设计研究院、北京市市政工程研究总院等单位为一体的研究小组共同工作，定期研讨、交流与汇报，科学合理编排用地布局，创造了一个特色鲜明、富有活力的城市空间，与奥林匹克公园中心区在城市功能上形成互补，将体育文化、国际交流、会展旅游、企业总部、金融办公和休闲居住融为一体。

由于奥体文化商务园区独特的地理位置和承载城市功能区的特殊使命，如果按照传统土地一级开发模式进行园区拆迁和基础设施建设等工作，既无法保证土地能够得到最大化发挥和利用，也不符合北京国际都市未来的城市发展和该地块所承接的城市功能定位。在这样一块黄金宝地要做什么及怎么做，是继续按照奥体中心区体育规划用地进行规划建设，还是走一条创新之路，创造一个多元化的与周边设施功能匹配的复合区域？北投集团和政府主管部门进行积极的探索和研究，提出了奥体文化商务园区"统一规划"的开发建设理念。

奥体文化商务园区"统一规划"的实现，一是组建统一的开发规划工

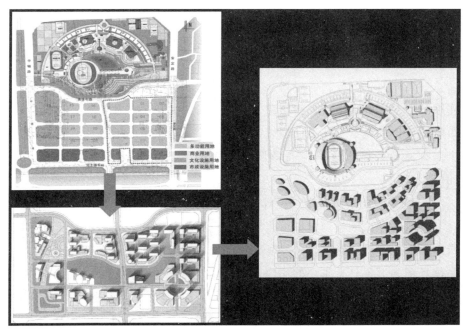

图 2　奥体文化商务园规划方案的演变

作小组。在规划初期阶段对区域整体的产业定位、市政设施配套和二级开发进行系统考虑，编制过程中需要包括规划师、设计师、规划职业者，政府部门、市政交通部门、景观部门在内的大部分相关设计行业部门人员的配合和支持，规划形成中组建了一个由北京市规划委员会牵头，包括北京市规划院、北京市建筑设计研究院、北京市市政工程研究总院、北京北林地景设计院等多家单位在内的城市空间研究小组，并引入国外有经验的城市设计机构参与其中，从优化城市品质角度出发，对控规中缺乏系统或整体性的规划内容进行优化和完善，在此基础上，开展城市设计相关内容，从而使整个规划方案具有非常强的可实施性。二是传承中国博大精深的文化和吸纳国际新理念。在规划过程中，奥体文化商务园区吸收了很多奥运中心区规划和建设的成功理念和经验，提出了大地形的概念，建立了一个特色鲜明的"T形"城市开放空间，使其与北侧的亚运场馆以及奥林匹克中心区共同形成气势宏大的天圆地方布局；统筹考虑现有的北土城和安贞门两座地铁车站，将车站融入地区规划中，构建了便捷的人行联系通道，可以使得园区内部使用者更便捷地到达商业中心和地铁站；综合考虑地块中部的北辰东路南延的下穿隧道出口，设置并设计了统一的、漫坡形式的集中绿地，不仅弱化了隧道出口的巨大尺度所带来的视觉矛盾，同时为该区域创造出了一个鲜明的城市空间。

在奥体文化商务园区规划开发过程中，北投集团主动参与规划设计工作编制和制度改革创新，密切配合有关部门积极开展各项工作，把握好城市定位，传承奥运精神设计理念，经过一轮又一轮精心的优化，打造了一个富有活力的城市空间，高效圆满地完成了奥体文化商务园区的规划建设。

2. 统筹考虑市政基础设施规划设计

市政基础设施规划是城市规划中的重要部分，其规划质量对于城市的长远发展有着重要影响，做好基础设施规划对于城市经济发展、提升城市整体环境和形象具有重要的作用。

常规土地一级开发由于实施建设主体自身利益及资金问题，对目标土地只按照"三通一平"或"七通一平"的基本要求实施，对于市政基础设施建设并无一个统筹的布局和规划。各类地下管线权属单位不同，各行业管网建设各自为政，建设不同步，导致地下管网建设重复开挖、重复建设现象，造成管线破坏、管理混乱、地下资源浪费严重。且常规意义上的管网建设被动跟着地面建设跑，管网规划没有跟上城市建设的步伐、没有形成统一的地下管网综合规划，管线埋设布局混乱，缺乏系统性和前瞻性。

在项目开发建设过程中，北投集团始终把握规划先行目标，在"统一规划"模式指导下，结合项目实际情况，运用合理科学的规划策略，以城市功能性为导向，充分整合规划区及周边区域的市政基础设施，因地制宜分析问题，针对不同的实际情况做出规划，提高规划方案的可实施性，同时，秉承绿色、节能、可持续的发展理念，通过新技术、新能源、新工艺的运用，使市政设施绿色化、环保化、可持续化，提高市政基础设施系统的扩展适应力，各基础设施规划为远期发展留有充分的余地。

在奥体文化商务园区的开发建设过程中，对于市政基础设施规划，在规划之初，从总体定位出发，秉承区域总体规划、总体开发、一二级地块联动开发的理念，在园区整体市政交通组织上，将步行、地铁、公交、商业文化设施与景观公园进行了一体化的整合设计，尽可能为行人和非机动车创造良好的交通环境，以增加该地区的活力，极大提升了园区整体环境和品质。

奥体文化商务园规划过程中结合道路沿线用地使用规划，秉承小街区设计理念，合理安排道路横断面，减小街道尺度。园区共规划有城市主干路1条，为北辰东路南延；城市支路9条，为奥体南区一号路至奥体南区九号路九条道路形成了"棋盘式"交通网络，在规划范围内，除奥体南区二号路与北辰东路相交处为分离式立交外，其余所有路口均为平面交叉路口。同时考虑到园区周边与北土城路、安定路、北辰路和奥体中路的外部交通路网的衔接，为避免园区内部交通对外围城市干路上的其他过境交通造成过大干扰，同时保障园区对外交通的顺畅，其中7个平面交叉路口不设置信号灯，采用右进右出的交通组织形式。

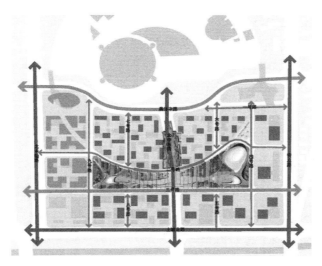

图3　奥体文化商务园路网布局

为缓解地面机动车交通压力，减少机动车拥堵对区域内部出行环境造成过大干扰，一方面，有效利用地下车库的停车资源，在规划范围内设置地下环形隧道。环形隧道主要设置在奥体文化商务园区二号路、三号路、四号路、九号路以及北辰东路等五条城市道路周围和道路的空间下方，形成了一个主环、两个副环的平面格局，大大增强了地下交通联系通道的灵活性；另一方面，集约化敷设市政管线，既满足了该区域市政规模发展或新的管道建设需要，同时依靠市政管廊与市政环隧及市政道路一体化规划设计，提高了该地块地下空间的商业价值。

奥体文化商务园区地下环隧横断面分为三层，地下一层为人行通道，地下二层为车行通道，地下三层为综合管廊，交通工程与综合管廊工程一体化规划开发，最大程度上实现了节约土地的目的，与周边二级地块联动，从规划之初就实现了奥体文化商务园区全方位、一体化规划建设的目标。同时二号路、三号路、四号路、九号路道路红线范围内，环隧位于地下二层。隧道内部设备的布置利用了道路红线内除车行空间以外的夹壁墙剩余空间，综合考虑车行隧道技术指标及地下结构布置安全合理等因素。将地下环形隧道断面布置为三个相接闭合框架形式，中央打孔设置单向两条机动车道，两侧小孔用于布置隧道相关排水、排风、消防、电气化等设备。在园区二号路及三号路地下交通联系通道及市政综合管沟主体结构两侧，市政红线范围内设置夹壁墙空间，夹壁墙内侧与中心地块地下公共空间建筑相接。夹壁墙设计更体现出空间规划上的创新，实现了市政道路工程与建筑工程充分实现一体化规划、一体化设计、一体化施工的三位一体理念。

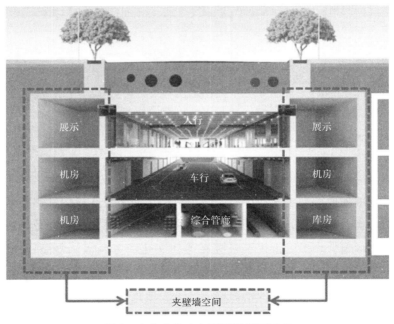

图 4　奥体文化商务园环隧断面示意

奥体文化商务园地块南侧临地铁十号线，西侧临地铁八号线，在园区东南角和西南角分别为安贞门和北土城站。在规划设计之初，在交通组织上，利用地下一层的联系通道，实现了园区和地铁轨道交通的连接，将两个地铁口的人流集中引入地下的综合商业空间中，使得地铁和商业人流能够顺利到达各个地块，方便了地铁人流和该区域使用者的换乘。

同时，在规划早期，由于地铁十号线从园区南侧北土城路穿过，前期的规划条件中规定沿北土城路的建筑退线30米。根据对现场状况的分析，在园区的整体规划时，考虑到北土城路南侧紧邻元大都遗址公园，如果生硬地再退30米，那么该区域的城市街道空间尺度就会显得过大，并且不利于北土城路一侧沿街商业人气的聚集。通过在地铁30米退界范围内布置2层高度不超过10米的商业旗舰店，并与30米退线南侧的建筑低层商业空间留出距离，这样不仅缩小了该区域的街道尺度，并且形成了一条商业外街和一条商业内街，提升了该区域的商业价值。

图5 奥体文化商务园地铁商业街规划理念

3. 合理平衡项目投资与收益，确保企业利益

土地一级开发项目投资巨大、建设周期长等特点决定了土地一级开发成本对土地一级开发项目决策的重要性。传统土地一级开发企业在项目前期做成本回收分析时，企业对于国家和地方政策以及操作流程的理解并不明晰，诸多操作不规范，造成一定的信息瓶颈和操作上的不确定性。无法完全贯彻落实区域的总体规划，未充分考虑项目功能和品质定位，也未考虑项目实施阶段采用的主要技术手段和开发周期，导致项目开发成本失控。

在"统一规划"的开发模式下，北投集团以规划设计为先导，与政府相关行政主管部门密切沟通，在充分理解区域功能定位和城市总体规划的基础上，开展区域总体规划方案的编制，研究项目板块规划布局与产业定位，对整体区域的市政基础设施、城市功能业态、能源供应、城市活动空间进行了统一的规划，并在规划过程中，采用新理念，新技术，分析项目操作可行性，对项目投资成本、收益等进行探索，最终确定项目合理的盈利和融资模式，创新项目成本回收模式，极大降低了项目的开发成本。

（三）统一规划开发新模式意义

1. 大大提升区域规划品质

城市规划在城市发展中起着重要引领作用，只有充分发挥城市规划的战略作用，才能营造良好的城市人居环境，切实保障城市健康可续持的发展。只有拥有前瞻的视野和统一的规划，才能创造一个非凡的城市和区域。北投集团负责实施的重点建设项目中，以"统一规划"作为指导思想，充分发挥自身业务优势和丰富经验，改革创新、锐意进取，以上位规划为指导，积极与政府部门配合，交流规划理念，充分调动国内外的优质资源，集成最先进的规划建设理念和国际一流标准，在每个项目规划过程中，积极探索与开发地块相互协调的优化开发模式，提出功能组织、基础设计布局等优化建议，综合考虑功能定位、文化特色、建设管理等多种因素，因地制宜地制定规划，细化塑造每一个项目的规划特色。经过一轮又一轮反复推敲和不断调整，最终产生了最为合理的规划设计方案，保证了项目的整体规划品质。

奥体文化商务园区规划设计以《北京市城市总体规划（2004～2020年)》提出的规划发展政策为指导思想，土地使用以居住、商业、商务和文化设施用地为主，突出强调用地的混合性，在保证道路使用功能的前提下，交通规划上重点考虑行人、地铁、公交、商业文化设施与景观公园一体化整合，创造一种包含商业办公、文化设施、体育设施、公寓酒店等多样功能混合的城市功能业态，结合道路沿线用地使用规划，合理安排道路横断面，减小街道尺度，尽可能为行人和非机动车创造良好的交通环境以增加该地区的活力；通过细化建筑形态使高层建筑更多考虑城市界面，低层建筑更多考虑城市整体肌理，从而使园区既有完整的轮廓，又有丰富的城市活动空间。

体育场馆持续不断的文艺演出和体育赛事能带来旺盛人气和多样文化氛围，而周边种类丰富的商业文化配套设施能够吸纳和转化这种能量，滋养出都市特有的气息，这种互动机制，使体育馆周边能够一直保持旺盛的城市活力。北京工体和三里屯区域是对体育场馆周边用地进行统一规划建设模式的成功先例。奥体文化商务园区借鉴了这种互动机制，构建体育—文化—商业三位一体的混合业态关系，为城市活力区打下结构性基础。

伦敦、巴黎、纽约、东京等世界影响力城市，均有高度发达的城市公共交通体系保证城市交通，也有丰富多样的城市公共空间支持活动，高品质的商业环境应该步行优先，才能让人体会到城市的文明与舒适。通过组织其周围的商业办公、文化设施、公寓酒店等多种混合使用功能，营造全天及全年的城市活力，奥体文化商务园区正是重点考虑了行人，将地铁公交、商业文化设施与景观公园进行了一体化整合。

在以往城市规划中，每块建设用地都要求不小于30%的绿化面积，但这部分面积往往是为了凑计算指标，既不能保证景观效果，也为日后维护带来不便。奥体文化商务园区由于其所处的特殊地域以及功能定位，为保证商务、居住、文化、休闲等城市功能的有机融合，构建一种更有机、更具流动性的都市景观形态，建设舒适惬意的城市公共空间成为一个重点研究课题。在项目规划之初，把规划、建筑和市政重新梳理之后，该区域为使用者提供一个集中的公共绿地，而不是简单地将绿化指标分散到各地块中，这样不仅能够提升该区域的整体空间品质，并且传承了整个奥林匹克公园中心区的绿色规划理念。另外，由于北辰东路南延隧道出口位于园区中心，因此将6.5万平方米的集中绿地设计成漫坡形式，不仅弱化了隧道开口的巨大尺度所带来的视觉矛盾，同时也为该区域创造出一个鲜明的城市空间。

在奥体文化商务园中央绿地下方规划了三层地下公共空间，包括商业服务、人行交通、能源中心、集中停车、数据中心和指挥中心、人防隐蔽等功能，总面积约30万平方米。地下一层为商业，通过东西向中庭及下

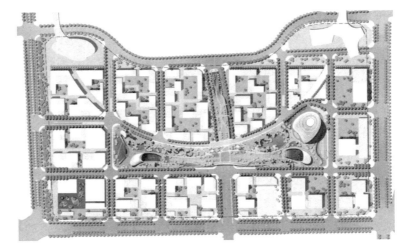

图 6 奥体文化商务园景观规划方案

图 7 奥体文化商务园景观建成效果

沉广场形成的商铺、餐饮、娱乐公共空间。位于地下二层的车行环廊连通了各地块公共停车场、地面出入口和跨北四环隧道，使该区域地下交通组织可直接与外部交通网络相连接，缓解了公共区的机动车交通压力。位于地下三层的市政管廊，利用人行通廊和车行通廊形成上、下建筑空间，平面形态为环枝结合型，通盘考虑核心区周边市政接口、内部管线系统和地块管线接口，保证了各管线安装、运行、检修和维护使用。地下公共服务空间的设计充分考虑了现实和长远发展的需求，实现了强大的中央处理功能，后期各开发地块建筑成为"即插即用"的"插件"，方便相邻近的建筑对接。

2009 年之前，北京类似园区有中关村西区、金融街二期等，而奥体文化商务园区是综合性最强的园区，比起传统的"七通一平"等普通开发后卖地的方式，这种全新的"统一规划"开发模式展现了更强的控制力，道路接口、市政管线精确地与每个地块对接，一级开发的作用非常明显。未来土地出让都要与城市设计对接，这样完成的地块就是一体化的。

2. 创造优质、人性化市政基础设施条件

伴随着城市进程快速发展对能源需求的日益增长，城市输配系统升级改造工作步伐越来越快、越来越近，已建城区内管线建设导致断路开挖现象比比皆是，使早已不堪重负的交通雪上加霜。新区规划前置于管线整体规划，随着土地性质、使用需求的改变，管线的敷设使崭新的道路依旧逃避不了未使用先开挖的厄运。

奥体南区综合管廊规划设计之初遵循开发与运营合理高效、避免盲目开发建设的原则，根据区域周边地块远期规划功能、使用需求及后期收益合理规划、统筹协调，空间布局保持与沿线地面、地下工程相协调，各附属构筑物结合地下空间开发布局布置，节点设计综合考虑市政管线出入方便，从根本上解决市政管线工程面临的建设时序问题。同时由于其完备的管廊巡检、维修等设施，整体提高了市政管线的安全可靠性，极大避免了由于后期市政管线新建、扩建、维修造成道路反复开挖的弊端，使市政管线的运营管理及维护更准确、便捷。

综合管廊位于地下环隧下方，二号路、三号路、四号路、九号路市政红线范围内，全长 1717.61 米，平行于道路中线，呈环状布设，与位于其下方的地下交通联系通道结构共构。

3. 提升区域土地价值

城市规划设计者和城市决策者需思考在有限发展区域内如何创新提升土地价值，改善城市整体环境。在传统土地一级开发和后期规划建设过程中，存在规划设计管理僵硬、教条等问题，土地价值概念没有真正地引入规划设计工作中，对城市的土地利用缺乏空间性、战略性、集约性思考，过于关注政绩工程，导致区域内各地块形成一栋栋孤立的建筑，公园绿地为了拼凑指标而设，缺乏合理的规划，造成土地资源的浪费。

在"统一规划"模式下，根据城市发展的大战略，合理编制土地利用总体规划，对未开发地块进行详细的功能设计，细化各地块的控制指标，合理配置公共资源，在保证规划的基础设施和公共服务设施相对完整的前提下，整合和整体规划零散土地。例如，奥体文化商务园区经过"统一规划"，实现了地块内金融、文化、体育、休闲居住的有机融合，提高了绿化面积，还结合道路和城市整体肌理，合理安排道路横断面，减小街道尺度，创造了小街区概念；统筹规划了商业、人行交通、市政基础设施并行共存的地下三层公共空间，极大地提升了土地的价值。

4. 便于承接区域内二级地块

一级开发实施主体充分了解项目实施的具体情况，如在一级开发范围内继续进行二级开发具备多项天然优势。一二级开发工作相互呼应，在实现两个开发阶段分别具备较高水准的同时，保持规划、设计、开发一致性。

（1）基础资料完备。熟悉一级开发范围内的整体规划和各项市政基础设施条件，对承接二级开发前的测算和决策工作具有重要意义，可以更准确地确定土地价值，提早选定目标地块，规划产业定位；可提前筹备融资，测算资金平衡，从而更加准确地做出决策。

（2）为二级开发工作提供思路。从二级开发审视整体一级开发工作，不难发现，有目标性地进行整体规划设计，使各个地块产业功能相互配合、衔接，在区域整体布局、各地块产业功能、市政接入条件等方面更加系统化和合理化，在后续承接二级地块开发方面能更好地实现一级开发规划理念，提高品质，节约成本。

5. 创造积极的社会效益和经济效益

通过"统一规划"对项目实施运营的有效指导，不仅保证了区域总体规划理念的落地和延续，也保证了开发项目的品质和功能要求，创造了良好的社会和经济价值。

北投集团在奥体文化商务园开发建设过程中通过"统一规划"，对园区内各类用地组成和布局进行合理组织和安排，贯彻可持续发展、绿色节能的设计理念，从布局、能源、水资源、交通、景观、环卫、信息化等全方位建设高效基础设施，打造绿色生态示范园区，于 2016 年 9 月获得了北京市规划和国土资源管理委员会评选的"北京市绿色生态示范区"称号。通过绿色生态园区绿色与效益相结合的开发规划模式，北投集团不仅打造出了亮点工程、精品工程，提升了土地价值，切实降低能耗，而且成为业内绿色生态环保的典范。

三 实施及竣工验收的统一

（一）统一实施及竣工验收的概念及优势

1. 常规的实施及竣工验收模式的概念及存在问题

①基本概念

常规实施及竣工验收模式中，建筑工程实施与竣工验收相互分离，一级开发与二级开发分别开展，在工程项目实施完毕后，由发包人、承包人和项目验收委员会根据相关流程，参照设计要求与质量标准，对工程项目进行综合评定，最终交付生产或使用。

②存在问题

伴随城市化进程加快，工程项目需求不断提升，常规实施及竣工验收模式面临远期承载能力差、区域二级开发地块品质提升空间小、未来发展潜力不足等众多难题，城市整体规划难以实现完整统一，传统模式面临改革创新大局。

2. 统一实施及竣工验收新模式的概念及优势

①基本概念

统一实施及竣工验收新模式实行一级开发主体统一实施制，针对城市化进程加快发展的形势，在城市土地开发方面实现了从关注生地变熟地、完成拆迁征地，到提出区域总体规划、建设七通一平的跨越发展。统一实施及竣工验收新模式更加注重为城市提供良好的基础设施条件，满足城市远期承载能力，提高区域二级开发地块品质。通过营造宜居宜职氛围，引领城市健康生活，最终达到提升城市竞争力的根本目标。

②主要优势

根据城市化发展的时代需求，土地规划开发面临更高标准，城市土地一级开发肩负着统一规划、统一实施、统一运营的重任,在工程实践中,统一实施及竣工验收新模式的优势逐渐凸显。

提升规划建设区域品质。新模式统筹建筑、道路、景观、市政管线等市政基础设施,通过一级开发主体统一规划部署,在整体流程中确保待开发区域的统一性与协调性,避免无序或过度开发,为后续建设提供良好的工程环境,形成一级开发先于二级开发、一级开发引导二级开发、一级开发服务二级开发的良好布局。

实现城市整体规划统一。在一级开发主体市政基础设施建设基础上,完成待开发区域品质、定位、风格的奠基,为后续二级地块开发提供参照。通过二级开发过程中与周边一致的原则实施,实现整体规划的完整统一。

切合园区规划实际需求。奥体文化商务园区隶属北京市高端产业功能区,作为北京市集中展示现代化国际大都市的重要区域,该区域定位国际文化体育会展中心,兼具首都面向全国和世界的高端服务功能的重要承载区以及经济辐射力和控制力的主要支撑区的双重身份。作为实施单位,一级土地开发主体任务艰巨,必须在项目前期统筹协调,充分把握工程实施与规划设计结合、工程实施与招标造价结合、工程实施与地块开发结合、工程实施与运营管理结合的"四个结合"战略,以新模式实现工程项目优化落实。

(二)统一实施及竣工验收模式的创新点

不同于常规实施及竣工验收模式,统一实施及竣工验收模式集土地一级开发项目统筹实施、施工临时设施统一布局、安全质量统一标准、工程建设统一协调部署、竣工验收统一实施、BIM技术统一运用、建筑智能化统一应用于一体,与相关政策要求深度契合,在统一规划开发落实、区域内项目衔接、降本增效等方面均实现了创新发展。

1. 确保统一规划开发的有效落实

奥体文化商务园区土地一级开发涵盖地下商业、地下交通联系通道及综合管廊、市政道路、高架景观平台及下穿隧道等多项内容,工程项目实施中,统一实施及竣工验收模式严格参照"先建筑、后道路""先地下、后地上"的施工原则，由难到易有序推进，在群体项目中优先考虑交叉节点，合理安排施工顺序、划分施工段落，实现了施工空间、施工方法的科学利用以及统一规划开发的全面落实。奥体文化商务园区项目自2012年11月开工，2016年12月圆满完成全部土地一级开发建设任务，这期间共计配合、协调二级开发项目6处，工程建设任务约56万平方米。

（1）项目建设任务全局分析

统一实施及竣工验收模式倡导统一布局、统筹规划。根据全局规划分析，奥体文化商务园区建设任务覆盖地下公共空间项目（地下空间项目、地下交通联系通道及市政综合管廊、南延隧道）、市政基础设施（1~9号路、南延道路、景观平台、地面景观）、人才公租房项目以及OS-06A地块项目几大板块。地下公共空间总建筑面积约30万平方米。

其中，地下商业空间涵盖商业、车库、设备用房、人行通廊，其东西长938米，南北宽489米，共计三层，由下至上分别为地下车库及设备机房、地下车库及部分商业、用于人行交通服务通道和商业配套的公共配套空间，层高3.6米、5米、8.2米。

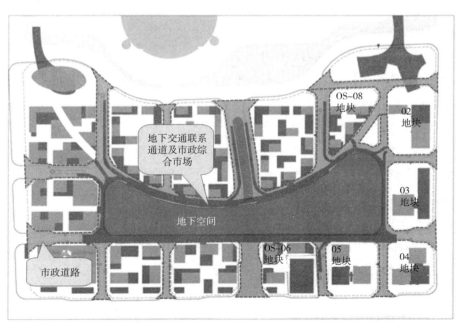

图8 奥体文化商务园区域划分

地下交通联系通道及市政综合管廊，涵盖市政综合管廊、行车通道、人行通道以及向各二级地块预留的市政管线和行车通道，地下共 3 层，由下至上分别为市政综合管廊、全长 1.72 公里的双车道地下交通联系通道、用于人行交通服务通道及商业配套，地下 3 层层高 3.6 米，地下 2 层层高 5 米，净宽 9.5 米，地下 1 层层高 8.2 米，净宽 9.5 米。

下穿隧道（体育场以南部分）全长 280.722 米，净宽 40 米，定位于双向双车道及城市次干路，车道建设将被体育场中断的北辰东路与安贞路相连接，全面打通城市主动脉。

市政基础设施及配套服务设施涵盖 10 条市政道路（规划 1 ~ 9 号路、南延道路）以及下穿北土城路雨水方沟及高架景观平台；干路宽度 25 米，支路宽度 20 米，道路总长度 4.6 千米，高架景观平台宽度 8.51 ~ 37.8 米，长度约 212 米，总面积 6334 平方米。

核心景观及绿地总面积 5.9 万平方米，由慢坡草坪、下沉花园等组成，位于地下公共空间及景观平台上方。

其他二级地块积极响应 2009 年市政府"保增长、扩内需、调结构"相关政策要求，北投集团配合市国土局完成 4 处地块的土地出让工作，同时由北投集团负责 8 号地及 6 号地的开发建设工作。

（2）项目统一实施有序展开

项目实施依照地下公共空间→市政综合管线→市政道路→公共景观绿化的顺序依次铺开。其中，地下公共空间作为园区核心公共项目，工程体量及占地面积较大，其整体设计与地下交通联系通道、市政综合管廊、市政道路、市政综合管线呈现一体化布局，在项目实施中居于主体地位与整个土地一级开发的重点环节，同时也是施工进程中的第一要务。项目进展中，参照主要工程建设节点，由中心部分地下公共空间主体施工，到地面配套市政道路及配套设施的建设依次展开。项目节点分配如下。

地下空间、地下交通联系通道与市政综合管廊作为整体，于 2012 年12 月开始基坑支护及土方施工，2013 年 4 月底完成桩基础工程，2013 年11 月底完成全部主体结构，2015 年 11 月底完成机电设备安装，2016 年10 月底完成精装修。

园区市政道路于 2014 年 4 月开始施工，2015 年 9 月完成雨水、污水、给水、燃气、热力管线施工，2016 年 6 月园区道路全线贯通。

核心区景观、绿化于 2014 年 6 月开始施工，2016 年 6 月完成全部建设任务。

2. 保证区域内整体计划、地块上市与建设实施衔接

统一实施及竣工验收模式统筹区域内整体计划、地块上市与建设实施，在编制建设进度控制性计划的同时，兼顾二级地块的开竣工时间，通过合理安排市政基础设施及配套服务设施竣工时间，形成与二级地块使用需求相匹配的时空布局。借助工程建设统一管理、质量标准统一建立、竣工验收统一实施等方式，形成统一实施战略布局。

（1）工程建设统一部署、协调

工程建设过程采取土方平衡、群塔作业、工程协调、联合调试以及样板、工艺、材料、做法相统一规划方式，在项目开展中建立统一标准，全面推进协调部署的规范化进程。

土方平衡统一。对土护降工程施工进行统一组织，在土方开挖过程中，通过优化交通组织、合理布局园区内循环道路，实现通行效率的大幅度提升。坚持对相邻地块、不同项目实行同步开发，有效减少相邻地块间支护费用。同时，在详细计算后，为后期回填预留适宜土方量，在园区内进行暂存，减少土方外运，避免外购土方，进而达到节约项目建设投资的目的。

群塔作业统一。项目实施中，园区同时开发面临面积难题。开发园区单层工作场地已达十余万平方米，涵盖八家总包单位，近二十台塔吊。为保证塔吊运作安全、紧凑、高效、有序运行，塔吊统一设置防碰撞管理系统，在有效控制风险隐患的同时，实现了工作效率的进一步提升。

样板、工艺、材料、做法统一。针对总承包单位多、工程质量标准不一的状况，在工程项目实施中实行样板制度，要求承包人在大面积施工前（正式施工前 1 个月）统一制作工程样板，提前确定施工工艺流程、材料要求、施工做法及操作要点，在样板、工艺、材料及做法方面达成统一。

统一工程协调制度。工程协调中注重制度建设，每周由北投集团组织召开工程协调会，由各单位对现场的实施进度及存在的问题进行汇报，及时协调解决现场存在问题，落实下一步实施计划，确保园区建设进度按照总体实施计划推进。

统一联合调试。根据大型机电系统贯穿各标段施工区域的工程项目大局，实行由建设单位组织各单位、由机房所在单位牵头组织的形式，编制总体调试方案，协调各厂家配合，推进调试计划逐步落实。

（2）施工临时设施统一布局

据工程分析，开发园区占地面积较大，整体布局涵盖17个地块，园区东、西两侧分别为正处于开发建设阶段的二级地块以及现有办公区域、库房，西南侧为公交站。针对项目单体体量大、投资造价高的现状，以及多区域、多项目、多单位、多入口导致的高难度施工现场布置情况，项目施工借助园区封闭管理、临水、临电管理、临时道路规划、施工单位办公区、生活区设置、施工区域实施统一管理等方式，分多标段同时展开。

园区封闭管理。为营造良好的市容市貌，最大程度降低项目开发建设对周边居民正常生活的影响，在项目启动前，对园区封闭围挡图案进行统一设计，将时政热点、企业文化、项目规划图等元素进行有机融合。同时，沿主要出入口设置标准化大门及安保亭，委托专门单位对整个园区的安保进行统一管理，实现园区临时封闭设施的统一规划、设置及维护。

临水、临电管理。由北投集团统一开展现场临水、临电布置，充分考虑现有计划中开工建设项目需求及项目占地位置，避免重复建设和反复拆除改移。项目正式开发建设前，预先完成水、电资源接入口摸排，并结合项目用地布局进行合理排布、统一报装、统一实施，委托专门单位对整个建设过程中用水、用电进行统一管理。通过水电供应合理布局及污水处理排放合理规划，确保园区开发过程顺利推进，各项生产生活稳妥进行。

临时道路布置。伴随奥体文化商务园区一级开发建设进程的推进，各二级地块陆续挂牌出让、启动建设，单个地块面临施工场地狭小、材料堆场及消防应急通道不足等问题。作为一级开发主体，根据统一实施新模式要求，结合二级地块布局，统一设置周转运输通道，并组织相关单位随项目进度统一对交通流线进行及时调整，结合场地内现有路网，统筹项目实施规划，合理优化布置，为交通畅通提供有效保障。

施工单位办公区、生活区设置。在办公区、生活区的布置中，充分利用项目内尚未开发地块，通过对各单位进行统一管理，同步规划，确保园区管理的安全稳定。

施工区域实施统一管理。对施工区域加强统一监管，以门禁管理、安保管理及视频监控为载体，建立施工区域统一管理体系。在施工区域进行统一围挡封闭，设置门禁系统，由施工现场安保人员对出入人员进行实时监控，确保项目现场人员可控。同时，借助视频监控系统实现项目建设全过程的终端可视化，全面扩大管理人员视野，确保建设过程的可回溯性。

（3）建立健全安全质量统一标准

项目实施整体流程中，严格确立有效的安全质量标准，在工程建设各阶段实行安全质量无缝对接管理，以统一标准贯穿工程项目始终，有效促进各单位安全管理的统一实施。

项目工程实施前期，委托专业机构进行工程建设过程安全风险分析，初步掌握过程隐患及风险情况，以建设工程设计任务书明确安全质量相关要求，全面掌控工程建设单位招标文件中安全质量管理工作，严格要求入场单位的安全质量管理水平。

工程施工进程中与参建各方签订安全生产责任书，严格落实各方责任；要求各施工总承包单位结合项目实际情况编制安全质量管理相关制度、季节性及特殊天气安全生产施工方案、安全质量隐患台账等，对危险性较大的分部分项工程要求编制专项方案并实施专家论证；结合建设单位的安全质量隐患排查治理管理办法、安全生产管理办法、安全日常生产检查等加强施工过程监督管理，定期或不定期召开安全质量专题会议，督促各单位严格按照既定方案施工，及时分析、整改安全隐患及质量问题，确保各施工节点安全平稳；积极组织各参建方学习、贯彻国家及北京市安全生产法律、法规及各项通知，切实提高施工总承包和监理单位的安全意识，加强隐患整改，保障安全生产。

（4）竣工验收统一实施

通过联合工作，实现竣工验收统一实施的逐步推进。奥体商务园区地下公共空间（奥体文化商务园地下交通联系通道及市政综合管廊）消防验收由四家施工单位、四家监理单位、两家消防专业单位共同建设完成。由甲方代表于工程建设完毕后，针对即将报验收项目的工程质量以及资料手续组织统一自检、统一整改，随后组织各总包、监理单位准备相关验收资料，对资料进行统一收集、统一管理、统一上报，联合各单位统一办理分项竣工验收。

（5）BIM 技术的统一运用

奥体文化商务园地下公共空间呈现管线错综复杂、各类机房分布零散的特点，针对机电工程实施过程中易出现的错漏、遗失问题，BIM 技术统筹实施机电管线安装，以优化设计、综合三维管线、分析场地地形、辅助算量、指导施工为基点，提前解决预期机电管线缺陷，通过拆改的减少实现实施进度加快与建筑品质的提升。

优化设计。在项目设计阶段，利用 BIM 模型优化设计方案，辅助设计进程，对造型复杂部位进行空间分析，减少设计中的错漏碰缺，提高施工图质量。

整合三维管线设计。通过 BIM 技术的投入使用，全面检查并自动呈现土建结构与机电管线之间，以及机电管线自身之间的碰撞问题，及时向设计院提出反馈，将预知故障解除在初发阶段。有效避开以往项目中的土建留洞遗漏及位置错误，避免因安装队伍进场凿洞改造造成的成本增加及建筑品质的降低。同时借助 BIM 技术为安装空间有限的管道密集部位出具管线综合剖面图，确定各专业管线具体位置，通过各专业依次安装，避免先到先安施工次序造成的后期拆改。

辅助算量。有效借助 BIM 算量处理复杂造型，解决传统算量方式中对造型复杂的幕墙、钢结构等折算不精确的困境，同时为编制招标文件提供线长度、展开面积等多种数据，全面推进招标进程。

指导施工。通过 BIM 模型创建解决二维图纸中的错、漏、碰、缺，避免传统二维图纸中各专业沟通较少导致的大量管道碰撞。

指导后期运营管理。借助 BIM 模型覆盖全面、保存方便等特性，避免以往后期运营管理过程中，更换管理单位造成的图纸丢失或图纸与现场不对应的难题，为管理单位了解整体项目与后期运维工作提供便利条件。

建筑智能化统一应用。伴随科技的迅猛发展，建筑领域不断在基数基础上提升智能化工作水准，通过建筑智能化统一应用，为同一实施项目营造出良好的专业环境与技术支撑。一是视频监控系统。奥体文化商务园区地下空间实行视频监控机制，视频监控安防系统实现了全面智能化与工作高效化，系统方案在满足业主使用要求的前提下，贯彻预防为主、防控结合的方针，根据前端设备的分布情况，以合理性、适用性、成熟性、可靠性、可实施性、可扩充性、安全性为设计原则，整体监控体系兼具统一、完整、先进的特性，具备较高性价比。其安防子系统覆盖整体景观区域，监控设备采用 1080P 高清室外快球摄像机，监控摄像头数量共计 60 路，实现了景观区域安全管理水平的大幅提升，确保了景观区的安全运营及治安稳定。二是冷站群控系统。冷站群控系统子系统运行独立性强，可有效避免单个子系统故障对其他子系统及集成系统其他功能运行的影响，整体系统 MTBF（平均无故障工作时间或平均无故障间隔时间）超过 10 万小时，系统有效率高达 99.9%，工作能力长期稳定，为制冷机房 24 小时连续工作提供了强大的技术支撑。该系统将园区地下空间冷冻机房群控分布的制冷机、冷冻泵、冷却泵、乙二醇循环泵、冰槽、板换等系列机电设备进行有机结合与集中监控，实现了自控流程的科学实用与设备的无故障时间的增长。冷站群控系统的使用有效满足了大楼机电设备经济运行中的节能需要与工作舒适度的要求，推进了运行中效益的显现，同时进一步提升将现代化的计算机技术应用到物业管理中，实现了综合物业管理综合水平效率的提高。三是建筑设备监控系统。根据地下空间环境控制及设备管理要求，工程内自动化控制系统采用具有网络通信功能的可编程控制器（简称 PLC）、计算机、服务器等构件，依次配置相应现场控制站（单元），对环境温度及相关设备实施监测控制。自动化控制系统包含软硬件双向平台，内容涵盖监控计算机、通信交换机、采集仪表、分析仪表、PLC 现场控制站、传感器、继电器、隔离器等和系统软件、编程软件、系统开发。根据实际控制情况及产品运行经验，系统一并对系统辅助设备、扩展容量和操作台、控制箱柜等进行了参考。系统内部，由监控计算机及现场测控站组成符合工业级的控制网，完成对地下空间需要监控范围内的温度、风量、仪表、设备的监视与控制，区域内 PLC 控制网采用以太网，PLC 控制网、设备级控制网均通过网络连接设备进行数据通信，由此形成完整无缝的分级网络结构体系，确保系统网络安全可靠。其中，系统控制设备间相对独立运行，控制设备配置预留定量备用，以保证故障期间设备的快速更换，实现了现场测控站故障期间，上下级或同级控制站控制单元的正常运行。其主要设备参考就地手动、集中远控和自控（设备控制单元内的设备实现单元自控和远控）、中央监控计算机集中远控四种操作方式。现场控制站通过接收各在线检测仪表传输信号，以及电动闸门、电机等运行状态的电气信号，对各类信号进行运算和实施程序控制，实现自动调节。

3. 实现资金集约化，降低开发建设成本

统一实施及竣工验收模式采取招标采购、成本管理统一控制运行机制，通过统一招标采购，充分利用可用资源，确立合理项目估算，强化成本控制管理，不断推进资金集约化进程，降低开发建设成本。

（1）招标采购统一规划

根据一级开发的统一规划和总体实施方案，统一编制项目招标规划，实现招标、标段的统一规划以及材料设备的统一招标采购，为工程建设施工管理及后期运营管理提供便利条件。招标工作依据招标规划有序开展，在工作开展中结合项目实施计划和施工强度合理划分标段，适当引入竞争，充分推进有效资源整合，加快资源、资金的集约化进程。

（2）全面加强成本控制

城市综合体土地一级开发成本控制贯穿项目始终，涉及策划决策阶段的投资估算、可行性研究、融资方案分析，规划设计阶段的限额设计、方案比选、概算编制，招投标阶段的标段划分、发承包模式及合同形式的选择、招标控制价的编制，工程实施阶段的工程计量、工程变更洽商控制、索赔管理，以及竣工验收阶段的结算与决算。

项目策划决策阶段。作为土地一级开发成本控制的关键环节，该阶段成本控制的核心集中于项目投资估算。通过可行性研究，从土地一级开发的规划方案、建设地区、建设规模、市政基础设施水平、融资方式、建设周期等方面出发，筛选推荐土地一级开发项目方案，提出切合实际、合理合法及操作性强的投资估算作为投资控制数额，及时审查投资估算的编制依据、方法及指标运用条件，保证投资估算的科学性、可靠性，以及各项资料数据的时效性、准确性及适用性。

规划设计阶段。规划设计阶段成本控制仅次于决策阶段，在阶段整体

工作中，成本管理人员主动参与到规划设计中，积极采用价值工程理论和限额设计的方法，针对规划、设计的不同阶段，从成本管理角度对规划设计方案进行经济性分析比较，及时调整规划设计中的不合理处，逐步达成控制成本、节约投资的项目目标。进行项目合约规划，合理划分施工总包、直接发包的专业工程及材料设备采购标段。依据施工图纸准确计算工程量，考虑已确定工程品质定位，结合当期的人材机市场价格水平编制招标控制价。通过招标竞争的方式选择报价合理、经验丰富的优秀施工企业。

工程施工阶段。该阶段成本控制重在建立完善的造价管理制度，通过严格计量支付程序，合理使用资金。在项目实施中，正确对待资金变更，加强变更洽商控制，严格审核变更价格，同时严格抓好合同管理，避免索赔事件发生。在此基础上实现一级开发工程与二级开发项目之间关系的协调统一。

竣工结算阶段。项目竣工验收合格后，依据合同、图纸、招投标文件及过程中的变更洽商资料，在规定时间内完成结算并提交全部结算资料、结算审核报告。对比工程结算与目标成本、设计概算、投资估算的偏差，进行偏差分析，并对造价指标和实物工程量指标进行分析，总结项目实施过程中的经验教训。

（三）统一实施及竣工验收创新模式的意义

统一实施及竣工验收模式大胆突破，开拓创新，积极探索时代前沿信息，通过技术研发、成本控制、统一布局等方式实现了项目工程建设的飞跃发展，在成本集约化、园区生态化、时间集中化等方面具有重要意义。

1. 减少政府资金压力，企业同步实现壮大

城市综合管廊与区域地块一体化施工具有一定特殊性，针对施工过程中计价难等问题，对地下管廊管道实行集中放置，有效提升地下空间的利用效率，减少城市道路、绿地的重复开挖，避免重复建设及挖掘事故，降低建设项目施工成本，同时解决了地下检修的困局。地下综合管廊寿命可达 50 年以上，其资金状况与传统敷设费用相当，实现了一次投资，长期使用的良性循环局面。

工程项目的统一规划实施与质量效率的双向提升为成本集约化提供了重要范本，通过重复建设频率的降低，有效降低了项目施工成本，为政府资金压力的降低以及企业同步壮大提供了重要契机。

2. 开创绿色生态园区建设之路

统一实施及竣工验收模式通过初步探索，形成了资源节约型的良性循环体系，为园区绿色生态建设提供了全新范本。

（1）建设成本可控

项目实施注重优化配置建设资源，实现集成化管理，通过各阶段成本控制，实现了成本可控化管理。其中，各阶段资金使用及时调整，施工临时用水、临时用电统一整合，实行合理排布、统一报装、统一实施，并委托专门单位对整个建设过程中用水、用电进行统一管理，实现了成本的有效把控。

（2）规划目标可达

规划是龙头，实施是主体。项目统一规划已完成蓝图绘制，项目科学、合理的统一实施则为蓝图实现提供步骤支撑。奥体文化商务园区包括市政基础设施在内共计二十余家总包单位、百余家分包单位，存在工序交叉频繁、协调难度大等诸多问题。在项目建设过程中，通过统一实施的调度管理，有效避免了项目建设中各施工单位各自为战的现象，实现了项目技术条件共享、项目实施方案共商、项目建设进度共管的有利局面，为项目紧凑、高效、有序推进奠定了扎实基础，为规划目标的实现提供了重要基础。

（3）建设模式可鉴

新模式中，多项建设模式均为后期实践提供了丰富的经验借鉴。

一是项目统一运营的无缝对接。工程建设统一规划招标，统一划分标段，材料设备统一招标采购，为施工管理和后期运营管理提供了便利平台。招标采购充分有效利用资源，提高了工程建设的效率。在项目实体运营进程中，以项目功能及项目品质的充分显现为着力点，实现项目建设与项目运营的有效统一，在项目建设过程中执行运营单位参加项目建设周例会的机制，参与系统联合调试，确保运营单位及时了解项目进展，并从运营角度出发，对项目规划设计、施工管理等方面的问题进行逐一提出、研讨、解决，实现了项目竣工即移交运营的"无缝对接"。

二是项目安全质量风险的规避防控。统一实施的安全质量管理是基于一套完整的管理体系，从项目安全质量风险点的预判出发，根据风险的发生概率、影响范围划分不同危险等级，同时制定相应的预防措施，并在实际操作中根据实际情况予以不断地纠偏、完善。相较于传统的开发模式而言，统一实施下的项目安全质量防控更为体系化、科学化，有效降低了安全质量事故的发生概率，提升了项目管理水平。

保证项目责任落实。通过五方责任制度，明确参建各方逐层落实人员的主体责任，职责明确是保证工程建设安全受控、质量合格、建设目标如期实现的基础。提高内在安全水平。对各个单位统一实施安全质量监督检查标准，配合组织教育学习，建立激励、奖罚措施等，在整体环境下提高各单位的安全生产意识，通过内部优化达到安全管理水平提高的效果，提高人员的整体素质及积极争优的意识。

提升隐患整改效果，降低施工成本。通过统一实施安全管理，运用科技手段全面检查、动态监控，落实隐患查找、整改及监督流程，对各类安全质量隐患早发现、早处理，形成严格的隐患消除闭环，确保隐患整改至受控状态，降低后期整改安全质量问题的作业成本，达到高质量高效率的安全生产水平。

三是优化资源配置，实现集成化管理。在项目实施过程中强化资源配置，实行集成化管理，避免重复、多次建设，节省项目投资；同时实现市政配套设施一次性建设到位，做到施工过程中的机械设备、劳务人员、临时设施的重复使用，免除临时设施的反复搭设、拆改，实现了资源的合理优化。通过对园区内的市政道路、综合管线、地下公共空间、景观铺装及绿化等进行统一集成化，实现了各个"有机单体"之间的全寿命周期、全过程、全方位、全要素管理。

3. 实施统一竣工验收，节约时间成本

奥体文化商务园区竣工验收工作由四家施工单位、四家监理单位、两家消防专业单位一起推进，共同建设完成。通过验收项目的工程质量以及资料手续组织统一自检、统一整改，以及后期资料的统一收集、统一管理、统一上报，竣工验收工作实现了高效管理、全面达成，大大缩短了项

目实施时间，实现了时间成本的节约。

四　运营管理的统一

（一）统一运营管理模式的必要性

1. 城市功能综合区的统一运营管理势在必行

奥林匹克公园中心区建设之初，为了保障建成后奥运赛事期间的安全运行，在规划、建设期就派驻了运营团队跟进，对公共基础设施正式运营体系的建设提供专业咨询，对设计及施工管理提供建设性优化建议，组织专业团队并委托第三方专业评估机构对中心区公共设施的日常运行维护费进行综合测算，以保障赛事所有设备设施安全正常运行，也为赛后常态化运行奠定了坚实的基础。

2. 运营先行，与规划和实施同步开展，是打造智慧化城市功能区的有效保障

从招商、企划营销、客户服务与现场管理、物业管理等方面，通过项目定位、受众群体及经营定位的分析，全角度出发，提高统一管理的针对性，为运营和发展提供永续良性的经营目标，不断提升品牌知名度和美誉度。

（二）统一运营管理范围、服务内容及标准

1. 统一运营管理项目的范围

奥林匹克公园中心区（以下简称"中心区"）是北投集团负责征地拆迁、规划设计、投资建设、运营管理的第一个区域化管理项目，从建设期到常态化运营已历时 14 年，积累了丰富的运营管理经验，已成为区域运营管理的典范。

中心区统一运营管理的范围主要包括：公共基础设施、地下车库、地下商业以及待开发地块。其中：公共基础设施，97 万平方米，涵盖了中轴大道铺装及地下管线工程、绿化工程、龙形水系工程、变配电工程、景观灯照明工程、监控中心工程、地下交通联系通道、下沉花园、IPV6 数字化景观照明控制系统、雨洪利用系统、绿地灌溉系统、公共广播系统、

综合安防系统、喷泉系统。目前由北投集团下属二级企业新奥物业负责运营管理。

图 9 奥体中心全景示意

临时设施（玲珑塔）：总建筑面积为 4299 平方米，地上面积 3636 平方米，地下面积 663 平方米，高 132 米，共七层。奥运会时为电视信号转播塔，现利用其开展文化交流活动。目前由北投集团全资子公司负责运营管理。

地下商业（新奥购物中心），总建筑面积 24.5 万平方米，停车位 2300 个，是一个集休闲娱乐、文化交流、购物餐饮、主题体验于一体的大型购物中心。目前由北投集团全资子公司北投商业负责运营管理。

待开发地块共计 22 处，面积约 206900 平方米，景观大道 2200 米。近几年来，为"第三届京交会""2015 北京国际田联世界田径锦标赛""9·3 阅兵""助力申冬奥系列活动"等国家级、市级重大活动保驾护航，做好后勤保障工作，向世人展示了中国北京的形象和魅力。同时"全国科普日北京主场""北京马拉松""北京国际长跑节""国际汽联电动方程式奥林匹克公园街道赛""北京奥运城市体育文化节""京交会"等大型活动已长期入驻中心区。目前由北投集团下属二级企业北投文体负责运营管理。

2. 统一运营管理的服务内容

（1）公共区域物业管理服务：设施设备运行维护、秩序维护、环境卫生、绿化养护、水体维护、客户信息等六类服务工作内容。

「三统一」开发模式的创建与实施

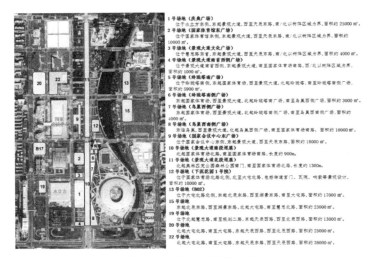

图 10　奥体中心地块布局

设施设备运行维护服务主要包括公共物业各类设施设备的正常运行、维护和日常管理，制定并实施全面的维修保养计划，降低能耗、节支运行，以及对建筑物、构筑物、设施设备等年度普查、鉴定及维护保养等，制订大中修方案。

秩序维护服务主要包括公共物业服务区域内的秩序维护、协助举办大型活动和各种商业推广活动时的外围秩序维护，建立快速响应机制和健全各种应急预案；负责监控中心正常运行，消防、安防监控正常运行；对本区域内实施24小时全方位巡视检查；配合相关单位维护好区域内治安工作。

环境卫生服务主要包括管辖区域内日常保洁，地面景观小品、城市家具日常保洁，公共卫生间保洁，化粪池清掏，建筑物、构筑物、设施设备定期清洁，对设备机房等区域有害生物防治等工作。

绿化养护服务是对中心区内各类乔木、灌木、花卉及草坪地被等80万平方米绿地（临时绿地44万平方米，永久绿地36万平方米）的维护与管理。

水体维护服务是对园区龙形水系内的水生植物及水生动物的巡视监测及维护管理，水质治理与保持，园区水体循环补给等。

客户信息服务是为旅游观光者、重大活动参与者、二级开发投资者、商业经营者等各类客户提供信息咨询、接待报修及回访、内外协调沟通、处理客户投诉等，大型活动期间提供疏散广播、灯光控制、调度协调等配合工作。

（2）待开发地块的日常管理。利用待开发地块的位置资源，根据奥林匹克公园中心区的国际、国内影响力，创建了"和·咖啡"文创交流平台，精心打造了冬季群众娱乐项目"冰雪王国"、燕京啤酒广场月色码头、和·咖啡玲珑之夏、新奥玲珑艺术中心等自有品牌，投资了VR动漫世界体验馆、无线网络服务平台、奥林匹克公园夏季音乐季、《北京地铁》等，取得了良好的社会效益和经济效益，进一步提升了中心区的影响力。

（3）新奥购物中心的运营管理。新奥购物中心坐拥独具匠心的奥林匹克下沉花园，依托气势磅礴的龙形水系，结合周边主题鲜明的公园情景，目前已建成为集休闲娱乐、文化交流、购物餐饮、主题体验于一体的大型购物中心，满足不同消费客群的需求，成为"北京·公园·家庭欢乐中心"，同时还创建了自有教育品牌"新奥品学"。

（4）综合管廊的运营管理。以已建设并投入使用的通城商务中心区城市地下综合管廊的集约化运营管理为例进行阐释。

综合管廊的历史背景。城市地下综合管廊是指在城市地下用于集中敷设电力、通信、广播电视、给水、排水、热力、燃气等市政管线的公共隧道。国外建设及运营管理已有两百年历史，法规日趋完善，运营管理较为成熟。国内自1994年逐渐建设，目前存在法律法规不完善、管廊建设种类少、运营管理体系空白等问题。

通州商务中心区项目综合管廊的建设情况及特点。通州商务中心区项目综合管廊建设由新奥通城公司建设，涵盖交通与市政职能的城市地下三层环廊系统——北环环隧。北环环隧隧道分为上中下三层，上层为行车道层，中层为设备夹层，下层为综合管廊。综合管廊平面布置位于北环环隧下方，基本与北环环隧共构结构，管廊总长1952.29米，其中，干线管廊全长1565.22米；设备夹层和综合管廊包含气力垃圾、给水、再生水、电力、热力、电信、有线电视等主管线的预置，专业管线通过与管廊建设同期敷设，保证了区域内22个地块的能源及服务系统的便捷接入，综合管廊标准断面采用5舱通行管沟结构，分为电力舱、水舱、电信舱、热力舱及气力垃圾舱，为管线后期维保、升级等提供作业环境，预留分质供水、压力废水、生活热水等管线入廊空间。

专业管线入廊与道路直埋相比，管线维修保养、巡视检查等工作更加快捷、方便，但协作单位多，服务管理工作复杂，管理标准高，目前，国内管廊运营单位还没有建立规范的协调机制；没有统一的规章制度规范运营单位和管线单位的责、权、利；《国务院办公厅关于推进城市地下综合管廊建设的指导意见》（国办发〔2015〕61号）明确指出管线单位交纳入廊费和日常维护费，但没有相关收费标准，运营单位与管线单位在管廊运营管理上存在各自为政的问题。为减少责任推诿扯皮现象的发生，有效解决运营服务管理中的矛盾，求同存异，急需制定管廊运营相关规章制度、操作规程、管理办法等运营服务管理的标准规范，达成共识，形成相互依存的利益共同体。

通州商务中心区项目综合管廊运营管理体系的搭建。

运营管理体系的内涵：新奥通城公司根据管线单位的需要，在管廊运营服务管理实践的基础上，以"长期性、综合性服务"为核心，以"管廊与管线集约化管理"为目标，以"安全、专业、满意"为服务管理理念，以"五个关键维度对接"为实施方法，实行"模块化管理＋中心管控"的基础运维模式，采取政府购买服务、职能部门监管、公司专业化运营、物业化管理的运营管理模式，构建了一套成熟的运营体系。服务管理理念贯穿于整个运营体系，不断加强与管线单位的对接、服务与管理，旨在实现与管线单位的有机协调统一，打造一个利益共同体。

运营管理体系的框架：运营管理体系由专业技术、信息共享、规章制度、服务管理、质量管控等5个关键维度的服务性对接构成，并把对接与服务作为控制和改进运营体系的核心。

实施方法：通过强化专业技术，共享管理信息，细化规章制度，优化管理流程，严格质量管控，打通所有运营服务管理脉络，建立符合管廊运营的服务管理体系，使运营单位和管线单位真正形成利益共同体，对管廊和入廊管线进行安保、巡视检查、保养、日常维护、突发事件处置等进行全方位管理和服务保障，实现管廊和入廊管线安全健康运营、管线单位满意的最终目标。

3. 首创国内园区统一运营管理项目的标准

作为奥林匹克中心区运营管理单位，北投集团有效攻克了国际上奥运

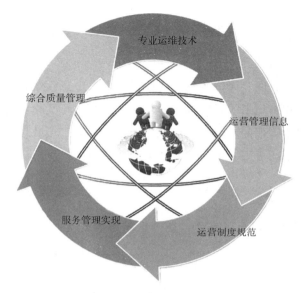

图 11　城市地下综合管廊运营服务管理体系框架图

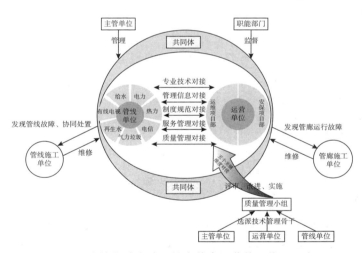

图 12　集约化城市地下综合管廊运营管理体系示意

场馆赛后容易闲置的难题，秉承奥运理念，运营先进理念技术培植呵护周边景观和生态环境，结合中心区自身的特点，依据国家 5A 级景区规范要求和北京市地方标准，制定了《北京奥林匹克公园中心区公共区运行服务质量标准》（简称标准），创造出国内第一个开放式园区管理标准体系。作为中心区运营管理的纲领性文件，统筹中心区各项管理体系，使得中心区各项工作在标准化管理体系下运行。

为确保标准更具可操作性，在此基础上，进一步编制了《北京奥林匹克公园中心区运行规范化服务手册》。手册内容涵盖了中心区物业概况、质量标准、规章制度、岗位职责、作业指导书、应急预案、检查考核标准等，充分反映和满足了作为首都重要功能区的大型科学化管理，填补了国内大型园区物业管理的空白。该标准化体系获得第二十八届北京市企业管理现代化管理创新成果一等奖，并被推荐申报国家级奖项。

（三）统一管理运营的意义及下一步运营发展思路

1. 搭建统一运营管理平台，提升区域综合运营能力，实现区域各经营单位共赢、协同发展

园区内有三家集团全资子公司运营：物业公司，负责园区公共区域常态化运行维护管理工作；商业公司，负责园区地下商业（新奥购物中心）的运营和管理工作；文体公司，负责除地下商业外北投集团所有有形、无形资产的经营和管理工作。各自管理边界较为清晰，全部处于盈利状态。

北投集团所属三家专业子公司依据各自业务范畴和专业特长，既相互独立又相互协作，统筹规划、合理分工共同做好区域运营管理工作。

（1）新奥物业公司

在中心区 10 年历练，总结提炼出了一套行之有效的、弥补区域管理空白的标准化作业文件，练就了一支顾大局、讲奉献、能打敢拼的专业服务队伍。初步成为颇具区域影响力的专业化、规模化品牌公司，已成为区域运营物业服务提供商，年营业收入超过 1.5 亿元。

延伸服务链，不断创新推出高附加值服务，创造新的业务增长点，做大做强主业。服务贯穿于集团一二级开发规划前期、中期施工、后期接管验收，直至最后持有型物业运营各阶段，形成了一个完整的服务链条。

深度挖掘拓展服务空间，以功能区运营为基础，打造资源整合型平台，通过合作、共享方式，获得基础投资资产（水电煤气、公租两限、体育设施、地下综合管廊）的特许经营。

通过互联网＋技术加快物业管理向智能化与网络化方向发展。

（2）北投商业公司（简称北投商业）

主要负责奥林匹克中心区地下商业运营管理。

地下商业项目：项目位于奥林匹克公园中心区龙形水系下方，是2008年奥运会重要的配套设施，奥运赛时发挥重要保障作用。后奥运时代，为了加强对奥运资产的开发和利用，该项目经过北投集团投资进行装修改造成为新奥购物中心，补充了奥运中心区商业功能。项目全部位于地下，建筑面积约24万平方米，其中商业面积约18万平方米，车库约6万平方米。其中部分区域出售给工美、邮局、地铁，其余由北投集团持有。2012年1月实现全面开业。新奥购物中心定位：集休闲、娱乐、文化体验和购物餐饮为一体的北京家庭生活欢乐中心。开业5年来，利用地下空间建设的新奥购物中心吸引客流量日均数万人，经营业绩每年保持在近五亿元，创建了奥运主场馆区赛后利用的典范。

（3）北投文体公司

负责奥林匹克中心区文化旅游产业运营管理，发挥中心区作为北京市高端文化产业功能区的引领作用，打造了"和·咖啡""玲珑艺术中心""新奥冰雪王国""新奥月色码头""奥林匹克公园夏季音乐季"，《北京地铁》电视剧等众多品牌项目。致力于成为区域运营文化产业服务商，整合区域资源，对区域运营进行统一规划、统一运营、统一宣传、统一标识、统一配置、统一服务、统一管理。搭建好运营网络平台，打造体育、文化产业核心竞争力。

（4）北投集团园区管理部

作为集团职能部门，园区管理部在园区资源整合、统一运营管理过程中发挥着重要的枢纽作用。肩负着和政府沟通的重任，负责打造政府支持配合监管、企业自主运营的区域管理新模式，以市场化运作机制主导区域各项运营工作。主要职责：制定园区资源整合规划，协调政府部门和园区各业主单位关系，指导督促资源整合方案的高效落地。

2. 打造城市功能区运营管理平台

充分发挥运营优势。加强学习，引进国内外先进的管理理念和团队，不断提升运营管理水平和服务质量，实现楼宇及地上地下基于BIM系统的全生命周期的设施设备管理，力争运营管理更多的城市功能区及市政基础设施、商业地产和人才公租房项目。要把北投金融中心（亚投行总部大楼）打造成为北京新的金融中心，引进国际、国内知名的金融机构入驻大厦。

3. 打造城市功能区地下综合管廊运营平台

地下综合管廊，是国家城市基础设施建设重点项目，能解决反复开挖路面，管线事故频发等问题，有利于保障城市安全，完善城市功能，有力提高城市综合承载能力。目前奥体文化商务园区地下综合管廊、通州商务中心区北环环隧地下综合管廊及北京城市副中心综合管廊均由北投集团负责设计、投资、建设和管理，为城市功能区的绿色化、智能化运营提供了有力地保障。

我们要充分发挥自身优势，努力打造城市功能区地下综合管廊运营平台：首先是提升自身管理水平，为地下综合管廊提供系统、全面规范地服务，要科学利用 BIM 规划、建设、施工及后期运营模式以及互联网技术将地下综合管廊进行全面管理，基于互联网技术，将管廊内机电设备、通风、排水、安防、综合布线等利用 BIM 与互联网技术整合到统一平台，与消防系统、指挥系统等进行紧密联合，并与移动智能终端相结合，全面实现地形、管网、设备等信息系统的综合管理，从而满足各部门对管网信息的需求，更好地实现地下综合管廊高效、可靠地运行。其次是积极寻求政府支持，建立后期运营管理机制，明确管廊建成后各管线单位根据各自情况陆续引至地下综合管廊，实现入廊有偿使用。北投集团可根据建设和运营，成本和收益的关系，向入廊单位收取入廊费及日常运行维护费用，从而成为北投集团新的经济增长点。

4. 打造全国领先的智慧化城市功能区

建立智慧化城市功能区是我国城市发展的重大目标之一，城市区域功能的高效有序运转，需要基础设施建成后的智慧化运营和管理，按照智慧城市建设的统一规划、集约建设、资源共享及规范管理的原则，北投集团作为城市功能区建设运营领域的领导者，以过硬实力和独特优势，紧抓机遇，以科技创新管理、服务产业发展为主线，以构建智慧城市为目标，以技术手段为依托，利用 BIM 后期运营管理模式，整合资源，科学开展智慧城市功能区的信息基础设施建设，提升硬件服务能力和水平，构建涵盖智能化园区管理、便民服务、资源共享等功能的城市区域协同发展模式，增进信息沟通和信息共享，满足智慧城市功能区内企业运营与管理的需求，有效解决园区信息化基础设施薄弱及节能环保问题，形成"基础设施畅通，运营管理高效，公共服务创新、智慧产业快速"的智慧化运营体系，打造全国领先的信息化、科技化和国际一流的智慧化城市功能区。

五 结论与建议

"统一规划、统一实施、统一运营"的土地一级开发模式是一条绿色生态建设之路，这一路径实现了开发规划模式的绿色生态转型、建设实施的绿色生态转型以及未来运营管理的绿色生态转型，实现了项目区域功能与结构一体化、工程建设与安全管理一体化、集约化运营与智慧管理一体化，对城市发展、行业发展起到一定促进作用，具体内容如下。

（一）在促进城市发展方面的积极作用

1. 打造核心优势，助力北京城市发展

北投集团自 2005 年成立至今一直专注于城市功能区的土地一级开发工作，先后开展了奥林匹克公园、通州运城核心区、奥体文化商务园、丽泽金融商务区的重点区域开发工作，按规划初步完成实施，并得到市委市政府、各委办局的好评。北投集团还成为北京城市副中心建设的先行军和主力军，承担了副中心 155 平方公里总体城市设计方案国际征集、通州潞城棚改项目、通州东方厂周边棚改项目、行政办公区基础设施、多业态住房、商务中心等多项投资建设任务，创造了北京拆迁工作史上的新纪录，赢得政府、百姓等各方面的广泛认可和信任。同时为积极助推"一带一路"、"京津冀协同发展"战略的实施，北投集团于"十三五"期间还承担了亚投行总部大楼、北京新机场临空经济区、承德临空经济区等投资建设任务。

作为北京市唯一以土地一级开发为主业的市属企业，12 年来，北投集团科学谋划，通过整合各项资源，成为北京市功能区投资建设平台企

业，同时通过积累丰富的项目实践经验，形成了独特的融资优势、建设优势、运营优势、成本控制优势，也逐步成长为传承奥运精神展示北京形象的窗口、促进北京城市投资建设的核心力量、担负国有企业社会责任的城市服务平台，已成为北京市城市功能区投资建设和运营管理领域的领军企业。

2. 落实区域规划，提升区域开发品质

北投集团在奥林匹克公园中心区、奥体文化商务园开发建设中，充分结合周边地铁、城市主干路等条件，集约、节约利用土地，综合开发中心绿地及周边道路地下空间，布置地下空间商业、市政综合管廊等高标准配套设施，通过合理规划地上、地下空间功能布置，实现协调、多功能的立体布局，通过统一的城市设计，整体提升、优化区域城市形象和环境品质，带动周边地块持续升值，吸引更多高端文化产业、国际商务机构或投资者为周边二级地块及整个地区提供更优质、更全面的服务，进一步提升了城市功能综合区的开发品质。

3. 做好服务保障，推动区域产业发展

北投集团以国际一流的管理理念和技术，成功运营管理奥林匹克公园中心区，打造了国家 5A 级景区和北京城市的金名片；同时充分挖掘奥运遗产，成功创建并发展成为区域商业地产运营平台和文化产业服务商，利用地下空间建设的新奥购物中心吸引客流量日均数万人，成为奥运主场馆区赛后利用的典范。

（二） 在促进行业发展方面的积极作用

一是创新了土地一级开发模式，提出统一规划、统一实施、统一运营的"三统一"的新模式，丰富拓展了"土地一级开发"的内涵和外延，助力实现政府管理、业主管理和社会管理的协调与统一，对行业未来发展提供了较好的借鉴意义。

二是北投集团的定位为特殊功能类企业，其主要目的不是盈利，而是在土地一级开发同时能够切实履行市属国企的社会责任，以高标准、高效率、高质量为目标，真正做到从城市发展出发、为老百姓服务，实现绿色开发、和谐开发。

（三）下一步运用中的建议

1. 加强与政府的对接

城市土地一级开发作为实现宏观调控、地方政府推进城市现代化建设的重要手段，正越来越广泛地影响着社会经济生活的方方面面。土地一级开发涉及政府、开发企业与原土地使用者等多个利益主体，地方政府是国家在地方的代表，在土地一级开发中发挥着承上启下的连接作用。北投集团在下一步工作中，将继续加强与政府间的联系，结合以往项目开发经验，提出类似城市综合功能区开发可供借鉴的政策建议，协助政府完善有关政策和规划，在更好地推进北京市土地一级开发建设工作中体现首都国企的担当。

2. 鼓励土地一级开发企业参与二级开发

土地一级开发项目的品质是土地一级开发成功的关键，也是保证二级开发高品质的重要基础。对于具有产业要求的土地一级开发项目，为了更好地吸引符合产业政策的投资公司，应鼓励土地一级开发企业进入二级市场，通过二级开发来更好的实现园区的产业规划。对于可以经营的土地一级开发项目，建议在公开招标的前提下，充分发挥土地一级开发企业对于项目品质信息总体把握准确的特点，鼓励其在同等条件下参与或协助引入其他单位参与土地二级开发招标，有助于提升开发区域的整体品质。

3. 强化土地一级开发后管理

土地一级开发对城市发展有着长远深刻的影响，是把城市规划落实到地块的基础性工程，不仅需要前期的科学规划，而且有赖于后期严格执行，以避免一级开发、二级开发脱节，影响二级开发的顺利开展，增加整个项目的开发成本。一级开发要具体考虑二级开发使用的需要，二级开发要严格遵循一级开发的设定。在进行一级开发之前，对土地最终用途、容积率、各种市政管线等地下基础设施的布置必须事先精心谋划、周到设计，引导和规划二级开发思路、规划设计和建设行为。土地一级开发后的管理应注意划清政府与土地一级开发企业的业务范围和利益界面，实现政府管理、业主管理、社会管理的协调和统一。根据土地一级开发后的管理特点和需要，要发挥政府行政和市场机制的双重作用，提高综合管理协调能力。

参考文献

邵韦平、刘宇光、刘鹏飞：《传承奥运文化打造可持续发展的城市活力新区——以奥体文化商务园（奥体文化商务园）城市设计为例》，《世界建筑》2013 年第 8 期。

徐畅、王仲宇、段旺、沙钢、刘东云：《景观预装配技术与体系探析——以北京奥园文化商务园中心绿地为例》，《风景园林》2017 年第 4 期。

李江、刘源、杨思敏：《奥体文化商务园区地下公共空间集约化设计》。

范益群、张竹、杨彩霞：《城市地下交通设施规划与设计》，同济大学出版社，2015。

束昱、路姗、阮叶菁：《城市地下空间规划与设计》，同济大学出版社，2015。

纪丽娟、李世平：《土地一级开发机制优化设计》，《重庆大学学报（社会科学版）2009 年第 2 期。

"政企联动"规划设计管理机制
探索与实践*

——以北京城市副中心为例

郭　策**

摘　要 近年来，随着我国城市经济社会飞速发展，一些"大城市病"在北京等国内一线城市日益凸显，甚至一定程度阻碍了城市健康发展。2016 年 3 月，习近平总书记指出，北京正面临一次历史性抉择，从摊大饼转向在北京中心城区之外，规划建设北京城市副中心和集中承载地，将形成北京新的"两翼"，也是京津冀区域新的增长极。在此背景下，本文以北京城市副中心规划建设管理实践为基础，在分析宏观政策背景和行业现状基础上，深入分析研究北投集团以"政企联动"为主导的规划理念创新、工作机制创新和实施方法创新对城市规划建设管理工作的影响和成效，对国有企业参与和开展城市功能区规划建设管理工作具有一定参考价值。

关键词 政企联动　规划设计管理　北京城市副中心

---

* 课题原名称为："政企联动"理念在规划设计管理中的创新与实践，获得 2017 年度全国国企管理创新成果一等奖，课题组成员：李珊、郭策、刘宁、胡喆、白玉茹。
"政企联动规划设计管理机制"在北京城市副中心建设中的创建与实施，获得第三十二届北京市企业管理现代化创新成果一等奖，课题组成员：段旺、李珊、郭策、刘宁、李雯雯、白玉茹。
** 郭策，建筑学硕士，北投集团规划管理部主管。

一 宏观背景

（一）政策背景

2016 年 5 月 27 日，习近平总书记主持召开中央政治局常委会和中央政治局会议，研究部署规划建设北京城市副中心工作。强调建设北京城市副中心不仅是调整北京空间格局、治理大城市病、拓展发展新空间的需要，也是推动京津冀协同发展、探索人口经济密集地区优化开发模式的需要。强调要树立创新、协调、绿色、开放、共享理念，坚持世界眼光、国际标准、中国特色、高点定位，以创造历史、追求艺术的精神进行城市副中心规划设计。

2016 年 5 月，北京市委十一届十次全会出台了《关于全面深化改革提升城市规划建设管理水平的意见》，明确要求"高起点规划发展蓝图，统筹好城市副中心 155 平方公里范围与通州全区域的规划建设，统筹好城市副中心与中心城的协调发展，2016 年底完成北京城市副中心总体城市设计和重点地区详细城市设计，以及通州区总体规划和相关专项规划"。北京城市副中心要建成千年城市，要在规划实施和城市建设管理方面创新技术手段，实现规划的精准管控与全周期的审批监管，并将成熟的规划理念原汁原味实施落地，对规划设计方案的合理性和可操作性都有很高要求。

（二）行业现状

党的十九大报告指出，我国已进入全面建成小康社会的决定性阶段，这个阶段也是我国城镇化深入发展的关键时期，根据中共中央国务院关于对《北京城市总体规划（2016 年－2035 年）》的批复精神，北京城市副中心将打造成为国际一流的和谐宜居之都示范区、新型城镇化示范区、京津冀区域协同发展示范区。城市建设，规划先行。如此高标准、高要求的规划设计任务对北京城市副中心的规划设计工作提出了巨大挑战。然而，业内仍面临一些问题。

1. 传统企业对城市规划理解不到位

通常来讲，由于过去开发建设企业无法参与由政府部门主导的前期规划编制工作，缺乏对规划设计工作的认识，往往忽略规划的先导作用，主要体现在以下方面。

①一般企业常常忽略"城市规划在城市建设工作中的引领作用"，缺乏对前期城市规划工作的技术研究和资金投入，导致落实规划能力欠缺。

②以往城市功能区层面的大范围规划设计工作只是由政府部门全权负责编制，负责具体执行开发建设工作的企业通常无法参与其中，规划实施路径不够明确。

③因为对规划设计理念的理解不到位，企业单位很难准确把握上级部门宏观建设意图，同时不了解规划编制的产生过程，对规划范围内各项目建设的宏观目标和具体要求定位不准，企业难以做到有序、协调的全面推进规划目标的落实，直接导致项目开发难以达到应有的建设目标。

2. 传统规划审批机制效率较低

传统审批模式下，审批人员往往通过对各种纸质文件、文本、蓝图的查阅，来把控规划方案的科学性、合理性、与周边环境的协调性以及各项规划技术经济指标的准确性，这种规划审批模式难度较大、精度不准，缺乏对方案与周边环境适应性的直观把握。

随着规划改革与行政审批改革的不断深入，有关部门虽然在简政放权、简化行政审批事项、缩短业务办理周期等方面取得一定成效。但规划设计、审批业务十分复杂，涉及多个环节、多家技术单位，存在沟通困难、协调不到位、相互脱节且周期长等现象，致使工作量和难度加大。申报单位也常常只是被动机械的完成自身项目的报规报建工作，缺乏对于政府部门的主动配合和创新意识。

3. 项目实施与规划编制脱钩

一般开发建设企业仅偏向于关注自身项目的商业价值，在政府部门完成上位规划的编制完成后，不注重执行和参考规划编制成果，难以有效落实规划理念，导致具体项目的实施与规划脱节，难以实现符合政府预期的宏观建设目标，阻碍了规划方案成果的落实，增加了开发成本，影响了规划建设工作的经济效益和社会效益。

二 研究意义与工作框架

（一）研究意义

针对行业中存在的一系列问题，通过积极探索，本文重点阐述了北投集团以"政企联动"为主导的规划理念创新、工作机制创新和实施方法创新转变工作方式。在保障依法合规的前提下积极尝试，发挥自身优势，首次作为承办单位主动直接参与到政府部门的规划设计编制工作中，同时配合行业主管部门推进审批制度改革，并在自身承担的项目中进行试点应用，确保上位规划理念顺利落地。以"政府主导、企业承担、联动协作、全程参与、多元支持、高效执行、勇于创新、实现双赢"为主旨，坚持落实中央和北京市对于城市副中心规划设计工作的指导理念，积极推进各项工作有序实施，与政府部门建立了全新的协作模式，极大地提升了工作效率和质量，为北京城市副中心规划建设的有序推进提供了坚实保障。

（二）工作框架

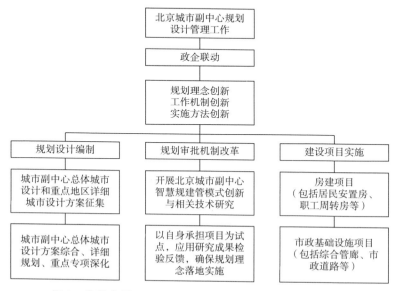

图1 北投集团—北京城市副中心规划设计管理工作框架

三　研究综述

（一）规划策略

与其他城市功能区建设相比，中央对于北京城市副中心的规划建设工作给予了更多关注，提出了明确的指导理念。2016 年 5 月 27 日，中共中央政治局召开会议，强调规划建设北京城市副中心，是疏解北京非首都功能、推动京津冀协同发展的历史性工程，必须一件事一件事去做，一茬接一茬地干，发扬"工匠"精神，精心推进，不留历史遗憾。

为确保北京城市副中心规划建设任务的高质量完成，落实中央对于副中心规划建设工作的总体要求，北投集团配合政府有关部门开展了北京城市副中心总体城市设计和重点地区详细城市设计方案征集工作。在通过对全球几十家业内一流设计单位的专业领域特长、项目经验和主创设计师业务经历进行严格比对筛选后，最终确定由来自全世界 10 个国家和地区的顶尖设计团队与国内一流设计单位组成 12 个中外联合体参与本次方案征集工作，百家争鸣、博采众长，并在此基础上选取获得优胜方案的设计团队以工作营的形式开展了方案综合、重点深化以及详细规划编制等后续工作。

在规划编制过程中，配合政府部门组织各规划设计单位提升规划理念和策略，组织功能复合、中心辐射、宜居宜业、职住均衡的组团空间布局，构建多级公共服务体系，使工作、居住、休闲、交通、教育、医疗等功能有机衔接、便利快捷。同时，紧紧围绕对接中心城区功能和人口疏解，发挥对疏解非首都功能的示范带动作用，促进行政功能与其他城市功能有机结合，形成配套完善的城市综合功能。

（二）工作机制

在落实中央和北京市指示精神、创新规划理念的同时，北投集团创新工作机制，以"政企联动"作为指导思想，积极配合政府有关部门开展各项工作，主动承担并直接参与到规划设计编制工作的全过程中，高效完成了各项任务，对国有企业更好地配合政府部门开展工作具有推广和借鉴意义。

1. 建立了与政府部门合作的新模式

首次直接参与到政府职能部门的重大规划设计编制等工作中，并为其提供全方位的决策建议、策划实施、组织协调、资金支持等服务，优质、高效地完成了项目全过程中的各项工作，全面建立了与政府各职能部门间的合作关系，充分扩大了集团在各界的影响力，有效促进和拓展了集团业务的发展。作为市属国有企业，北投集团的直接参与为城市副中心规划编制工作提供了多方面的支持，发挥企业优势加大投入，有效提升了规划设计方案的编制深度和成果质量，同时发挥企业自身在一级开发建设等领域的丰富经验，在规划编制过程中从实操角度出谋划策，使规划成果落地实施的可操作性大大增强。

2. 参与政府职能部门的审批机制改革创新实践工作

应用 BIM 等信息化技术建立三维智慧管理平台，以自身项目作为试点推进技术研发，使企业的实践经验和行业审批机制改革有机结合，促进各环节单位无缝对接，提升审批效率，切实促进了规划审批制度改革创新进程，在有效提升自身管理、运行效率和工程质量的同时，为行业的审批制度改革创新积累了宝贵经验。

3. 落实上位规划理念，确保成果落实

在各项由企业自身承担的北京城市副中心建设项目规划设计工作过程中严格遵照上位规划理念，发挥自身在土地一级开发领域的丰富经验，在大幅提升规划方案可操作性的基础上，严格把控自身所承担具体项目的规划设计编制，同时应用信息技术手段，实现项目全生命周期的政企联动监管，有力确保城市副中心规划设计成果落实。

（三）实践应用

作为北京城市副中心全域 155 平方公里规划设计工作的承办单位，北投集团应用上述规划理念和工作机制，全程参与、高效组织、全面协作、勇于创新，密切配合有关部门高效有序推进了各环节工作。

1. 创新理念，推进规划设计方案编制

规划是城市建设工作的龙头，规划设计的品质直接影响着项目建设的全过程。作为土地一级开发业主单位，北投集团对规划设计管理工作十分重视，凭借自身的业务专长和经验优势，高效推进了北京城市副中心各项规划设计编制，在规划设计管理实践的过程中积累了宝贵的经验。

①落实中央理念，系统开展规划设计

2016年2月发布的《国务院关于深入推进新型城镇化建设的若干意见》、《中共中央国务院关于进一步加强城市规划建设管理工作的若干意见》明确城市规划建设管理的总体目标是：实现城市有序建设、适度开发、高效运行，努力打造和谐宜居、富有活力、各具特色的现代化城市，让人民生活更美好。《中共中央国务院关于深入推进城市执法体制改革改进城市管理工作的指导意见》中指出以"四个全面"战略布局为引领，牢固树立创新、协调、绿色、开放、共享的发展理念，强调源头治理的原则，要求增强城市规划、建设、管理的科学性、系统性和协调性，加强对城市规划、建设实施情况的评估和反馈。

为了落实中央和北京市关于北京城市副中心规划建设工作的指示，北投集团配合有关部门开展了城市副中心规划设计方案征集，征集内容主要包括两部分：一是155平方公里的城市副中心总体城市设计；二是选取运河沿线的通州商务园地区、运河商务区、行政办公及生活配套区、杨洼地区、东方化工厂改造区、张家湾地区等6处重点地区开展城市设计，每个地区的特点都十分鲜明。通过与有关部门的密切沟通和协调配合，本次方案征集工作创新性的改变了以往城市规划、建设、管理方面存在的问题，细化塑造城市副中心特色，落实最先进的理念和国际一流标准，提出功能组织、基础设施布局优化措施，明确城市风貌、生态景观设计手段，完善配套管理措施，使城市副中心成为引领城市建设方向的标杆。

为集成国内外最先进的规划建设理念，方案征集由来自全球十个国家和地区的12个中外联合体参与，在充分吸收各家设计单位方案的理念、亮点、共识的基础上，形成方案综合成果。2016年底，市委、市政府、市人大、市政协主要领导在北京市规划展览馆参观了12家联合设计团队的方案展板和模型，听取了总体城市设计初步综合成果的汇报，对取得的阶段性成果给予了高度评价。

②有序组织实施，确保工作高效推进

在具体工作的开展过程中，面对北京城市副中心总体城市设计和重点地区详细城市设计方案征集设计工作时间紧、任务重、要求高的局面，北投集团采取细致分工，责任到人的方式，配合有关部门高效完成方案征集的组织、协调和管理，有序推进了方案征集的全过程工作。通过应征申请人资格评审会确定了参加方案征集的12支国际联合体团队。完成方案征集动员会、现场踏勘、答疑会和交流会等工作，提升了方案征集工作的推进效率和工作质量。并在随后的征集过程中配合有关部门完成了多轮技术沟通会、中期汇报会、方案评审、方案汇报工作的策划、组织、协调、实施等各项工作，推动方案征集工作顺利完成。其后，委托城市设计方案征集的中选规划设计单位，协助有关部门采取工作营的形式集中开展城市副中心总体城市设计方案综合工作，并同步组织相关设计单位抽调精英团队配合有关部门编制城市副中心详细规划，加强城市设计的控制引导，切实确保规划方案的落实。

③发挥企业优势，提供专业决策服务

在城市副中心规划设计工作的全过程中，北投集团采取以"政企联动"理念为核心的政府主导、企业执行、全程参与工作模式，充分发挥企业的自身优势，在规划方案的征集和编制过程中提供全方位的决策服务。作为承办单位，在城市副中心规划设计工作的多次技术工作例会、阶段汇报、方案评审等各工作环节中建言献策，结合企业自身丰富的一级开发建设经验，对设计单位的具体方案编制工作提出建设性意见，使规划设计成果的可实施性大幅提升，确保规划方案落地的可操作性，为有关部门开拓工作思路、明确工作方向、加快推进工作进度提供了有力保障，为编制工作的顺利进行发挥了不可替代的重要作用。

2. 试点应用，助力审批机制改革创新

在快速推进城市副中心规划设计工作的同时，为贯彻落实中央政治局"5.27"会议和市委十一届十次全会关于"最先进的理念、最高的标准、最好的质量不仅要体现在城市副中心的规划设计方案蓝图上，也应体现在做好城市设计与规划编制工作的技术手段上"和"创新体制机制和政策，制定配套政策"的总体要求。北投集团积极配合行业主管部门推进规划审批制度的改革创新进程，承担了北京城市副中心三维规划信息平台建设任务，投入大量人力、物力、财力配合有关部门开展北京城市副中心智慧规划建设管理模式创新与关键技术研究，应用现代信息化技术研发三维城市规划建设管理审批决策及服务平台，推进业内审批机制改革。

在推进技术研发工作的基础上，选取企业自身正在承担的城市副中心若干建设项目（包括房建项目、基础设施建设项目等不同类型）作为试点，将研究成果实际应用于这些项目的三维电子报批和规划建设管理中，促使集团内部加强对建设项目从规划设计、施工建造、运营管理全过程三维信息的统一管理，大幅提升项目建设质量并且最大限度的缩短了工期。与此同时，配合有关部门从数据标准、管理办法、试点项目数据建库、软件应用等方面开展深入研究，积极协调与集团业务相关的技术单位（包括规划设计单位、勘察测绘单位、施工单位、物业管理单位等）共同参与三维信息平台的试点应用，大大提升了沟通效率，节约了沟通成本，充分检验了研究成果，为推进业内规划审批机制改革积累了宝贵经验。

3. 加强管理，确保上位规划成果落实

北京城市副中心的建设具有国家战略意义，是千年大计。经过全球方案征集等一系列严格、完善的规划编制程序，城市副中心规划方案初具规模。在北京城市副中心规划建设的推进过程中，落实规划理念是规划设计管理和项目建设工作的重中之重。对于城市副中心尤其是行政办公区内的诸多实际建设项目，北投集团作为土地一级开发业主单位积极落实中央关于"调整北京空间格局、治理大城市病、拓展发展新空间，推动京津冀协同发展、探索人口经济密集地区优化开发模式。树立创新、协调、绿色、开放、共享，坚持世界眼光、国际标准、中国特色、高点定位，以创造历史、追求艺术的精神开展规划编制"的工作要求，制定了严格的上位规划落实制度，创新自身管理体系，定期与行业主管部门开展规划理念交流，组织建设项目规划设计团队与行业主管部门进行沟通，并从中发挥自身业务优势和丰富经验，共同探讨上位规划核心理念的落实方法，将集约利用土地，窄马路、密路网、开放街区，绿色、生态、宜居等规划理念实实在在的落地于每个建设项目中。

（1）建设居民安置房，打造和谐宜居之都

习近平总书记在党的十九大报告中多次强调"要以人民满意不满意作

为衡量我们工作的标准",为落实城市副中心"着力打造国际一流和谐宜居之都示范区""让人民生活更美好"的理念要求,北投集团承担了总建筑面积超过100万平方米的棚改安置房项目。在建设如此规模的大型居住社区的过程中,集团充分发挥政企联动在规划设计中的优势,通过与有关部门保持密切沟通,深入了解规划动态,在方案的规划和建筑设计中充分考虑被安置人的实际需求,从项目选址、户型设计、规划布局、配套服务等方面多次与被安置村民进行对接,体现以人为本的设计理念。同时,通过与有关部门的常态化对接,在项目规划设计中切实落地中央关于创新、协调、绿色、开放、共享的发展理念,发挥集团参与副中心规划编制工作优势,在安置房项目规划建设中密切配合周边市政基础设施的规划选址落点工作,根据周边设施分布更加合理的确定项目设施和功能配比,实现规划的协调统一。在区域用地布局落实上位规划多组团紧凑发展用地理念的基础上,高标准建设居民安置房,建立环境优美、景观良好的宜居社区,并在项目规划建设的具体细节中落实开放式社区、雨洪利用技术、绿色建筑等理念,极大改善了当地居民的居住和生活环境,得到政府部门和当地居民的高度评价。

（2）建设职工周转房,促进实现职住平衡

职住平衡是中央和北京市对副中心建设重点关注的问题,疏解北京非首都功能也对规划编制和落实提出了更高要求。在职工周转房项目的规划设计中,北投集团充分发挥先期参与规划编制工作优势,通过与行业主管部门的密切沟通和对上位规划的仔细解读,在项目规划设计中严格落实了"绿色出行、职住平衡"的规划理念,切实建立生态和谐的宜居社区,并将项目规划设计方案随着城市副中心的规划设计编制工作进行动态调整、反复推敲,同时积极推进规划设计工作信息化、智能化,应用BIM技术贯穿项目始终,为行业主管政府部门的规划审批试点平台在项目规划、设计、建设、运营的全生命周期应用打下了坚实的基础。此外,为落实北京市《关于加快发展本市装配式建筑的实施意见》中的规定,在项目建设中积极践行了建筑产业化,探索建筑产业化的规划设计工作,并积极主动在住宅建筑中应用绿色三星标准,提升项目建设品质,落实上位规划关于国际一流生态宜居社区的要求。

（3）建设综合管廊，完善市政公共网络

为保障北京城市副中心行政办公区的高效运行，落实中央提出的创新、协调、绿色、开放、共享五大理念，北投集团在承担的综合管廊建设任务中严格执行中央关于"要广泛应用世界先进节能环保技术、标准、材料、工艺，建成绿色城市、森林城市、海绵城市、智慧城市"的要求，与政府主管部门紧密沟通，动态推进项目规划设计工作，并在规划设计中统筹相关专业公司以各政府部门实际需求为导向，密切联动、协同推进，严格把控设计方案，促进项目建设集约利用土地，建设功能完善、具有世界最先进水平的综合管廊，形成适度超前、相互衔接、满足未来需求的市政功能体系，为行政办公区和当地居民提供安全可靠的市政公共网络，落实智慧城市规划理念。

（4）建设市政道路，营建高效交通系统

为实现交通系统的高效运行，从根本上抑制交通拥堵等"大城市病"的出现，严格落实"坚持统筹规划生产、生活、生态空间布局，使工作、居住、休闲、交通、教育、医疗等有机衔接、便利快捷"的总体要求，北投集团作为建设主体，在行政办公区市政道路工程的规划建设过程中与有关部门密切沟通，在符合上位规划控制要求的基础上采用"窄马路、密路网"的布局形式使道路密度达世界先进水平。在规划设计工作中，实现从"以车为本"转向"以人为本"，从"封闭的大尺度街区"转向"开放的小尺度街区"，从"以车通行特征定义街道"转向"以人活动特征定义街道"，从"平面视角的切分管理"转向"立体视角的协调统筹"的规划设计理念；在具体细节上，北投集团充分发挥参与副中心整体规划设计工作的优势，从实施的角度出发，配合政府部门对道路范围内的城市公共空间进行统一规划，实现市政公用设施的智能化、标准化、模数化，形成公交站点、绿地系统等不同空间和各类交通流线之间的有序组织，优化城市空间环境，确保安全、顺畅，为该区域打造成为高效便捷的优质街区奠定坚实基础。

此外，北投集团在承担的各个项目中积极利用先进的规划设计管理手段，如三维 BIM 设计、GIS 应用等，不但有利于更直观的在规划设计阶段体现项目的整体面貌，更有利于集中管理节约建设成本。同时，通过在项目建设过程中与行业主管部门的联动推进，将各实施项目作为三维审批平台试点，落地三维智慧规划审批信息技术的应用实践。

四　成效分析

（一）区域层面

北京城市副中心的规划建设是落实中央关于京津冀协同发展、疏解非首都功能的重要举措。落实城市副中心 155 平方公里规划设计，是有效解决中心城区功能过于集中、引导产业资源在新空间形成集聚、完善新的区域公共服务和基础设施服务等各项功能、提升城市综合承载能力的重要途径。对北京城市副中心 155 平方公里的整体规划设计，构建了"蓝绿交织、清新明亮、水城共融、多组团集约紧凑发展的绿色生态城市布局"，一方面有效地控制了城市的分散建设和无序发展，预防了副中心建设过程中的"摊大饼"现象，促进了城市副中心各类功能用地在地域空间上的合理分布，实现用地集约，从根本上抑制"大城市病"的产生；另一方面充分发挥城市土地在社会经济发展中的巨大价值和作用，给副中心乃至周边地区的经济发展带来蓬勃生机。

（二）行业层面

通过各项重大开发建设项目的有效实施，北京城市副中心核心竞争力得到进一步增强，区域经济繁荣发展，行业市场开拓取得突破性进展，房地产二级开发市场进入新的阶段，该区域的运营能力和发展潜力均得到大幅提升。同时，通过对报规报建审批制度的改革创新，预计将大幅提高审批工作效率，缩短数据处理周期，节约数据建库的成本。同时有助于业主单位与规划审批部门、规划编制单位、勘察测绘单位、设计单位、施工单位、物业管理单位之间的高效协同对接，能够减少技术沟通环节，降低信息沟通难度，避免信息传递失真，大大减少项目技术环节周期和工作成本，提升工作效率。

（三）企业层面

北京城市副中心投资建设集团通过参与北京城市副中心 155 平方公里

的规划设计工作，明确了区域的规划建设目标，从而能够更好地在具体承担的项目中落实宏观规划的决策部署，促进上位规划理念的顺利落地实施，在重大项目开拓上频现佳绩，实现了经济规模的快速增长，企业综合实力得到显著增强，服务北京城市副中心建设成绩显著。在取得业绩的同时，北投集团的企业文化和良好形象也得到普遍认可，并获得了北京市规划和国土资源管理委员会与通州区人民政府联名赠送的"专业服务助副中心建设、责任风范展市企业形象"锦旗，使企业品牌得到广泛宣传。

"智慧城市"理念在土地一级开发规划设计管理中的应用[*]

李　珊　李雯雯[**]

摘　要　随着中国城市化进程快速发展，北投集团在土地一级开发规划设计管理工作中将"智慧城市"的理念融入，而智慧园区作为智慧城市的重要组成部分，通过运用移动互联网、大数据、云计算、物联网等新一代信息技术，推进传统行业的融合发展、优化资源配置、提升管理服务水平，并同时推动企业创新转型、智能设施与智慧交通建设、低碳生态环保、物业管理服务等方面的高效发展。北投集团（原北京新奥集团）在2010年组织编制的《奥体文化商务园区低碳生态规划研究》中，已提出智慧园区的规划理念。奥体文化商务园区的规划建设融入智慧园区的理念，通过物联网等创新技术的应用，提高园区信息化水平，将园区建设成为一个具有智能化基础设施的智慧园区，实现精细化的新区管理，创造安全、舒适、便捷、高效的环境。

关键词　智慧城市　智慧园区　土地一级开发　规划设计

---

* 课题原名称为："智慧城市"理念在土地一级开发规划设计管理中的应用，获得2016年度全国国企管理创新成果一等奖，课题组成员：段旺、李珊、李雯雯、董瑞玲、暴伟、李培杰。
"智慧城市"理念在土地一级开发规划设计管理中的应用，获得第三十届北京市企业管理现代化创新成果二等奖。课题组成员：段旺、董瑞玲、李珊、暴伟、徐家昌、李培杰、李雯雯。
** 李珊，高级工程师，北投集团规划总监、规划设计中心总经理；李雯雯，管理学硕士，中级建筑经济师，北投集团设计管理部主管。

图 1 奥体文化商务园效果示意

一 课题背景

2008 年，IBM 提出了"智慧的地球"这一理念，进而引发了智慧城市建设的热潮。近年来美国、日本、新加坡、韩国及欧洲等都确立了智慧城市战略并也相继启动智慧城市的建设，智慧城市被视为重振经济的重要领域，亦作为提升城市竞争力及解决城市发展问题、再造城市的重要途径。国家住建部在 2012 年发布了《国家智慧城市（区、镇）试点指标体系（试行）》、2013 年公布了全国 193 个智慧城市试点名单，并于 2014 年发布了《智慧社区建设指南（试行）》。近年，自"智慧城市"的理念提出以来，全球关于智慧城市的发展从概念和模型阶段进入规划和建设阶段，我国的智慧城市建设全面展开，无论从数量还是规模上已走在世界前列。在我国建设智慧城市的大环境下，北投集团正在开发建设的奥体文化商务园、丽泽金融商务区及城市副中心针对所在区域不同、功能定位不同，按照智慧城市的要求开展智慧园区规划，优化规划设计管理工作，助推智慧园区的建设。

（一）递推土地一级开发规划设计管理创新

土地一级开发规划设计管理工作贯穿于整个开发周期的全过程，从项目可行性研究、方案设计、初步设计、施工图设计、施工实施、竣工验收到投入使用，每个阶段规划设计都需要跟踪、管理，并且对项目的功能定位、品质标准、成本控制、不同专业之间的设计配合及进度协调等工作都需要规划设计管控。

传统的土地一级开发园区建设只能做到"七通一平"，基本都是水电气、交通、建筑等基础设施建设，信息化、智能化都由入驻的二级企业自行完成，企业自身的投入和维护成本高。这就导致园区内各信息系统相互独立，行程"孤岛信息"，缺乏相应的集成与互联机制，无法支持开发商、园区管委会、二级企业以及物业管理者之间业务的顺畅交流。随着新信息技术的逐渐成熟，这就促使规划理念、规划方法、规划手段更加具有前瞻性和科学性，规划设计管理工作要从粗放到精细，土地一级开发企业在园区规划设计阶段要充分考虑到为二级开发预留接口。

（二）推进集团项目可持续发展

北投集团曾在奥运工程建设中取得过辉煌成绩，建造了具有震撼力的中心区场地，通过对交通网络的打造，环境治理，信息化建设，气、热、水、电等设施的建设，促使整个城市风貌和基础建设有所提升。奥运会后，随着社会大环境和中心区使用需求的变化，北投集团与政府相关部门、设计单位不断研究探索，奥林匹克中心区从规划、土地利用情况到建筑功能、运营都发生了不同程度的改变。奥体文化商务园区、通州新城核心区、丽泽金融商务区的规划建设也得到各方的高度评价，北投集团将智慧园区的规划理念融入园区建设，增强企业在行业内的核心竞争力，加快集团发展，真正实现集团做大做强的目标，实现集团项目可持续发展和经济效益增长。

三　内涵及基本特征

（一）土地一级开发规划设计管理的基本特征

1. 全过程管理

规划设计管理是贯穿于房地产开发始终的，针对设计成果的，兼顾任务管理、资源管理、进度管理、成本管理、技术管理的系统化的管理工作。涉及房地产开发的全过程，从项目决策中对意向地块的规划研究分析到编制设计任务书，从方案设计到施工图设计，从施工现场的配合到后期运营，以至到后期物业的维修、整改的技术支持，规划设计都要全过程管控。

2. 动态化管理

土地一级开发的规划设计不是一成不变的，是一个动态的过程。随着项目的进展，方案不断深化，对原规划指标（用地、建筑面积、建筑高度、容积率等）反复研究推敲、进行不断调整和改善，实现区域整体规划目标。

3. 前瞻性管理

土地一级开发在规划设计阶段就要为二级开发考虑，对二级开发建设项目进行设计配合，前期就预留出市政条件，为各个地块预留市政接口、地下隧道接口连接各个地块，为二级开发建设留有设计空间，做好二级项目服务工作，为地块上市做好准备。

（二）项目内涵

智慧园区是指融合新一代信息与通信技术，具备迅捷信息采集、高速信息传输、高度集中计算、智能事务处理和无所不在的服务提供能力，实现园区内及时、互动、整合的信息感知、传递和处理，以提高园区产业集聚能力、企业经济竞争力、园区可持续发展为目标的先进园区发展理念。作为土地一级开发建设主体，规划设计要从规划阶段统筹考虑区域智慧化技术的全面覆盖式应用，利用新技术、新理念、新思路来提升园区管理的智能化水平，以智能化、信息化的手段协助智慧园区提升园区的管理效率，充分应用下一代互联网技术（IPv6、移动互联）、物联网技术（传感网、三网融合等）、云计算技术（云服务、云存储等）、大数据技术等新技术成果，实现物与物、物与人、人与人的各种互连，创造全新的智慧化生活方式，向全方位的可持续园区发展，实现更高的开发价值，提升更高的区域价值。

在开展奥体文化商务园区规划工作中，以"立足智慧园区，面向智慧城市"为出发点，从能源、水资源、景观、交通、环卫等方面开展智慧园区规划设计研究，将智慧园区的规划理念很好地融入常规规划体系，使得其具备实际可操作性。智慧园区系统可控制能源、资源、信息和城市废物等，维护安全健康平衡的新区环境，优化建成后的园区的整体运作效能，实现能源资源节约监控、智慧交通、公共安全、环境监测、智慧家居、智慧生活、智慧物业等多类功能。构建园区物联网智能管理中心，实现公共安全、智能停车库、智能交通、远程医疗、垃圾清运、智能浇洒、能源水资源监测、环境监测等物联网子系统应用，建设成一个具有智能化基础设施的智慧园区。

四　主要做法

（一）明确园区定位，做好统筹规划

面对智慧园区土地一级开发规划设计管理工作在前期可研分析阶段就要明确园区的定位，收集整理关于智慧城市、智慧园区相关的政策，对园区的数字化、智慧化建设需求进行认真的、科学的、实事求是的分析，提出土地一级开发智慧园区规划设计标准。顶层设计对智慧园区的总体功能和关键经济技术指标等进行科学分析，确定智慧园区建设的指导思想、目标任务、经济技术路线、协调实施原则等，使方案朝着所期望的方向发展。

在开展奥体文化商务园区规划设计工作中，北投集团在2010年与相关设计单位、科研单位组织编写了《奥体文化商务园区低碳生态规划研究》，并根据项目定位对园区的各个体系进行了深入的剖析，从"基础设施高效、生态环境优美、园区管理精细"三个层面构建了奥体文化商务园智慧园区总体框架，完成了"低碳城市形态、三联供技术、太阳能风能技术、区域水资源综合利用、固体废弃物分类转运技术、物联网技术及信息化"等6项技术专题研究以及"投融资及运营模式"1项经济专题研究。从能源、水资源、景观、交通、环卫等方面开展智慧园区规划设计研究，将智慧园区的规划理念很好地融入常规规划体系，使得其具备实际可操作性。例如构建园区物联网智能管理中心，可以控制能源、资

源、信息和城市废物等，维护安全健康平衡的新区环境，优化建成后的园区的整体运作效能，实现能源资源节约监控、智能交通、公共安全、环境监测、垃圾清运、智能浇洒、智慧家居、智慧生活、智慧物业等多类功能。

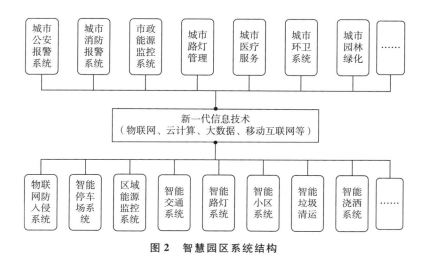

图 2　智慧园区系统结构

（二）强化集团内外沟通，提高规划设计管理工作效率

相对于传统规划设计管理工作，智慧园区的开发建设从一开始就要做好集团内外部沟通协调工作。在规划阶段，准确及时的沟通保证项目朝正确的方向有序地发展。规划设计管理主要的沟通分为集团内部沟通和集团外部沟通。

1. 加强集团内部沟通，严格管控项目品质

在智慧园区规划设计开始实施前，规划设计部门内部人员明确分工，建立每周设计例会制度。专人专项及时跟踪，及时掌握设计动态，汇报一周的工作计划，把智慧园区规划设计过程中出现的问题，及时反馈部室负责人和同事寻求解决方案或意见，并加强项目各专业之间的横向沟通和交流，使各专业有效衔接，智慧园区规划设计管理经验得到共享。同时，为避免智慧园区规划设计偏离重心，集团组织召开专家评审会，专家组认真听取关于奥体文化商务园智慧园区汇报，仔细审阅相关研究资料，对智慧

园区研究内容进行提问，并形成意见。规划设计部门根据专家组形成的意见及建议进一步深入研究和落实智慧园区设计导则、指标体系及实施方案等相关内容。在规划过程中各部门通力合作，及时、科学地决策，确保园区智能化设计成果符合集团规定要求。同时，相关部门提前介入智慧园区规划设计研究，有利于后期园区建设、成本控制、人员配备等工作的推进，保证智慧园区规划设计的顺利进行。另外，具体设计阶段，通过规划设计管理流程，协同工程管理、造价等相关部门对设计方案、初步设计、施工图设计中的智能化部分进行严格审查。

2. 协调集团外部沟通，助推项目有效开展

智慧园区的建设是一个大型、系统、复杂的工程，在规划设计阶段，除了集团内部的高效沟通外，还离不开外部众多合作伙伴的帮助与支持，除了传统的设计单位，还需要政府部门、研发机构、软硬件供应商等，尤其是与政府规划部门的沟通要及时甚至超前。

（1）与政府有关部门的积极沟通是项目实施的前提

智慧园区项目顺利进行，离不开政府部门的支持和指导，对于土地一级开发企业来说与政府部门的沟通需更加密切。面对关于智慧城市、智慧园区政策方面的问题及时征询政府部门意见，尽早发现问题，提前解决问题。在智慧园区规划设计过程中，配合各相关行政部门的审批审查，是规划设计管理工作的重要内容之一。从规划条件的确定，到建设用地许可证、方案审查、方案批复及建设工程规划许可证，各报批阶段积极与政府规划部门沟通智慧园区的规划意图、方案、技术等，推进项目开发的真正实施。此外，从设计到建设规划许可证批复阶段，规划设计还要协调环境、交通、消防、人防、节能、水务等各专项设计审查与报批，同时，协调各专项设计与智能化技术的衔接，组织设计进行不断深化，并对政府相关部门及各委办局提出的专项疑问，进行解答。

（2）与设计团队的良好沟通是项目实施的关键

智慧园区的规划设计离不开强有力的设计团队。规划设计管理在实际委托设计单位过程中，往往不是一家，而是由国内外多个设计单位所组成的设计团队，按照设计阶段及专业的不同，首先邀请国内外知名设计事务所进行咨询，帮助厘清思路，获得一些创新性想法和启发，从宏观上把握智慧园区的规划；在规划设计实施阶段，我们会委托规划设计单位、建筑设计单位、景观设计单位、园区市政综合设计单位等，从实际具体技术上推进项目的开展，做好园区水、电、气、热、路、通信等公共基础设施中智能化相关部分的规划布局。规划设计部门负责编写设计任务书，提出设计要求，与设计团队沟通的过程，不只是电话或口头沟通，而且有详细的过程记录和书面确认，一是便于明确要求，二是项目完结后可进行统计分析，避免今后类似问题的复发。

（3）与研发机构及软硬件供应商的沟通是项目实施的保证

新一代信息技术日新月异，更新较快，物联网、云计算、大数据等新概念层出不穷。在这个快速变化的行业里，源源不断从研发机构获取新技术、吸收新思维，是推动智慧园区业务不断进步的重要因素。除了与传统的设计单位合作，在智慧园区的规划设计过程中，还委托 IT 研发机构、软硬件供应商为智慧园区的实施提供技术支撑。规划部把北投集团土地一级开发的规划设计原则和意图很好地传达给 IT 研发机构和软件供应商，并且在方案设计阶段引入研发机构的参与，把后期可能遇到的智能化技术问题提前解决，使得设计单位在规划设计时必须考虑到与智能化系统的高效融合。这也是通过借助资源来管理资源的一种方式，通过这些工作的穿插，让每一个参与智慧园区设计的单位在进行委托范围工作的同时，也参与了对其他单位的管理。

（三）严格贯彻事先成本控制管理原则

规划设计阶段成本控制是实现事先成本控制的重要阶段，对整个项目成本的影响起着重要作用。北投集团的设计管理不是只是针对设计，而是提前参与到策划分析、成本测算的工作中。在规划阶段对功能品质、设计标准提出要求、提供方案设计、设计概算的同时，会同经营、造价等一起研究智慧园区成本分析，规划设计阶段事先成本控制能够有效避免或减少在项目施工实施过程中成本变动带来的影响，在奥体文化商务园的规划研究中，规划设计管理工作就对未来智慧园区的投资及运营模式做了投资估算，一是测算实现智慧园区建设目标所要投入的资金数量，为项目开展做好前期的融资和筹资准备，二是分析资金的来源和筹资渠道，在项目计划期内实现充足资金保障，三是明确智慧园区建设各项技术的经济合理性，分析项目的投资价值，完成投资估算，结合项目阶段，根据不同项目特点分析智慧园区投资运营模式，并最终实现市场化、盈利性的运营。在具体设计阶段，考虑智慧园区需要投入更多的智能系统、智能设备、先进材料，提前与造价部门沟通，控制好成本，有效避免施工过程中经常发生的成本增加或为提升项目品质导致的成本增加。

（四）为物业后期管理服务打下坚实基础

在智慧园区规划设计阶段就充分考虑为物业后期管理服务带来便利。园区构建的物联网智能管理中心所涉及的领域有防入侵系统、停车管理系统、区域能源监控系统、智能交通、智能路灯、智能垃圾清运、智能浇洒等，各系统均由末端传感器识别现场信息，并通过光纤或互联网传输到物联网中心，中心进行数据的存储、计算、甄别等一系列措施后，把切实可行的信息、方案发送到园区物业管理部门或反馈回现场，大大减少物业人力资本投入，还提高了工作效率。

1. 物联网防入侵系统

物联网防入侵系统通过在园区周界和重点区域外围或在虚拟围栏周围地面布设多个或多种探测器，可有效识别攀爬围栏、破坏围栏、越过围栏等各种入侵方式，并加以区分。当入侵行为触发报警时，系统立即联动围栏视频监控系统，在调出的视频图像里值班人员可迅速直观地看到现场的实际情况，该系统白天处于撤防状态，晚上处于设防状态，即可节省人力、提高效率，又可实现园区的安全防范。

2. 智能停车系统

智能车辆管理系统可以为车辆通行提供独立、不间断的系统设备，实现对车辆的方便管理，具有可靠性高、识别率高、安装维护简便等特点，不需人工干预，通过智能停车场系统、出入口智能管理系统和数据采集系统，自动完成一系列现场数据的采集、比较和开关闸控制工作等，对车辆信息进行管理，节省人力，提高工作效率，满足管理上的需求，减少人为干预。

3. 智能路灯

路灯照明系统不仅给人类出行带来便利，而且给人们的夜生活增添色彩。传统的节能方法只能通过集中控制路灯亮灭，无法根据具体情况更改亮度，而且也无法实现实时获得每盏路灯的状态。智能路灯系统能够通过路灯上的射频识别路上的车辆，并提前将该车辆即将行进路线上的路灯打开，为其提供"星光大道"服务。可以节省大量的电费成本和管理成本，是当今提倡节约型社会的一个很好的科学智能化管理设备。

4. 智能垃圾清运系统

该系统通过智能超声波物位探测器检测出垃圾箱中垃圾的量，然后把信息传达到区域物业或环卫中心，环卫工人可以准确及时的清运垃圾。垃圾物位探测器的设置通过无线网络与物联网系统通讯，在区域内每个地埋式垃圾桶内均设置该设备。

5. 智能浇洒系统

该系统由智能节阀、智能流量计及智能湿度检测仪等组成，并与气象信息联网，能够实现及时的自动对园区内绿地进行浇灌，无须人工干预。

（五）建立网络安全意识

智慧园区建设高度集成了物联网、大数据、云计算等众多新形态的信息技术，这些都是实现园区智能化的基础，是一项复杂大型的系统工程，从感知层、通信传输层、应用层、智能分析处理等诸多层面存在安全风险，网络安全管理也成为规划设计阶段考虑的棘手问题。一旦在网络安全防护上不能得到有效保证，可能造成园区管理出现混乱、隐私信息泄露、应急决策失误、各类事故频发乃至局部社会动荡的局面。因此，北投集团在智慧园区的规划设计阶段，就树立防范信息安全风险的观念，建立网络安全技术体系，组织专家专项研究网络安全技术，认真研究抵御来自外部和内部可能受到窃取、干扰和攻击等关键技术，加强重要信息系统安全防护能力，推动智慧园区的建设，保证园区信息资源的安全。

五 "智慧城市"理念在土地一级开发规划设计管理中的应用效果

后奥运时代北投集团结合奥运会时积累的宝贵经验，顺应目前世界、国家的发展趋势，在智慧城市的大背景下通过对奥体文化商务园的智慧设计，针对园区建设总体目标、定位及自身的特点，以区域整体及土地一级开发内容为研究重点，兼顾先进性、可行性及经济性，将信息技术嵌入传统基础设施体系中，利用信息和通信技术使园区更加智能，成为基础设施的一部分，形成园区智能管理体系。从而降低能耗、减少运行成本和人力的投入，改变了传统公共服务的方式，提升园区品质，有效破解园区发展可持续的瓶颈和难题。

未来在奥体文化商务园工作和生活的人群将享有最便捷的工作和生活方式，也必将逐步辐射周围的办公及居住小区，从而推动智慧园区的建设，为北京乃至全国其他重点区域的发展提供良好的典范。

参考文献

《奥体文化商务园区（奥体南区）低碳生活规划研究》，中国建筑设计咨询公司，2010 年 8 月。

规划设计对城市区域开发项目"全生命周期"的指导实践*

刘 宁**

摘 要 | 城市区域开发具有涉及项目类型多、投融资体量大、实施节点多、开发流程错综复杂且统一运营管理难度大等特点,规划设计管理程序和制度的建立,使城市区域开发项目从有建设意图—项目立项—项目组织实施—项目运营管理的"全生命周期"过程做到"有章可循、有据可查、成本可控、流程规范",有效提升了城市区域开发项目的管理集中度和掌控力,最终达到优秀的项目品质并取得良好的社会效益和经济效益。

关键词 | 城市区域开发 规划设计 全生命周期 项目品质 效益

以"规划设计为先导"整合资源、完善基础设施建设、促进产业落位,从而带动区域经济发展,创造优美环境,提升城市形象,是十余年来北投集团实践的经验和总结。

一 规划设计在城市区域开发的现状与问题

传统的城市区域开发建设项目大多单纯地进行征地、拆迁、安置、补

* 课题原名称为:规划设计对土地一级开发项目"全生命周期"的指导实践,获得第三十一届北京市企业管理现代化创新成果一等奖,课题组成员:段旺、李珊、邵明见、刘宁、李雯雯、李培杰。

** 刘宁,工学硕士,工程师,北投集团规划管理部副部长。

偿、"三通一平"、"五通一平"或"七通一平"、有偿出让或转让，某种意义上是"推倒重建"而不是"开发建设"，因此常常忽视规划设计的引导作用，将规划设计管理局限于设计文件的管理，未贯穿到开发建设全过程，目前主要存在以下四个方面的问题。

（一）项目规划设计定位与国家政策、政府理念脱钩

城市区域开发项目大多依托于城市总体规划和政府对该开发区域的功能定位，如果在前期规划设计阶段不研究国家和当地相关政策，不与政府相关行政主管部门充分沟通，不确定项目总体开发模式与系统定位，不细化项目功能与产业定位，极大可能导致开发项目功能定位不明确，项目品质达不到社会各方要求，最终开发项目达不到应有的社会和经济效益。

（二）项目规划设计与投资分析脱钩

城市区域开发项目投入资本相对较大、回报周期长，传统的城市区域开发在项目前期做成本回收分析时，未充分考虑项目功能和品质定位，也未考虑项目实施阶段采用的主要技术手段和开发周期，导致项目开发成本失控。

规划设计方案的选取不仅决定了项目实施阶段的投资，也决定了日后项目运营维护费用。规划设计作为控制成本和收益的重要手段，在传统城市区域开发项目投资分析时未起到应有的作用。

（三）项目规划设计管控流程不清晰、质量把关不严

城市区域开发项目规划设计涉及单位广泛，包括测绘、勘察、规划、电力、燃气、供热、供排水等设计、施工单位和政府相关部门，开发建设企业若对城市区域开发规划设计认识不深，对国家和地方相关政策理解不透彻，项目规划设计和施工单位各自为政，设计流程不清晰，申报审批流程计划执行困难，项目可研阶段论证不充分、项目决策缺乏科学性，初步设计和施工图设计阶段对设计成果的验收把关不严，论证不充分，最终影响规划设计成果质量，延误工期，开发成本急剧上升。

（四）项目规划设计与组织实施和运营管理脱钩

规划设计文件是工程建设的主要依据，设计质量是决定工程质量和工程造价的最重要的因素。目前，区域开发项目规划设计常常与施工脱节，可操作性差，在设计阶段出现漏洞，导致施工单位无法继续施工，必须进行补充、变更、修改设计，不但造成浪费，还影响工期和施工质量，降低了投资效益；规划设计文件是项目运营管理的重要依据，传统城市区域开发企业运营管理单位设备设施的维修保养，不注重执行和参考规划设计成果，导致设备设施工作寿命缩短，无法保证项目品质的延续性；传统城市区域开发项目规划设计常常忽视项目建成实施后设备设施的升级改造可能性，若干年后设备设施陈旧落后，被迫对设备设施升级改造，增加成本。如因管线容量不够，导致道路不定期开挖，不仅导致交通拥堵也增加了运营管理的成本。

二　北投集团规划设计管理在建设项目"全生命周期"中的新模式

北投集团作为北京市国资委下属的一级企业，在满足城市和区域总体规划的基础上，积极参与城市区域开发项目的概念规划设计工作，同时协助政府或主导编制该开发区域的控制性详细规划及各类专项规划，为一、二级联动开发和运营管理打下基础，二级开发的整体思路和方案在一级开发阶段，更好地从一级开发的概念规划阶段就得到政府的认可，并在规划条件和各地块价值安排方面得到有效的贯彻，通过一、二级联动开发，使北投集团的成本回收更有保证，降低了投资风险。

经过十余年的发展，北投集团逐渐发展壮大成为集"投资、融资、开发、建设、经营"于一体的城市区域开发主体，针对传统城市区域开发项目存在的不足，逐渐形成"政府引导、突出规划、创新思路、项目定位、建设管理、土地一二级联动开发、做城市发展引导者"的城市区域开发理念，其中"突出规划设计"作为北投集团城市区域开发理念的重要内容，在项目开发建设中起着至关重要的作用，并通过长期实践摸索出一套行之有效的规划设计管理模式：

（1）注重依托规划设计，将政府理念和北投元素融入城市区域开发项目中；

（2）城市区域开发全过程中注重规划设计的作用，最终降低项目开发成本，有效缩短项目开发周期，确保项目品质和良好的社会效益；

（3）注重优化规划设计阶段的各个流程，理顺政府审批的各个节点，严把规划设计成果质量关；

（4）注重规划设计文件对项目建设实施和运营管理的指导作用，对项目实施阶段的各个重要节点严格把关，充分考虑项目运营管理阶段设备实施的升级改造可行性。

从项目投资分析、前期策划决策、项目组织实施和运营管理，规划设计在项目实施各阶段都起着至关重要的作用。

通过规划设计指导城市区域开发项目开发和建设的运营管理，依托规划设计管理方法严把项目质量和成本关，是控制开发项目品质和成本的重要举措和基本制度。通过规划设计对城市区域开发项目全过程的指导，最终达到项目品质与建设意图相匹配，项目组织实施有序高效，项目运营管理有据可查，延长项目寿命的目的。

北投集团在区域开发建设项目中，注重总结有益经验，逐步形成一套高效、经济、可操作性强的规划设计参与建设项目"全生命周期"过程的管理方法，详见图1。

三　规划设计对城市区域开发项目"全生命周期"的指导实践

城市区域开发项目从设想到交付使用，经历立项、审批、确立投资、规划设计、招标、施工、竣工验收、运营管理等一套完整的程序，而规划设计不仅是完成这一完整程序的重要阶段，也是贯穿这一程序的重要手段。通过以下五个方面建立城市区域开发项目规划设计程序和方法，形成"整体规划、统筹开发、分步实施"的城市区域开发模式。

（一）政策研究和政府理念融入开发项目的形式创新

在城市区域开发项目过程中，开发企业需注重摸索出一套将政府理念

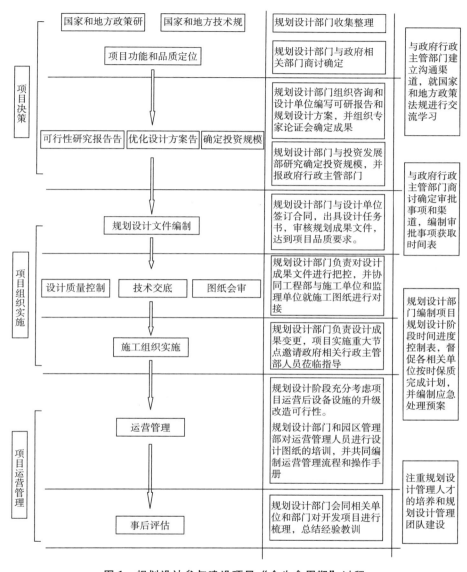

图 1　规划设计参与建设项目"全生命周期"过程

融入规划设计方案、项目符合政府定位,并指导项目实施的工作方式。

1. 注重更新国家和北京市相关区域开发政策和相关技术规范,对其进行收集整理和分类,将政策和相关技术规范整理分类为四大类:一为审批政策;二为技术规范;三为招投标政策;四为竣工验收政策等。开发企业相关职能部门通过对新、老政策进行对比分析,吃透新政策。

相关职能部门定期组织政策和相关技术规范进行内部学习和交流，提高规划设计等相关人员的政策和规范理解能力，有助于开发项目的管理工作。定期邀请相关行政主管部门人员到集团和各分子公司进行座谈会，对国家和北京市相关政策进行解读，交流项目开发经验，并对项目开发的流程优化和精益管理进行交流。

2. 区域开发企业在项目实施前，注重与政府相关行政主管部门频繁交流，共同研究项目定位和品质要求等事项，确定规划设计方案，将政府对项目的理念和定位融入项目的规划和实施阶段。

通过开发项目实践，开发企业规划设计部门需与政府相关行政主管部门建立良好的沟通渠道，对政府针对不同定位和类型的城市区域开发项目理念有比较准确的把握，规划设计管理人员也会将国际、国内先进的城市区域开发理念和新技术与政府相关行政主管部门进行沟通，主要从以下三个方面共同研究确定项目的规划设计方案。

①城市区域开发项目投资大、周期长等特点决定了城市区域开发成本对城市区域开发项目决策的重要性，向政府相关行政主管部门汇报开发项目投融资和成本回收模式，是开发企业降低风险，确保开发项目顺利进行的重要举措。

区域开发企业内部成立项目工作组，根据政府相关行政主管部门特点，安排专人与政府各相关行政主管部门对接，搭建沟通桥梁，建立工作协调机制，定期向政府汇报重大工作进展。

城市区域开发项目对北京市的区域定位和发展影响深远，因此开发项目的重要实施节点，组织政府各相关部门对项目品质和质量进行把控和指导是十分必要的。

②根据项目施工进度，与政府相关行政主管部门商讨优化开发项目审批流程，高效依规推进项目实施。城市区域开发项目需政府审批事项繁多，区域开发企业项目工作组要针对项目的特性和相关政策法规初步草拟审批事项，编制项目审批计划流程表，安排专人与政府相关行政主管部门对接，准备审批项目的相关材料，确保在项目计划时间节点获得政府行政主管部门的批准。

③注重与政府相关部门的人才培养和交流，区域开发企业员工借调至

政府相关行政主管部门，使其了解政府工作理念和办事流程，待其回到工作岗位后能更好地为项目服务。城市区域开发项目与政府理念和工作模式关系密切，内部员工借调至政府工作，对项目的规划设计和开发建设的高效实施有推动作用。

通过城市区域开发项目的经验积累，区域开发企业在项目实施过程中要与政府建立"政企互动，市场运作"的合作模式。

（二）规划设计在项目投资分析中的作用创新

规划设计费一般只占建设工程全寿命费用的 3% 以下，但对投资的影响却高达 75%，在满足同样功能和安全性的前提下，优质的工程设计可以降低工程造价的 5%～10%，甚至可达 10%～30%。由此可见，规划设计对投资分析的合理性起到关键作用。

在项目前期策划阶段，通过规划设计手段完成对项目品质的定位，提出开发项目应用的主要技术和开发周期，初步确定开发项目采用的新技术和新材料，根据规划设计提出的建议和融资渠道，分析项目操作可行性，确定盈利和融资模式，创新项目成本回收模式，根据项目自身情况引入一、二级联动开发，降低成本风险。

规划设计作为项目实施的重要依据，也是投资规模分析的主要依据，三者密不可分。北投集团在开发项目投资分析过程中，制定技术可行、功能满足需求、造价合理、工期紧凑的规划设计方案，并对项目的投资分析进行指导。

在开发项目作出投资决策后，控制投资规模的关键在于规划设计。通过规划设计在技术和经济上对拟建项目的实施进行全面的安排，并对工程建设进行全方位的规划，项目的功能和品质定位以及采用的新技术和新材料均会在规划设计方案中体现。在满足功能的前提下，做多个规划设计方案，通过技术比较、经济分析和效益评价，选用技术先进适用、经济合理的规划设计方案，给投资分析做技术支撑。

（三）项目实施阶段规划设计管理模式创新

构建开发企业适合自身的城市区域开发规划设计管理方法，采用"全闭合"管理模式，多部门协同配合严把各个规划设计节点。

1. 程序和方法创新

规划设计管理着重八个控制节点，"项目决策"、"可研评估"、"规划编制"、"成本估算"、"设计质量"、"政府审批"、"时间进度"、"事后评估"。

项目决策：在项目决策阶段，对项目的各项规划设计进行技术经济决策，对项目的造价及项目建成后的经济效益有着决定性的影响，是建设工程项目决策的成败关键，因此在此阶段，规划设计部门组织设计单位、投资发展部和成本管理部充分沟通，对多方案做出技术经济分析，进行多方案技术经济比较，在满足项目功能和品质定位要求的情况下，优化规划设计方案，并邀请业内权威专家进行论证，有效地节约投资，为项目决策做技术支撑。

可研评估：可行性研究是建设前期工作的重要步骤，是编制项目设计任务书的重要依据，也是进行初步设计的重要环节。规划研发部门在可研报告编制前期就介入其中，对项目建设规模、标准、投资限额等功能提出要求，可研报告编制完成后经规划研发部严格审批，确保可研报告的质量和足够的深度。

规划编制：规划编制是城市区域开发项目规划设计管理方法的重要内容。在规划编制期间，由规划设计等相关职能部室出具设计任务书，提出开发企业对规划编制的技术要求和时间节点要求，包括开发项目的品质和功能要求，开发项目规划编制范围和内容、研究内容等。

待规划编制完成后北投集团会对规划内容进行专题研究审核，必要时会组织专家论证会对规划成果进行分析和建议，优化完善规划成果后报政府审批。

成本估算：待项目决策做出后，控制工程造价的关键在于规划设计，规划设计中的项目主要材料、设备的价格占工程费用比例很高，因此规划设计部门协同成本管理部门对主要材料、设备的价格做充分的查询、比价，保证大宗材料及设备的计价准确；成本管理部门结合可研报告，一一对照分析、认真审查估算内容，避免漏项；成本管理部门结合建筑市场和材料市场的发展趋势，充分考虑物价上涨等不确定因素，合理确定投资估算，使其在项目建设中真正起到控制项目总投资的作用，减少投资管理风险。成本管理部门编制主要材料和设备清单后，由规划设计部门对清单进行校对是否漏项，经核对无误后完成项目成本估算。

设计质量：设计质量控制是规划设计管理方法的核心内容。我国工程质量事故统计显示，由设计导致的工程质量事故占40.1%，施工引起的占29.3%，其他因素引起的占30.6%，由此可见设计质量对工程建设的重要性。

规划设计部门通过不同阶段设计深度的控制来保证设计质量。通过事前控制和设计阶段优化来实现设计质量控制。规划设计部门在设计各个阶段编制设计要求文件，分阶段提交给设计单位，明确各设计阶段的要求和内容是设计质量控制的主要手段。

①设计质量的控制依据：规划设计部门根据有关国家和地方技术法规和规范对设计成果文件进行审查。

②设计质量控制的主要任务：规划设计部门组织设计招标，进行设计单位的资质审查，优选设计单位并签订设计合同。

③规划设计部门对设计方案进行审核，重点是设计参数、设计标准、设备和结构选型、功能等方面，及设计成果是否满足实用、经济、美观、安全和可靠等要求。

④设计接口控制：规划设计部门负责设计接口控制，使设计过程中各设计部门及设计各专业间做到协调统一，做好设计部门与成本管理部、设计单位内部各专业的设计接口，设计的组织接口和技术接口制订相应的设计接口管理程序。

⑤设计成果校审制度：规划设计部门负责对设计文件做逐级检查和验证检查，以保证设计满足集团的质量要求，设计校审按设计要求每个阶段进行严格校审，具体包括成果资料的准确性，现行标准规范的执行，各阶段设计文件的内容和深度，文字说明的准确性，图纸的清晰与准确。

政府审批：城市区域开发项目政府审批程序繁杂，规划设计部门编制项目审批时间计划表，在各个时间节点准备相应的申报审批材料，及时与投资发展部等申报审批手续部门沟通配合，确保各个节点按时获得政府审批文件。并编制政府审批文件应急处理预案，如未在计划内取得政府审批文件，综合分析原因，尽快协调各相关单位，推进政府审批文件获取进度。

时间进度：规划设计部门负责编制规划设计时间进度表，协调投资发展等部门给设计院提供项目相关的设计依据，督促设计单位按照时间节点保质保量完成规划设计文件。

事后评估：开发项目建设运营后，规划设计部门与投资发展部门、造价管理部、运营管理部门、设计和施工等相关单位开展项目交流会，并根据运营管理情况、竣工图和设计变更等情况，对该项目的规划设计工作做统筹梳理，总结经验教训，提升规划设计管理水平。

2. 技术创新

北投集团在城市区域开发项目中坚持"敢为人先、安全适用"的规划设计原则，经过专家论证和经济技术分析比较后采用适合开发项目的新技术、新材料，如海绵城市、综合管廊、智慧城市、地下车库导光系统、水体生态自净、地源热泵、冰蓄冷技术、光伏、综合能源利用等新技术、新材料，引领了城市区域开发新理念、新潮流。

规划设计部门配置专人对国内、外先进的新理念、新技术和新材料进行整理研究分析，定期组织部门内部人员对城市区域开发的发展趋势和动态进行交流。

（四）规划设计对施工和运营管理的指导创新

规划设计的理念实现和项目品质的保持重在项目施工和运营管理，规划设计对这两个阶段的指导作用尤其重要。

1. 规划设计部门根据规划设计成果文件对施工关键节点严格把控，项目施工前规划设计部门和工程管理部门组织技术交底，使施工单位和监理单位正确贯彻设计意图，使其加深对设计文件特点、难点和疑点的理解，使其掌握关键工程的质量要求，确保工程质量；规划研发部和工程管理部组织图纸会审，使施工单位和各参建单位熟悉设计图纸，了解工程特点和设计意图，找出需要解决的技术难题，并制定解决方案，通过图纸会审解决图纸中存在的问题，减少图纸中的差错。

规划设计部门通过制定设计变更管理办法，严格控制工程项目设计变更，设计变更可能由设计、施工和监理单位任一方提出，但都必须征得规划设计部门同意并办理书面变更手续，并且凡涉及施工图审查内容的设计变更，报请原审查机构审查批准后方可实施。

项目施工期间组织设计单位、监理单位对项目关键节点进行监督，项目完工后组织设计、监理和政府相关部门对项目进行验收，督促设计和施工单位完成竣工图纸并存档。

·规划设计采用的新技术、新材料，督促施工单位完成新技术和新材料的施工组织方案，组织设计单位与施工单位进行技术交流，必要时组织业内专家对组织方案进行论证，确保施工组织方案顺利实施。

2. 项目功能和品质能否得到充分的体现，重点在运营管理阶段，运营管理是将规划设计理念转变为现实，服务项目使用者的关键一环。因此，规划设计部门在开发项目初期就将项目的运营管理纳入项目规划设计体系之中，以保证规划理念的落实和延续。

规划设计阶段考虑设备、设施的服役年限、性能质量、提前制定设备、设施的阶段性维修计划。规划研发部门和运营管理部门共同组织运营管理人员进行培训，熟悉各自负责区域的规划设计图纸，掌握负责区域内材料和设备的使用寿命和各种设计参数。

根据开发项目建设和运行的各自特点，规划设计部门和园区管理部门制定适合项目运营管理的规章制度和运营管理操作手册，手册内容主要包含设备的参数、维修管理的操作流程等内容，通过和园区管理部门共同制定运营管理规章制度和手册，推动项目运营管理的规范化和标准化。

在日常维修中，根据规划设计文件中的要求编制维修方案，并报规划设计部门确认后方可实施。

项目建成运营若干年后，设备设施趋于老化，设备采用技术不符合时代要求，更与项目定位和功能不匹配，设备设施的升级改造势在必行，上述情况在开发项目中时有发生，规划研发部在规划设计阶段根据项目定位和功能调研国内、外前沿理念和技术对该项目的适用性，经技术和经济综合分析后，给项目设施设备预留升级改造的外部条件，提升项目的可持续性，降低开发项目二次升级改造成本。

（五）规划设计人才培养及团队建设

城市区域开发不仅需要充足的资金支持，更需要大量优秀的规划设计管理人才。

1. 开发企业需注重人才内部培训，加强人才的交流学习，组织员工参加有影响的相关会展参观和实地考察精品城市区域开发项目。

规划设计部门作为规划设计管理的牵头部门，规划设计部员工需具备先进的规划设计管理理念，规划研发部组织内部员工参加绿色建筑、海绵城市、综合管廊等相关培训和展览，并据此整理出相关产品库目录，以备项目使用。

规划设计部门员工去实地参观国内、外具有影响力的精品城市区域开发项目，与该项目管理团队交流经验，对项目投资成本、收益、设计管理和运营管理等内容进行学习和探讨。

2. 规划设计部门定期组织设计单位的规划专家和行政主管部门的人员到部门内讲课交流，并订阅城市规划类期刊，使部门内设计管理人员掌握规划设计的基本理论知识，初步具备综合分析城市规划问题、协调解决城市规划问题的能力，熟悉国家和北京相关城市发展和城市规划的方针、政策和法规，了解城市规划的新理念、新技术。

3. 规划设计部门定期组织设计单位和专业咨询公司专家进行规划设计相关业务培训，力求使本部门的规划设计管理人员的视野更加开阔，提升项目设计管理水平。

4. 规划设计部门完善部门内部岗位构架，设置规划设计管理岗和科技创新岗，各岗位人员各司其职、协同配合，并定期使部门内人员进行轮岗工作，以期全面提升设计管理人员的业务水平。

5. 规划设计部门通过户外拓展训练培养规划设计管理团队协作能力。

四　效益分析

北投集团成立十余年来，通过规划设计对建设项目"全生命周期"的指导，承担了北京市政府多项重大、重点区域开发项目，其中奥林匹克中心园区的城市区域开发项目极好的体现了北投集团区域开发的能力，该项目建成实施以来，取得了良好的社会效益和经济效益。

（一）社会效益

1. 承担了奥林匹克中心区的城市区域开发和奥运配套基础设施建设，奥运会、残奥会赛时服务保障和赛后管理及设备设施管理利用工作，奥运区的规划设计理念超前实用，在全国范围内取得一致好评，社会效益显著。

2. 奥运中心区城市区域开发采用了绿色节能理念，奥运中心区内采用了雨水回收利用技术、水体生态自净技术、大量采用工业或城市固体废弃物生产的环保和健康的绿色建材等新技术和新材料，是绿色生态示范区。

3. 通过奥运中心区的合理规划和良好运营管理，奥运会后，奥运区成为北京市民全民健身的活动基地，体现了奥运精神，良好展示了政府对奥运区的功能定位。

4. 奥运区建成运营以来，成为北京市的重点旅游景点，年日均接待游客约10万人次，节假日高峰期日均接待游客约20万人次，成为奥运精神的重要宣传基地。

5. 通过规划设计对施工组织的有效指导，奥运区的施工标准高、周期短，质量优，达到政府和全国人民对奥运区的期望。

（二）经济效益

在奥运中心园区的城市区域开发过程中，在成本控制、政府审批和施工组织实施等开发的关键节点，注重规划设计的引导作用，根据项目交付时间，倒排工期，充分发挥规划设计管理方法对缩短开发周期的作用，最终奥运中心园区从前期策划到完成验收交付使用仅用了约四年时间，与其他同等规模和重要性的传统城市区域开发项目周期相比，节省工日约20%，按照节省工日折算开发成本降低约15%。

最后，规划设计在城市区域开发项目"全生命周期"过程中起到至关重要的引领和串联作用，开发企业在区域开发过程中要注重通过规划设计手段对开发项目实现"定好位、建设好、运营好、成效好"的总目标，北投集团会携手各兄弟区域开发企业，多交流总结区域开发规划设计管理经验，共同打造更多的精品区域开发项目，为创造"更美好、更宜居、更和谐、更生态、更智慧"的城市而不懈努力。

重点项目拆迁人员成长性安置体系研究

——以奥林匹克公园区域为例*

赵　劲　高柳海**

摘　要	面对拆迁人员安置的难题，通过充分的调研，全面掌握了被安置人员的详细情况。借助现代企业管理制度，结合待安置人员的实际情况，新奥物业逐渐探索出一套行之有效的管理机制。从开始拆迁至2013年，将拆迁的失地农民逐步转变为城市居民，将只会种地的农民成功培养成技术和管理人才，逐渐脱离对政府帮助的依赖，在参与市场竞争中不断成长，屡创佳绩，新奥物业也逐渐成长为具有盈利能力的企业，同时也将政府从农转工的安置工作中解脱出来。通过梳理汇总拆迁安置的各项措施，分析整理，去粗取精，形成一套科学的安置体系，构建可复制、可推广的实践模型。在今后城市化进程中可以被借鉴，发挥更大的作用，给农转工长远发展提供更健全的机制保障，为全国范围内的拆迁安置工作提供参考。

关键词	奥林匹克公园　拆迁　成长性　安置　新奥物业

---

* 课题原名称为：奥运公园区域拆迁人员成长性安置体系的构建与实施，荣得第二十一届全国企业管理现代化创新成果二等奖和第二十九届北京市企业管理现代化创新成果一等奖，课题组成员：赵劲、王晓伟、邓秀云、方凯、那国强、暴伟、高柳海、李子洪、张华。

** 赵劲，管理学硕士，高级政工师，北投集团运营总监、北京市新奥物业管理有限公司总经理；高柳海，大学本科，工程师，北京市新奥物业管理有限公司行政部部长（兼党群部部长）。

一 绪论

（一）国家及当地社会发展背景

自从改革开放以来，我国进入了一个快速发展的新时期，经济健康快速增长，社会更加稳定和文明，而且随着新农村改革的启动，城市化进程进入快车道。在城市化过程中，户籍失业人员这一社会群体因为城市户籍的原因问题，逐步浮现并被重视。

农转居，指的是在城市化过程中，出于公共利益需要，政府对城市即将覆盖的农业用地进行征用，而把失去生产资料的农民转变为城市居民，把村委会转变为居委会，把集体经济转变为股份合作公司的过程。

城市化的快速发展，对原居民的生活工作方式产生了重要的影响，一部分原居民由于未能跟上城市化的发展步伐，难以适应社会经济发展和职业体系的改变，逐步被淘汰以致失业，甚至成为不稳定因素之一。

2008年奥运会举世瞩目，为举办29届奥运会建设了国家体育场、国家体育馆、国家游泳中心等一系列比赛场馆，征地拆迁的有序进行和长治久安无一不体现"绿色、科技、人文"的奥运精神，对奥运拆迁人员安置提出了极高的要求。

（二）研究的直接和社会意义

随着经济的迅猛发展，城市化进程的加快，各地区域建设开发增多，其中大多数开发都会涉及征地拆迁，由此带来的人员安置问题和矛盾也日益增多。目前，在全国范围内，完整、细致的拆迁安置规范文件少之又少，能在全国范围内推广的成功案例几乎没有。因此，结合实际情况，总结研究出一套切实可行，且能复制、可推广的安置体系是十分必要的。

1. 维护社会稳定的需要

征地拆迁与人民群众的切身利益息息相关，也对社会结构、社会心理带来了最直接、最彻底、最深远的影响，征地拆迁特别是大规模拆迁一度成为被拆迁农民或居民的"不能承受之痛"。征地拆迁是一项牵一发而动全身的工作，由此引发的社会问题已不再是个别的、单一的、简单的社会矛盾和问题，而是大量相互关联和制约的、愈来愈具复杂性、尖锐性、普遍性的社会矛盾和问题。

对农转工人员进行成长性安置，用合理的方式引导农转工人员正确对待拆迁工作，用理性的方式解决问题，防止群体事件和极端事件的发生，从而有效的维护社会稳定。

2. 保证拆迁人员生活稳定，逐步提升生活水平的需要

大部分被拆迁人，面临着生活突然出现的改变和对未来的抉择，思想上出现较大波动在所难免。特别是年轻人，因为知识匮乏、技能短缺，由此衍生的就业及心理问题在他（她）们身上体现更为明显。对农转工人员进行成长性安置，为其提供学习知识和技能的机会，并从心理上正确引导。从而保证农转工人员能够及时就业，获得稳定的收入，保持家庭生活稳定，促进生活水平不断提升。

3. 探索城市化建设和新型农村改革的新途径需要

随着城市化建设和新农村改革的不断扩张和进一步加快，征地拆迁和由此引发的诸多矛盾逐步成为一个普遍的、尖锐的、突出的社会问题。各地在拆迁过程中遇到的很多问题都是类似的，但却几乎没有成功案例可供借鉴。很多问题不能及时妥善解决，由此引发了很多影响和谐稳定的问题。对农转工人员进行"成长性安置"的方式，可以作为一个模板和参考，提高拆迁人员安置的成效。

4. 劳动力得到充分利用，为新建项目服务

拆迁后常会遇到被拆迁人员劳动力没地方就业，而新建项目又缺乏劳动力的问题。成长性安置被拆迁人员，通过培训将被拆迁人员转变为符合项目建设需求的劳动力，这样既可以解决就业问题，又能大大缓解新建项目的劳动力缺乏问题。

5. 将政府输血式的服务逐渐转变为被拆迁人造血式的自我管理

拆迁工作完成后，如果被拆迁人员得不到妥善安置，政府通常要不断通过财政支付来保证这些人的生活，即使通过一次性补偿巨额财产的方式解决，如果被拆迁人财产用尽或者出现其他问题，仍需要政府出面给予协

调和帮助。通过成长性方式安置被拆迁人员，为其找到自我管理的机构和方式，把政府从输血式负责到底的服务方式中解脱出来，让被拆迁人员在新的岗位发现自己的价值，依靠自身能力解决问题。

（三）国内外现状及文献综述

1. 相关理论

①国外研究现状

在国外，从英国的圈地运动开始产生失地农民进入城市转变为技术工人，失业率逐渐升高。尽管问题多，国外学者也并不否认城市化做出的贡献。最早提出城乡过渡地带概念的是德国地理学家 Louis。他在 20 世纪 50 年代，与 Queen、Thomas 一起将大城市分解为内域、城市腹地、城市边缘区三种结构。控制城市化的较快步伐、控制城乡混合带的较快发展，有益于国家未来的可持续发展①。研究苏格兰土地改革的党国英认为，征购价格应该是土地所有者所获得的货币补偿额与他之前没有失去土地一样，土地所有者不会因为土地被征收的行为而产生利益上的影响。所有者利益不因土地征购而改变②。"无计划世界"（no scheme world）这一概念从理论上说明这个道理。关于失地农民利益问题，利益分配的不公平和土地产权的差异将会影响经济的运行；而土地产权的公平化、合理化将会促进土地的综合利用和技术进步，使更多资金投入土地，增加土地产出和土地收益，土地所有者收入增加，将会有利于社会的发展和稳定③。他还提出，民主制度和良好的法制环境是改革成功的保障。

日本国内发生的一系列征地纠纷被《日本征地补偿制度及其启示》所揭示。日本不完善的土地征收补偿制度，很少考虑到人民后续发展问题。日本提出政府、企业、施工建设单位等等各方面都应该完善各自的征地补偿制度④。

Liu Zhong Chen 根据安徽省农村地区的调查数据，探讨了土地征用补

---

① JingZhang, et al., 2014.
② Konrad, 2014.
③ Lalisa Aemayehu Duguma, 2013.
④ 钟头朱，2010。

偿制度，揭示了集体土地征收补偿制度存在的问题及其原因，并提出了改革的思路和措施，为新型城镇化发展提供参考。他们指出土地被征用农民的满意度低：在现行的征地补偿制度中，不当的土地征收补偿标准和计算方法、补偿标准过低、不健全的社会保障体系、不合理补偿和安置是重点问题。因此，中国应该加快改革土地征用补偿制度，按照新城镇化建设的规划顺利进行①。由传统的农业向快速城市化发展。文章对村庄在国家主导的征地过程中所经历的城市化过程进行了研究。在全面分析我国当前土地利用的主要问题时指出，当中国正在经历快速城市化，土地利用问题突出②。阐述了中国土地利用的关键问题及政策制定的启示。然后，文章详细解释和评估了相关土地政策：征用补偿平衡耕地，增加与减少平衡城乡建设用地，征地后集体保留地的经济利用③。文章认为，目前的政策是针对特定问题，同时实施平行，但是缺乏一个总体框架。最后指出了当前土地利用的挑战。

抵制家庭被称为"钉子户"。一个客观存在的抵制拆迁户，在被征地之后如何持续增收、有经济来源、有生存能力，这个问题是历史的也是当前的，社会现实是必须正确对待的。社会公众、当地政府与拆迁安置人将要融入的社区，如何让这些普通人实践他们的财产权利，如何让剥夺的时代给予他们回报④。

通过更好地协调空间和社会经济文化因素，在灾后重新安置方案取得成功，评估、设计和实施安置空间方案可以减少社区经济和文化问题⑤。以印度尼西亚 mujur 坝为例，研究征地移民安置行动计划中采用层次分析法，根据政府的城市规划和人民群众的意愿，选择最佳的区域安置⑥关注了中国农村的征地补偿纠纷、"群体性事件"，认为如果不进行重大改革，目前的争端解决机制，农民和地方政府之间的严重社会冲突的数量和频率将继续增加。重大改革需要更好地保护被征地农民和其他

---

① Liu Zhong CHEN et al. , 2015.

② Evi Kurniati et al. , 2013.

③ Yansui Liu et al. , 2014.

④ Cheuk et al. , 2013.

⑤ Kaushal Keraminiya et al. , 2013.

⑥ Evi Kurniati et al. , 2013.

公民的财产被征用的权利①。通过研究了 48 个中国村庄 1185 个家庭的收入主要受到健康冲击的影响。增加了医疗保险的覆盖面，有助于家庭平稳的消费；通过分解基尼指数后认为，工资收入是最重要的增收方式，而农业收入是逐渐减少的因素②。通过农林土地金融分析，认为有效的土地资源利用和适当的规划，可以提高农林业的收入，从而对农民增收产生积极的影响③。非农收入显著增加农田的价值④。退耕还林会对家庭收入起到微小的积极影响⑤。鼓励非农业家庭从事非农收入活动，将提高他们的总收入⑥。高等教育和就业状况仍然是较强的主观幸福感的决定因素，政府应提供就业机会和保持人民的教育，而不是削减公共开支，以满足需求的金融市场⑦。在农村地区，多功能农业和可持续农业是稀缺的知识⑧。针对农户生计资产短缺的主要问题，设计了一个概念性的补偿模式系统，满足农户的需求。⑨ 此外，他们还提出了相应的补偿方法、补偿标准、补偿依据和补偿资金来源。中国社会保障老年福利制度的碎片化。然而，在中国，社会保障养老保险提供了一种高度分散的方式。农村职工养老保障现今已经有了一项重大改进，那就是新农村养老保险制度⑩。世界上大部分国家和地区只有土地征用制度或者土地流转制度，没有房屋拆迁制度⑪。要按照各国各地区的实际进行土地改革，以效率和公平为核心，拆迁安置应该采用有利于增加土地产出并且能够增加被征地农民收入的方法。

　　总体上来说，在安置农民方面，很多国家有三个特点：一是，土地征用按市场价格补偿给农民。这种方式，农民的满意度高。二是，给失地农

①　Chao Zhou. Dan Banik，2014.

②　Qian Lu，Shanshan Miao，2006.

③　Lalisa Alermayehu Duguma，2013.

④　Ashok K. Mishra，Charles B. Moss，2013.

⑤　Ying Lin，Shunbo Yao，2014.

⑥　Siti Hadijah Che Mat，2012.

⑦　Jorge Guardiola，Monica Guillen‐Royo，2015.

⑧　Liaoji Zheng，Huiqing Liu，2014.

⑨　Guangdong Li et al.，2014.

⑩　Tianhong Chen，John A. Turner，2015.

⑪　朱建军、胡继连，2015。

民提供法律咨询服务和切实的援助。三是，创造出教育培训的机会来提供给被拆迁农民，提供生活、养老、医疗等保障，并将他们纳入社保体系。这种方式，在美国和日本使用最广。相应的，美国与日本的农民得到较好的生存、发展权利①。

②国内研究现状

国内村庄拆迁安置是一个敏感又复杂的社会问题，涉及旧村拆除、征地补偿、新安置小区的建设、乡村企业的搬离、乡土难离的村民拒绝搬迁等因素。有部分地区的村庄整体拆迁、农民安置进入社区是政府介入而不是生产力自然发展所产生的结果。即便拆迁安置农民入住社区纳入了城市范围，对其生存状况和其转型发展仍然令我们担忧。他们不只是"失地农民"失去了土地，他们因为无法种植粮食自给自足相当于失业，担心补偿款花完后无法生存从而失去了心态平衡，安置社区内的衣食住行都区别于原先在村里更让农民陷入一个需要重新学习生活技能的尴尬境地。他们有集体小产权房，享受了安置，得到一定数额的拆迁补偿款，希望获得新的工作机会，找寻可持续的收入手段。

关于拆迁安置农民的现状研究。

农民土地被依法征收之后，农业户口的家庭人均耕种面积小于0.3亩的统称为失地农民。经拆迁房屋和农用地征收所获得的补偿款相对比失地农民获得的补偿款要多。家庭愿意选择耕地保护的经济补偿模式已被考虑和重新审查②。农民转型发展为市民，是城市化的目的。在未来25年内，1.5亿中国农民会变为市民，找寻新的富民方式显得尤其重要③。对农民耕地、农用地、宅基地的确权是国家在保护农民资产上的努力④。在乡镇从事农业工作的农口干部经常会抱怨⑤：有的家庭种地多，特别害怕土地确权之后政府把多出的地收回去；有的家庭不在村里居住，不在意三五亩地是否能种植，是否留在自家名下；还有的人担忧，当年托关系、走后门

---

① Ying Xu et al，2010.
② 周小平、柴铎、王情、卢艳霞，2014；张卫东，2015；尹静静，2015。
③ 郭秋玲，2012。
④ 赵永平，2015。
⑤ 谢建定，2015。

才分到的人情地，经过土地确权一旦见光，就露馅了。农民很消极，干部很着急，这恰恰说明了农村土地问题里边情况复杂、千头万绪①。

关于拆迁安置农民转型发展面临的制约和困难研究。

目前在城区内居住的拆迁安置农民生活状况堪忧，主要表现在三点：一是农民数量不断激增，二是生活困难问题突出，三是拆迁安置农民通过诉求渠道解决生活保障问题急剧上升②。快速城镇化中，政府行为对拆迁安置农民的就业问题缺乏保护③。南京建邺区的农民失地后面临收入下降、社会保障滞后的问题④。一次性货币补偿标准低且形式单一、缺乏技能培训使得农民再就业能力差、缺乏完善的社会保障，三方面所引发的矛盾日益突出⑤。

2. 征地补偿原则

①土地征收的概念及特点

土地征收，是指国家为了公共利益的需要，依照法律规定的权限和程序，强制将国有土地的使用权或集体土地所有权收回或收归国有，并给予补偿的行为。关于土地征收的本质，存在着两种对立的学说，即侵害说与扩充说。若以侵害说作为依据，则征收补偿将以较优厚水平来制定，若以扩充说作为依据，则产生的结果不同，只要求补偿公平合理即可。受所有权社会化的发展潮流的影响，目前扩充说逐渐得到近代大部分学者所认可。

首先，土地征收以国家为主体。国家是行使征地权的唯一主体，所以土地征收具有专属性。虽然土地的直接需要者是机关、企事业单位和社会团体而并非国家，但是取得土地的使用权必须进行申请并在获批后才能完成，程序上必须依照法律规定来进行。可见他们取得的土地使用权，基于另外一个独立的程序出让或划拨并且在相关征用手续完成后才能获得，他们不能成为土地征收的主体，主体只能是国家。所以，土地征收是在特定条件下国家获得土地所有权的一种方式。

---

① 郑万军，2014。
② 伊庆山，2014。
③ 马林靖、王燕、苑佳佳，2015。
④ 陈友、刘琴，2015。
⑤ 郭金洁，2012；孙云奋、徐汝贞、刘传玉，2015；闻丽英，2015。

其次，土地征收以公共利益为目的。公共利益是土地征收的前提和基础，同时也是衡量土地征收权的行使合法与否的重要标准。但把以公共利益为目的作为土地征收权的限制滥用的笼统规定，显然显得乏力，因为公共利益的概念抽象内容亦具有不确定性的特点。目前，公共利益界定不清、土地征收范围不明确，是我国当前土地征收制度中的一个值得关注的问题。

再次，土地征收以合理补偿为前提。土地征收补偿，是公民、法人以及其他社会组织的合法权益遭受经济的损失时，由国家行使土地征收权对遭受损失的权利人担负金钱给付义务的行为。土地征收过程，实质上也是土地权利的转移过程。因此，从经济理论上讲，土地权利的转移，相应要从经济上得到逆向转移，也就是对转移出去的土地权利必须给予补偿。

最后，土地征收以土地权属转移为结果。土地征收的权属转移，在我国主要是指集体土地所有权向国有土地所有权转移的过程，这是建立在我国土地公有制基础上的所形成的特有现象。在土地被征收后农民的土地承包经营权也随之丧失。国家取得了土地所有权，然后采用划拨、出让、出租等方式，将土地使用权让渡给用地单位。经过土地的征收的过程，完成土地所有权变更。

②土地征收补偿的原则

如前所述，原土地所有权灭失由国家对特定对象发生经济上的损失，行使行政权，并对其进行金钱给付的义务。

与此相应，我国土地征收补偿是建立在基于公共利益的需要的基础上，政府的土地征收行为使农村集体经济组织或农民的合法权益遭受了特别的损失，由国家给予补偿、救济的过程的法律制度。土地征收补偿的原则，分为三种原则即完全补偿原则、不完全补偿原则、相当补偿原则，该原则在补偿制定上具有重要地位。

国家的经济发展水平以及采取的经济政策，关系到具体的补偿原则。有较强的物质实力的情况下，国家可以充分考虑对遭受损失的相对人进行完全补偿，但目前，大多数国家为了实现社会公平及防止个别因此而产生的投机行为，一般采用的是不完全补偿或相当补偿原则来进行补偿。我国也是主要采取"合理补偿"，而把完全补偿看作发展的趋势和努力的目标，在今后一定时期完成逐步过渡到完全补偿。

3. 土地征用补偿制度

①计划经济时期招工和货币补偿相结合的安置制度

我国改革开放后，国民经济建设面临全方位的复苏，同时大量开发建设，建设用地需求呈现明显增长态势，导致国家征用土地时出现了一些新情况与新问题。1982年，经全国人大常委会原则通过，国务院公布并施行了《国家建设征用土地条例》（以下简称《条例》）。该条例对计划经济时代背景下的补偿安置做出了较全面的规定。同时，在征收土地的补偿安置上，首次鲜明地体现出采取社会福利制度取代土地所承担保障功能的特点。

1986年，全国人大常委会审议通过了《中华人民共和国土地管理法》。该法采纳了《条例》的大部分规定，并总结以往经验，且将其上升为法律。该法规定，土地征用时，国家应安排一定数量指标将符合条件的失地农民招收进入国有企业或集体企业，组织失地农民就业，未被招工的失地农民则可发给安置补助费与此同时失地农民户口"农转非"成为城市居民。这种安置制度，从失地农民这方面来说，具有以下几方面的功效：被招为国家固定工，有了稳定工资收入和就业机会，基本生活得到保障同时，获得了国家提供的养老、医疗、生育等福利待遇和社会保障同时还有一定的货币补偿助于创业发展等。此安置制度下，给失地农民带来的效益，显然大于土地安置制度带来的效益，表明这种安置制度既让失地农民满意，又促进了征地工作，是充分有效的。

②现行的货币补偿安置制度

到20世纪90年代末，随着市场经济体制的逐步确立，社会保障制度、户籍制度、劳动用工制度的深入改革，原有的招工安置制度已严重滞后。首先，就业行为市场化后，政府已经不能将失地农民随意安置到企业中去；其次，国有企业和集体企业效益不断下滑，造成员工工资低并随时有失业风险。在这种情况下，以货币补偿方式为主其他措施为辅已逐渐成为安置失地农民的主要方式。1988年，全国范围内都出现征地热潮，大量的征地，使我国粮食安全问题面临严峻考验，国际社会也提出相关的疑问。于是，国家在保护耕地的政策上提出了严格的要求，制定了较强硬的制度，使原有《土地管理法》发生了大规模修改变化。同时建立崭新概念的用途管制制度，并在建设用地的审批力度上进行了强化。应当说，在土地管理制度，特别是关于耕地保护方面是具有开创性意义的一部法律。

但是，在土地征用补偿方面，只是在补偿数额上有所提高，没有太大的改变，且仍然保留了上限的限制。比如，安置补助费最高不得超过被征用前3年平均产值的15倍，尚不能使安置的农民保持原有生活水平的，可以适当增加安置补助费。但是，补偿费和安置补助费的总和不得超过征地前3年平均年产值的30倍。值得关注的是，关于失地人员的安置问题，新《土地管理法》则进行了回避，只是笼统地提到由其他单位安置或村集体组织安置以及自己安置。

显然，这种货币补偿安置制度，暂时改善了其当前生活，也可能有助其走上创业发展之路。但是，这种安置制度明显忽视了失地农民在就业等方面的需求。它给失地农民带来的效益即小于土地安置制度带来的效益。事实上，1998年的《土地管理法》的制定未能充分考虑到国内经济体制发生的根本性转变，在征用补偿机制已显示失效的同时，仍延续着计划经济体制下的补偿安置体制，法律已滞后于社会实践工作，新的制度还没有完全适应经济体制的变化。

（四）研究思路

本文的研究是在我国大力推进城市化和重大项目建设以及进一步做好就业创业工作的背景下进行的。采用文献分析法。通过图书馆、网络百科等，广泛收集并整理全国的失业人员再就业分析和对策研究等文献资料，大量阅读就业相关书籍、期刊、论文及网络资料，多方面、多角度的获取充实的理论资料和实地调研数据，尽可能地为论文的写作提供翔实的资料和充分的理论支持。

加强针对性重大项目的拆迁安置是近年才正式提出和被人们广泛认识到的，经过前期文献资料查找，对于"农转居"城市化形势下的户籍失业人员再就业安置方面的研究较少，部分有关文献资料以国家层面的安置就业或者农村劳动力就业服务为主要研究对象，缺乏相关的实例，"农转居"后的户籍人员的公共就业服务的专家学者研究未查阅到。本文立足于奥林匹克公园拆迁安置的具体实际，从不同侧面多角度提出国家重大项目就业"本土性"和"特色化"特点。

二 奥林匹克公园拆迁人员安置状况分析

2008 年 8 月，第 29 届夏季奥林匹克运动会在北京举办。

根据北京市政府《关于朝阳区城镇批次征用土地的批复》（京政地〔2002〕107 号）的规定，奥运会场馆区征地拆迁工作自 2002 年 7 月开始。场馆区占地 310.1685 公顷，其中集体土地 121.6667 公顷，国有土地 188.5018 公顷，共拆迁事业单位 128 个，拆除建筑面积 39.35 万平方米，农居民住户 2191 户，拆除建筑面积 26.28 万平方米。在各项拆迁安置工作中，农民的安置工作最为复杂和困难。拆迁范围包含洼里乡龙王堂村、洼边村（南沟泥河、北沟泥河），共需安置农业人口 1405 名。其中共有劳动力 877 名，符合安置条件的有 824 名。

北京奥运会的成功举办，给国家和民族带来了巨大的荣耀，但奥运会的筹备工作却面临着许多鲜为人知的困难和挑战。大面积的拆迁产生大量的失地农民，根据政策，这些农民都转成城市居民。但这些居民之前多以种地为生，大多缺乏参加工作的必要技能，如不能实现再就业，生活稳定就得不到保障，进而成为影响社会和谐稳定的不稳定因素。在安置过程中，这些农转工人员思想觉悟、文化素质参差不齐，且平均年龄偏大，许多人身体健康状况不好，尤其缺乏市场竞争意识，但他们普遍对安置的工作岗位、工资待遇要求较高，致使双方矛盾突出。

三 奥林匹克公园拆迁人员成长性安置体系模式选择

征地补偿安置的过程本质就是一种制度变迁过程。在此过程中，政府之所以积极主导，原因在于它预期能为自身带来更大的效益。

问题关键是新的土地安置制度能否带来更大的个人效益。若能够带来更大的个人效益，农民就会积极响应政府征地行为，使这种制度变迁容易实现。反之，这种制度变迁就不容易实现。虽然在征地时政府可以凭借其权威强行进行，但这种未充分考虑失地农民利益的行为，势必导致政府与失地农民之间的矛盾激化。适当的征地补偿安置模式，利于征地工作的顺利开展，促进社会安定，提升社会效益。

（一）国内征地项目现有安置模式分析

在征地补偿安置处于不满意的困境时，政府也在实践中不断进行探索，寻找解决失地农民问题的新办法。这些实践是在单一的货币安置方式下创造出的不同模式，一定程度上弥补了单一货币方式的不足。有些地方已经取得了颇有意义的改革成果，为我国征地制度的改革提供了丰富的经验和教训。

具有典型意义的案例包括"南海模式"，该模式把集体土地和农民承包经营权折价入股到使用农地的企业，农民拥有股份并按股分红；"重庆模式"是一种以土地换社会保障为特征的模式，采取"政府保险公司 + 农民"的安置保障模式，该模式具有长期可持续发展的特点；此外，"厦门模式"以实施"金包银"工程为主要内容；"芜湖模式"以农村建设用地入市为特征，乡镇成为土地流转组织者，同时又作为中介人参与到流转之中，按年分红享受土地收益。

1. 南海模式

位于我国经济发展的前沿地带的南海市，地处广东省中部、珠江三角洲腹地，20 世纪 80 年代初，南海农民大多数都开始从事非农产业，耕地出现大面积荒废现象。当时，有许多外地企业和当地农民纷纷办厂，在土地使用数量上形成增速态势。于是，南海市创造性的因势利导，采用了地权入股方式，提供了大量土地，满足解决城市化和工业化发展，同时又寻找了一条本地农民保障与发展并存的道路。

该模式做法将辖区内分散的土地集中起来，村集体实施统一管理、规划和经营。同时，采取用集体土地股份制代替农户分户承包制的方式方法，将土地、集体财产和农民土地承包权折价入股，以当地农民为配股对象，根据情况的不同，设置承包权股、基本股以及劳动贡献股等股份，计算不同档次配股，按股权比例分红，同时建立行使管理职能的董事会、监事会等组织机构。

南海模式的积极意义将土地非农化的级差收益保留在集体内部。农民可以短期内获得一定补偿费外，还能不断的按照股份分享土地的增值收益，对比国家征地补偿，该方式在补偿标准上有明显超出。以土地承包权和集体资产权入股，农民的土地承包权可以转换成永久性的股份分红权，在保留了我国家庭联产承包责任制的合理内核的同时完成了土地从农业用地向非农业用地转换。地权入股方式使当地工业化的门槛得到降低，为当地政府带去了财政收入，政府在履行了失地农民安置的职责的同时也较好的促进经济发展。

南海模式的主要缺陷：实行股份制以后，农民只关心土地分红，缺少对村干部责任监督和集体经济的发展积极性，集体经济的发展缺少了动力约束力后，集体经济的长期发展就受到影响，不利于集体经营的监管。股权的流动性差。股权限于本地农民，股权的资本性功能也发生弱化，产业的集中升级和人口与资本的流动受到影响。在市场经济中，集体经济的经营无疑存在投资风险，如果出现投资损失和风险，则不能兑现农民分红。

2. 重庆模式

自 20 世纪 90 年代末以来，随着城市化的不断发展，重庆市面临迁徙的农民人数不断增多。以保护失地农民利益为目的，重庆市最早探索性地把储蓄式养老保险作为解决失地农民利益受损问题的新路径。重庆市早在 1992 年就开始实施失地农民储蓄式养老保险办法，利用专业保险机构介入失地农民的养老保险，把它作为一个有效的安置方式，经过十几年的探索与完善，重庆市的失地农民养老制度已基本建立。

该模式的操作方法是为失地农民建立养老金个人账户。采取自愿参保原则，农民将原先一次性发放的生活安置补助费和土地补偿费作为本金，由保险公司办理储蓄式养老保险。办理失地农民储蓄养老保险的同时对失地农民的参保基金也进行有效的投资管理，按月向失地农民支付生活补助费。由财政拨款，对储蓄式养老保险的失地农民补贴利差。

重庆模式的积极意义在于对失地农民社会保障问题的有益探索。这一模式改变传统的一次性货币安置方式，使失地农民有了稳定的收入来源，可以每月领取固定的生活费，弥补了我国缺乏城乡一体化的社会保障制度缺陷。引入了市场化的运作机制。利用保险公司作为专业机构的优势，充分发挥保险公司其理财能力，使其在追求自身利益的同时，农民社保基金的效益也得到提高，弥补了失地农民缺乏理财观念的缺陷。政府职责得到有效的体现。重庆模式使政府以少量的政府投入成本建立了失地农民的长远保障机制。

重庆模式的缺陷是单独对失地农民设置养老制度，不利于城乡一体化发展。这种养老制度造成政府社保政策不一致，加剧城乡二元经济结构。为建立城乡一体化的社保制度留下隐患，不利于失地农民的市民化。保障水平低、覆盖范围窄，是一种低水平的养老保险方式。由保险公司运作存在投资风险。保险公司为获取自身的利益必然要进行投资运作来保证基金的保值增值，若投资失败，则失地农民的养老保障来源将不复存在。

3. 厦门模式

为维护和发展好失地农民的利益，厦门市结合工业集中区建设实际创新的一种发展模式，即"金包银"工程。也就是指在进行集中开发建设时，在其周边集中建设一批外租公寓、居住公寓和商贸小区居住公寓解决了拆迁户的安置用房问题，商贸小区则作为失地农民就业经营的场所，外租公寓分配给失地农民用来出租创收。

"金包银"工程的核心内容，就是在开发工业园区的同时，在区内村庄外围统一规划，建设商业用房，提供给被征地村民作为经营性收入来源，称"金边"，逐步对旧村内部进行规范化配套改造称"银里"，使农村逐步向城市过渡，完成"城市化村改居"。在"金边"建设上，主要模式是自筹自建，自我管理集资入股，股权分红统一代建，产权分配集体投资，村民分红。"银里"建设主要模式是对房屋比较新的村按照"路通、水畅、污治、安全"的要求，组织旧村改造，对房屋比较旧、拆迁量比较大的村按照城镇格局，组织新村建设。

厦门市"金包银"工程安置模式的优点在于安置模式为失地农民就业提供了一条可靠的途径，是实现再就业的可靠保障。失地农民通过集体或个人经营的出租公寓等物业，可以获得稳定和长期的收入，农村股份制经济的发展，解决了农民就业难题，有助于实现农民到市民真正的转变，优先享受到城市发展的成果。村集体通过集体资产投资入股，发展经济项目，盘活了集体的固定资产和流动资产，有效地促进了村集体资产的保值增值。有利于促进工业园区的发展，推动农村城市化进程。

4. 芜湖模式

芜湖市是国土资源部唯一确定的"农村集体所有建设用地流转试点市"，这种土地流转模式是一种新的实践。核心是保留集体所有的性质，土地所有权不发生变化。集体土地在租赁、联营联建、作价入股、转让抵押等形式的使用权转移行为期限结束后，土地仍然为集体所有。土地流转过程为先由以乡镇为单位作为土地的假定使用方成立建设发展投资有限公司，按条件和程序与村集体签订协议，取得农民集体所有的土地的使用权。之后，乡镇建设投资有限公司再向企业等实际用地方转让土地使用权。

该种流转模式具有重要的实践意义和理论价值。农民集体土地使用权成为一种完整的财产权，农村土地制度创新得到有力推动，农民的土地财产权得到较好保障。政府作为村集体和村民交易的中介者，站在失地农民这群弱势群体一边，不再扮演以征地的方式跟工商企业联手剥夺农民利益的角色，有力地保护了农民的合法权益，正确地履行了职能。农村土地资源转化为资本，使土地增值收益变成建设资金的启动资金，真正发挥了土地财产权的权能。

芜湖模式的主要问题在于政府作为一个利益主体的参与性太强。而且，随着工业化和城市化的推进，集体尤其是城乡结合部的集体将"城市化"。农民是否有权在退出集体时转让或抵押这个收益权成为芜湖模式面临的问题。

各个地区之间在发展水平和发展阶段上存在很大的差异，在不同的时期和不同的社会经济条件下，自然会孕育出不同的城市化和区域发展模式。相应地，在失地农民的补偿安置模式的探索上也是如此。这些模式不仅承认了土地作为农用时农民对土地具有收益权，而且承认农民有权享有土地在作非农使用以后的级差增值收益，这些模式在保障失地农民利益、促进征地工作等方面起到积极作用①。

---

① 乐咏梅：《〈物权法〉实施背景下长沙市土地征收补偿安置模式优化创新研究》，湖南师范大学硕士学位论文，2011。

(二) 奥林匹克公园拆迁人员成长性安置体系安置模式的选择

1. 安置体系的内涵

安置体系的独特之处是"人的成长性",对被拆迁人员终身负责,而非一次买断的经济补偿性安置。

其体系是个多因素匹配、多环节衔接的创新性人力资源管理过程,而非一种固态化的行政管理。这种安置体系不但摆脱了单纯经济补偿的困扰,且具有"五大"教育转化的自我成长、自我管理功能。它配合政府的拆迁政策,按能否具有工作能力对被拆迁人员进行分类,不具有劳动能力或者不适合劳动的人群通过政府相关部门或者福利机构进行帮助,或者现金补偿的方式买断解决。安置体系主要是对有工作能力的被拆迁人员进行安置,通过建立实体机构,安排工作,搭建就业管理平台、提升生存技能,提高文化知识,提升文化素质,使农转工人员在身份转变的基础上完成组织形式的转变、经济基础的转变、生存技能的转变、文化素质(思想认识)的转变。经过这个管理体系的教育转化,使被拆迁人员和家庭成功地由农业人员转变成能依靠自己的能力获得稳定收入的城市居民和企业职工,将政府从拆迁安置的问题中解放出来。

2. 成长性安置体系的理念创新

传统、原始的拆迁安置理念,不是把被拆迁人的终身幸福作为拆迁的目标,而是将被拆迁人员放在对立的位置,采用各种办法,通过各种手段来迅速完成拆迁,抓紧把被拆迁人员清理干净。想的是如何对付被拆迁人员、如何算计被拆迁人员,从而达到人走、地空的目标,实现眼前的经济利益。

成长性安置体系的理念,把被拆迁人员作为土地的主人,从他们手中拿走土地和房屋,就要为他们负责,要为其重新安置一个家。成长性安置将被拆迁人员的终身幸福作为终极目标,要协助其适应新的环境,帮助他们实现个人的现代化。

3. 安置体系的框架

成长性安置体系的组织载体是成立的新奥物业公司,创新性的安置理念是体系和组织载体的方向盘,该体系的发展动力是政府的政策支持和市

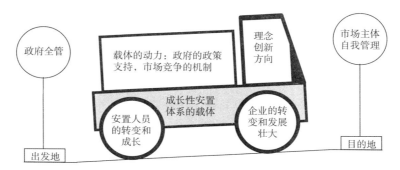

图 1　体系的总体框架

场的竞争机制；该体系的支撑是安置人员的转变成长机制和企业的转变发展机制。该体系是以政府通过物质补偿被拆迁人员，全权负责拆迁人员的安置这个方式为起点，以被拆迁人员转变为社会和市场需要的优秀人才，组织载体发展成为独立市场主体，把政府从拆迁安置工作中彻底解放出来为目的。

4. 安置体系的发展阶段

为了给被拆迁人员找到可靠的归宿，本安置体系分为三个阶段进行安置：一是前期筹备阶段（成家）；二是安置主体运行过渡阶段（置家）；三是安置主体巩固完善阶段（发家）。

（1）前期筹备阶段

在安置实体成立之前的政策执行阶段，主要是对政府拆迁安置政策的细化和执行。政府的拆迁安置规定从政策和理论高度为拆迁和安置做出方向性的指引，在操作层面需要针对现实的情况进行详细的规定。新奥物业成立前由指挥部和新奥集团负责前期人员的确定、人员筛选、分类安置、身份转化、信息采集和确认等工作。然后针对实际情况，根据农转工的构成，筹备安置主体——新奥物业的设立。安置主体的设立不仅符合一般经济实体的要求，还要根据其特殊的使命在组织机构、管理方式、经营目标、企业文化等方面做出特殊规定。

（2）安置主体运行过渡阶段

此阶段是安置体系的核心部分，针对安置进来的农转工的身份、经济、培训、组织管理，制定一系列的过渡性暂行办法，通过科学的管理，将农转工人员从生存技能、文化素质、思想认识等方面转变为符合社会需求的专业人才，为社会服务。

（3）安置主体巩固完善阶段

每一条过渡性的规范和方法在实践中不断改进完善，最终形成科学的现代化企业管理体系。农转工人员已经从内到外完全转变成现代企业的优秀员工。企业不再将农转工的安置作为企业的主要目标，而是严格按照市场主体的标准丰富和完善自身管理体系，最终变成具有市场竞争力的企业，参与到市场竞争中去。

四　奥林匹克公园拆迁人员成长性安置体系的实施

科学化安置体系的实施坚持实事求是、服务大局、保障民生、政府引导、社会消化的原则，以社会稳定为指导思想，以保障农转工生活为基础，以引导农转工全面发展为目标，以文化传承、情感延续为纽带，以政府扶持与参与市场竞争相结合为途径，坚持现代管理与传统管理模式相结合，逐步实现农转工的职业化。在整个体系的发展过程中始终贯穿人文安置这个安置理念，始终将被拆迁人员的终身幸福作为终极目标，要协助其适应新的环境，帮助他们实现个人的现代化。

（一）组建企业吸纳安置

为进行奥运会筹备工作，经北京市人民政府同意，北京奥运场馆土地一级开发指挥部（以下简称指挥部）于 2002 年 4 月底成立。

为了妥善安置征地范围内的农民，确保奥林匹克公园建设工程的顺利实施，北京市人民政府于 2002 年 7 月 26 日印发《奥运公园建设区征用土地农转居安置补助办法》（京政函〔2002〕56 号）（以下简称"56号文"），该文对安置人员范围、安置原则、安置方式等做出了明确规定。

2003 年 12 月 12 日，北京新奥集团有限公司（以下简称新奥集团）注册成立，受市政府委托，主要任务是从事奥运场馆中心区土地一级开发和整体市政基础设施建设，负责赛前项目建设和比赛期间运营管理的服务保障工作。

拆迁工作完成后，为了对新产生的大量农转居劳动力进行妥善安置，新奥集团于 2004 年组织成立北京市新奥物业管理有限公司（以下简称新奥物业）。从 2004～2014 年，新奥物业经过十年的努力，对 824 名农转工人员实现了"终身成长性安置"。新奥物业对农转工人员的安置和培养不仅保障了奥运工程的顺利完成和奥运会的成功举办，更是成功解决了事关农转工人员生存与发展的工作、生活等问题，化解了安置难题，促进了社会稳定。

（二）实现农转工人员"五转变"

在逐步完成农转工人员身份关系转变、组织形式转变、经济来源转变、生存技能转变、文化素质转变的基础上，逐渐使农转工人员的管理从政府为主转变为企业和市场为主，将政府从农转工的工作中脱离出来，实现农转工人员真正的自我管理、自我服务。农转工人员"五转变"的同时，新奥物业也逐渐从一个以安置农转工为目的的小企业转变为独立参与市场竞争的中型企业，为农转工人员的独立和全面发展提供坚实的平台。

1. 身份关系转变（社会关系）

本次拆迁涉及大量农民，拆迁首先要面对的是身份问题。政府出台政策将被拆迁的农民全部转为居民户口。但是农民转变为居民不是简单地将户口本上的农业转变为非农业，而是随之而来的身份变化和一系列社会关系的转变。从关系的领域来看，社会关系的涉及面众多，主要关系有经济关系（劳动方式）、政治生活、法律行为等新的内容需要适应。

（1）劳动方式的转变

农民失去土地，不再依靠土地作为生活的主要来源，曾经依附于土地的各项生产和生存技能都不再适用。新奥物业公司通过严格的筛选程序和科学的考试制度，将 824 名农转工人员科学纳入现代企业中来。在政策的允许下，针对农转工的实际情况制定出一套适合农转工的用工合同制度，建立阶梯式的用工合同，从技术、能力、思想上建立引导和激励机制，逐步将农转工人员从农民的生产关系转变为企业职工的生产关系，最终签订正式的企业劳动合同。

（2）政治生活的丰富

作为企业职工，特别是作为服务奥林匹克公园中心区的企业职工，服务大局是企业和农转工人员首要的政治任务。在政治关系方面已经与曾经的农民有很大的不同。新奥物业针对中心区的特殊地位和农转工的特殊情况，制定出一套完善的政治学习、政治培养、政治参与的制度体系。农转工人员通过培训学习，充分认识到自己的政治权利和义务，从而使农转工人员不仅学政治、懂政治、讲政治，更能自觉参与到政治的实践中去。物业公司从农转工中择优选出区人大代表参与公司、集团甚至区里的管理中。他们作为农转工群体的代表，通过合理的渠道发出农转工群体的诉求和声音，保障农转工人员的各项权利得以实现。

（3）法律行为的诉求

农民的行为只代表自己，自己对本身的行为负责。但作为企业职工，其履行职务的行为即代表企业行为，企业要对职工的行为负责。农转工人员从农民到职工需要面对和处理更加复杂的法律关系，更多是牵扯到企业的责任。为此，我们建立制度明确农转工人员的各项权利和义务，明确企业与个人的责任。针对农转工人员在短时间内面对身份的变化，财富的激增、环境的变化等一系列变动，所需要处理的法律问题也异常繁杂，物业公司为农转工人员设计一套完整的法律法规手册，重点标记出其在工作和生活中遇到的法律问题，明确其权利义务以及利用法律手段维护自己的合法权益。通过此方式将农转工人员培养成知法、懂法、守法、用法的劳动者。

2. 组织形式的转变

该项目涉及洼里乡龙王堂村、洼边村（南沟泥河、北沟泥河）安置农业人口1405名。农转居人员被拆迁后由农民变成了居民，原来的村和大队被撤销建制，农转居人员归街道居委会管理。农转工人员在生活中归街道居委会管理，在工作中归企业管理。

（1）完善的档案管理制度

首先，全面的档案记录。农转工人员在进入物业公司之前没有档案，对其各项情况无从了解。物业公司建立一套严格的筛选体系，通过考试、面试、试用等多种渠道，为每个农转工人员建立详尽的档案。由于农转工人员集中居住的较多，亲友关系复杂，在安置问题上处理不慎，就有可能引发群体上访，影响社会稳定。考虑到农转工的特殊性，每个农转工的档案不仅有个人的详细情况，并附带有家庭的基本情况。对农转工的管理不是针对个人的管理，而是涉及整个家庭的管理和服务。

其次，过程化的档案管理。农转工的初始档案有其特殊的管理方式，物业公司农转工初始档案不是刻板的档案管理模式。针对农转工人员档案没有历史沿革的情况，物业公司在档案中加入科学调研和考试筛选的数据，确保档案数据的真实性，此外将档案的搜集过程，搜集方式，搜集程序作为档案的一部分进行管理。使得档案不仅是目前的一个结果状态，而是体现为一部档案的生成过程。

最后，不同种类的档案分类管理。针对农转工的待岗、培训、自谋生路、内退等情况建立有针对性的档案分类管理制度。比如自谋生路的职工，物业公司制定《挂编存档管理暂行办法》，规定职工需要与企业内部签订挂编存档协议，属于新奥物业正式在册职工，享受与其他正式职工一样的权利，履行与其他正式职工一样的义务。同时在条件上做出约束，需有自我谋生能力，能自我发展或者经营管理各种经济实体。

（2）双管齐下的管理方式。

为了更好地对农转工人员进行管理，加快农转工人员的市场化转化，物业公司采取双管齐下的管理模式：一方面考虑到农转工人员原有的生产生活特点，采取村民自我管理模式，充分吸取农村的管理模式的优势，将原来村里从事村民服务管理工作的村干部，安排到管理岗位。采用现代管理方式对农转工干部进行管理，通过农转工干部对农转工人员科学引导，及时发现农转工在工作和生活中出现的问题，及时给予解决。另一方面将通过市场招聘的专业人员与农转工人员交叉混合管理，以专业人员产生示范效应，以专业人员的行为带动农转工人员的行为，在工作中潜移默化的对农转工人员产生影响，达到市场化、专业化引导的效果。

（3）充分发挥党组织的带头作用

任何一支队伍的管理都离不开党组织的管理，为了提高农转工人员政治觉悟，充分发挥党组织在群众工作中的重要作用，新奥物业在接收农转工人员开始就把在农转工人员中建设党的组织作为一项重要的任务。根据农转工的具体情况，新奥物业党支部制定具有农转工特色的党组织建设措施，发挥党员在农转工管理和服务中的先锋模范作用，采取科学方式逐渐发展农转工党员，并将农转工党员的示范作用应用到农转工的服务中去，逐步完善基层党组织，将农转工人员培养成一批作风优良、素质过硬、技能专业的党员队伍。新奥物业党总支成立于 2009 年 7 月。党总支现有党员 73 人，其中农转工党员 36 人。2009 年以来共发展党员 38 人，其中农转工 29 人。党总支委员 5 人，其中农转工 2 人。党支部书记 6 人，其中农转工 5 人。

3. 经济基础的转变

农转工人员从农民转变为居民，虽然有政府的补偿款，但是却失去了房屋出租的固定收入，收入大幅度减少。由于知识匮乏、技能短缺，很多年轻人找不到工作，表情迷茫，内心彷徨。原来农村的消费方式已经发生改变，一个三口之家，一个月的消费约有四五千元左右，如果没有稳定的收入，就只能是坐吃山空补偿款，不是长久之计，也会影响到家庭的稳定。

为了保证农转工人员的生活安定，减少社会不稳定因素，新奥物业从政府辅助资金管理、提供稳定工作、做好社会保障体系三个方面做好农转工经济基础平稳转变的工作。

（1）基本生活费和安置资金的规范使用

转工人员的文化水平总体偏低，年龄偏大，只有少部分人员从事过时间不长的农业劳动，劳动技能普遍较低，人员整体素质参差不齐。在奥运会场馆项目正在建设之中，自市政府批准征用土地之日起至安排工作之日止，按每人每月 500 元的标准逐月支付基本生活和医疗费，该项费用包干使用。

政府为了缓解农转工人员的生活压力，一次性拨付农转工安置费。为农转工人员的长远利益，确保安置费安全使用并保值增值，物业公司制定了农转工安置资金的使用办法，对使用范围、使用管理、投资条件、收益管理、审计方式、责任界定等方面都做出了具体规定。

（2）提供稳定工作

安置费用虽然可以缓解农转工部分的生活压力，但不能够从根本上解决农转工长远发展的问题。农转工人员普遍希望有固定的工作单位、稳定的工资收入和完善的社会保障等方面的要求。新奥物业与全部 824 名农转工人员签订了无固定期劳动合同，为其提供稳定的保障。职工可以要求保留编制和人事工资关系，在外单位工作，企业不再支付其工资。存档期间，企业负责缴纳个人及企业部分的保险费用。

在奥运场馆建设期，可安置的岗位有限，物业公司与水立方、鸟巢等中心区单位协商合作，寻找安置途径，创造条件安置农转工负责安保、保洁、绿化养护等工作。在奥运赛事保障工作中，选拔素质较好的农转工参与到保障工作中去。一方面解决工作岗位问题，另一方面也为园区建设单位解决了劳动力短缺的困难。建设期间和奥运期间的工作实践也为奥运会后的常态化管理积累了宝贵的经验。

（3）建立完备的保障体系

在解决工作提供稳定收入的基础上，新奥物业建立了一套针对农转工人员的社会保障体系，制定旨在保障农转工人员基本生活的保障办法。为农转工人员补交基本养老保险费用；补足基本医疗保险费用以及其他社会保险费用，确保农转工人员达到国家规定的退休年龄，可以享受到养老和医疗保险待遇，从而为农转工人员的养老、医疗解决了后顾之忧。

4. 生存技能的转变

拆迁之前，农转工人员居住在城乡结合部，大部分收入来源于出租房屋取得的房租，基本不从事生产劳动。物业公司为了从根本解决农转工的谋生能力，一方面制定鼓励政策，充分发挥农转工人员自身技能，为其创造条件让农转工人员自谋生路；另一方面建立完善的培训体系，帮助农转工人员学习生存技能，在市场或者物业公司找到适合的岗位。对于农转工人员的技能提高和培养不局限于本企业的需求，以保证农转工人员立足社会、自力更生为基本出发点，以最大限度满足农转工人员的利益为原则，以满足社会的需求为目标。

根据企业目前的安置能力和企业的实际情况，同时为了更好地发挥每个职工的聪明才智和潜在的能力，采取扶持保护措施，通过多渠道、多层次、多种形式，给员工提供自我发展的机会。物业公司根据农转工人员的实际情况，制定五个"出口"政策，即解除合同买断工龄、待岗、内退、

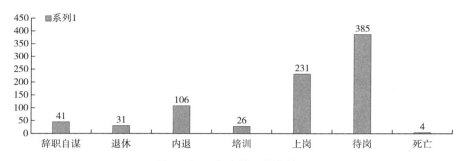

图 2 2005 年农转工分布情况

培训学习、自谋职业，这些多样化的措施为农转工人员提供更多的选择空间，同时也有效缓解了安置工作的压力。

（1）针对具有其他专业技能但在中心区没有合适岗位且意愿自谋职业的人员，针对农转工人员工作能力、专业技能和本身素质、工作兴趣等特点，制定扶持帮助办法，经公证后，公司根据年龄大小给予一次性奖励金，并为其提供帮助和安置渠道，一方面完善提高专业技能，另一方面为其联系接收单位或者创造条件经营实体。

（2）根据《员工内部退休暂行规定》，距法定退休年龄不满 5 年的员工，即男年满 55 周岁，女年满 45 周岁，经本人申请办理内部退休手续，享受公司退休待遇。

（3）鼓励年轻人员深造学习，提高知识水平，增强就业能力，拓宽就业渠道。男 40 岁以下，女 35 岁以下，本人申请经文化课考试合格，可参加各种公立学校的文化进修教育和社会培训机构的培训。学习费用由本人垫付，取得毕业证书或者官方认可的专业资格证书后由公司报销。

（4）对留在岗的农转工人员，根据农转工人员的特长安排工作，对于有技术并取得相关资格证书的农转工人员（电工、水管工、维修工）安排到技术岗位。根据妇女的性格特点安排到保洁、绿化养护等工作强度不大，但是需要耐心细致的工作。对于技能培养分为两个方面，一是定期的专门培训，不仅包括法规、安全、技术方面的培训，还包括正确理财、心理健康、生活规划等专门针对农转工容易出现的问题的培训。让农转工人员在工作和生活全方面都平稳过渡。不仅从工作和技术方面进行培训，更注重从综合素质方面的提高，使得农转工人员在提升工作能力的同时能提高综合素质，确保中心区有一支技术专业，素质过硬的服务队伍。另外是在平时的工作中培养能力。物业公司从市场招聘各个专业的顶尖技术人才和管理人才作为部门和专业的负责人和带头人，带领农转工人员工作，帮助他（她）们在实际操作中学习管理能力和技术能力。同时建立考核机制，把农转工人员技术的进步作为负责人的一项重要考核指标。

根据农转工人员的意愿，愿意待岗的暂时安排其待岗，按照公司制度规定享受一定的待遇。公司建立固定的待岗人员培训制度，确保待岗人员具备上岗就业的能力。待岗人员根据公司业务的拓展范围和待岗人员自身能力和意愿，可以按规定陆续上岗，执行物业公司工资标准。

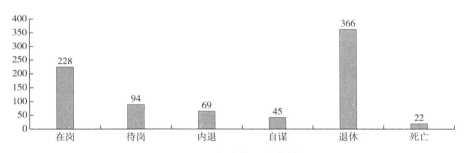

图 3　2017 年农转工分布情况

5. 文化素质的转变

物业公司在帮助农转工人员在身份、经济、技能等方面的转变时，将文化素质的培养和思想认识的提高作为重要的工作目标。物业公司采取一系列的措施和制度，在帮助员工掌握一技之长的同时，鼓励引导年轻员工学习文化知识，提高自身文化水平，创造各种条件为员工的自身文化素质增长提供便利。

（1）创造环境提高文化素质

新奥物业利用多媒体、员工考核、比赛评比等多种形式培养企业的学习风气、上进风气和文化风气，使农转工始终处于学习的氛围之中，始终有学习的紧迫感。从 2004 年至今经过十余年的时间，农转工人员从学历上有了大幅度改变，特别是大专及以上学历人员比重从 4.6% 上升到 28.9%。极大改善了农转工人员的知识结构，大大提高了其文化素质。

表 1　2004 年 ~ 2017 年农转工文化素质转变情况

年　度	文化程度	初中（含）以下学历	高中学历	职高及中专学历	大专	本科及以上
2004	人数	611	121	55	37	0
	占比（%）	74	14.7	6.7	4.6	0
2017	人数	221	38	19	55	58
	占比（%）	56.5	9.7	4.9	14.1	14.8

（2）着力建设多维度的企业文化

企业在文化建设方面坚持两手抓，一方面提高职工的文化素质，另一方面着力建设企业文化，让农转工在企业文化中感受自身价值、企业价值、社会价值。

有目的、有计划、有组织地培养企业每一位员工的学习和知识更新能力、积极进取精神，打造学习型的企业。面对奥运会的重大挑战，面对农转工安置的巨大难题以及中心区政治要求极高、管理要求极高和后奥运经济形势所带来机遇和挑战，引导农转工人员树立新观念，立足中心区，做好市场定位，勇于创新企业发展之道，建成创新型的企业文化。鼓励农转工尊重知识、尊重技术、尊重他人、尊重自己、懂得赞赏，建成尊重型的文化。保持奥运的奉献精神，保持发扬奥运文化遗产，不计较个人得失，始终将社会大局、公共利益放在第一位，建成奉献型的企业文化。灌输家园意识，培养归属情感，激发对这片土地和企业的热爱，时刻铭记这是祖祖辈辈生活的家园，从而自觉建设家园，热爱家园，建成家园型的企业文化。将企业精神转化为强劲动力，从而塑造出一支具有高度凝聚力和忠诚度的员工队伍，并发挥出如火的工作热情和非凡创造力，为企业的蓬勃发展打下了坚实基础。

个人对文化的不断追求以及企业的文化环境的影响造就了农转工人员思想认识的转变提高，树立和培养了农转工人员正确的人生观、世界观和价值观。农转工人员在"三观"的指引下，从一个农民彻底转变成一个有能力、能自立、有思想、讲奉献的优秀社会人才。

（3）核心价值观的培养

农转工人员转变成功的关键在于建立正确的核心价值观，为了让农转工人员在面对各种诱惑和困难时，可以保持清醒的头脑，坚定的信念，新奥物业在成立之初就将核心价值观作为重要的工作抓手。新奥物业最初将爱国爱家、自强自尊、爱岗敬业、自力更生、乐于奉献，作为企业的核心价值观，党和政府提出的社会主义核心价值观后，新奥物业将企业的价值观融入社会主义核心价值观中。

首先，领导以身作则，起到表率的作用，将核心价值观体现在自己的日常工作中。其次，新奥物业的各项工作处处提倡核心价值观的培养，营造核心价值观的氛围。最后，制定针对核心价值观的奖励措施，对坚持核心价值观并在行为上做出表率的企业员工给予相应奖励。

（三）企业的市场化转变

新奥物业的设立主要是为了安置农转工人员，在人才配备、科学管理、市场竞争方面与完全的市场主体存在一定差距。因此，从企业设立之初，新奥物业就建立企业与员工共同成长的长效机制，一方面注重对农转工的安置培养，另一方面注重企业自身的成长，逐渐完善现代化的企业建制，增强企业竞争力。通过引进人才、培养人才、吸引资金、引进技术、与其他成功物业企业合作、借鉴科学管理经验等方式将新奥物业转变成一个具有市场竞争力的现代化的市场主体，为农转工人员终身成长安置提供一个良好的平台。

五 奥林匹克公园拆迁人员成长性安置体系运行效果

（一）社会效益

1. 拆迁人员得到妥善安置为奥运建设和保障做出贡献

妥善安置农转工人员，确保奥运工程建设的顺利完成，为中国北京举办这次举世瞩目奥运会做出突出贡献。在奥运会和残奥会召开阶段负责赛事的安保、保洁、绿化等服务工作，圆满完成了政府交办的任务。奥运会后，对中心区进行科学的管理，确保奥运遗产的保值增值，为奥运遗产的发扬光大做出突出贡献。2008年公司被北京市委、市政府授予"奥运工程建设先进集体"的光荣称号。

2．维护社会稳定

在拆迁的初期，农转工人员集中居住的较多，亲友关系复杂，安置工作处理不慎容易造成群体上访，具有较强的不稳定因素。新奥物业在坚持国家政策、法规的前提下，克服了诸多困难，经过耐心、细致甚至艰苦的工作，农转工问题基本都得到妥善解决。在安置过程中，把农转工的上百项的问题解决在企业内部，有效地化解了社会矛盾，避免农转工与政府的正面冲突，避免了矛盾的扩大，未发生到区级以上政府机关的群众聚集上访事件，有效维护了社会的稳定。

3．减轻政府负担

（1）妥善完成了区域拆迁农转工由国家包办到平稳走向市场的任务，使得政府不用再为农转工负担费用。

（2）除农转工外，为社会解决就业人员 855 人，交出了合格的社会责任答卷。

（3）为政府管理农转工人员，减少企业维稳和处理矛盾的费用。

4．为社会输送人才

物业公司建立之初，因为人员多为农转工，所以专业技能单一，从事工种只有保安、绿化和保洁三种。新奥物业通过科学的安置体系，将农转工成功培养成对社会有用的人才，现在已经发展到计算机、工程、财会、商业管理、房地产经济师、古建修复、制冷设备维修等 6 大类 20 余种专业工种，农转工中已有 240 人获得专业执业资格证书，现任公司党总支委员 2 人（副总经理职务 1 人），任中层以上职务的 18 人，其余人员大部分在公司专业技术岗位，成为公司新时期发展的主要力量。

5．为全国范围城市化进程的被拆迁人员安置提供借鉴

目前全国范围内尚未有典型的成功拆迁安置案例可供借鉴，各地在安置工作上处于摸索阶段。本安置体系为科学合理解决区域拆迁安置问题，积累了成功的经验并创出了新路径。

（二）经济效益

1．年收入和净利润不断增长

公司从成立之初（2004 年）的年营业收入仅 47 万元，净利润 -38 万

元的小企业，年营业收入逐年增长，到 2017 年成长为 19162 万元，净利润 751 万元的中型企业，而且企业处于良性成长阶段，随着时间的推移，新奥物业的收入和利润将会继续增长。

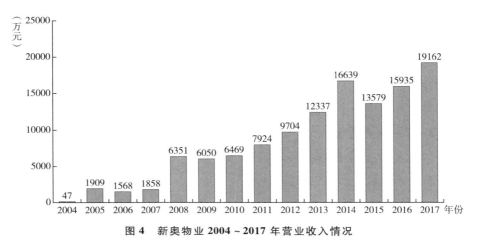

图 4　新奥物业 2004～2017 年营业收入情况

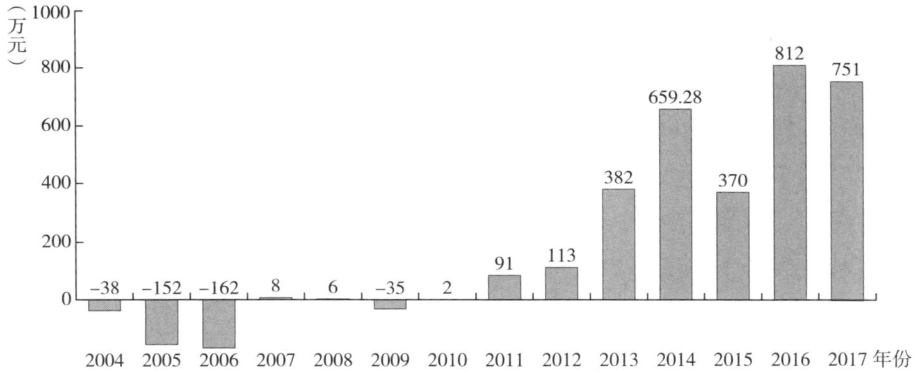

图 5　新奥物业 2004～2017 年利润情况

2. 职工平均工资逐年增长

从 2010 年开始，企业开始盈利，企业职工的平均工资随着企业的利润的增长也逐年增加。从 2010 年的 21979 元/年增长到 2017 年的 61606 元/年。随着企业的不断发展，职工收入水平也将不断提高。

3. 市场业务不断扩大

以中心区提供物业服务为基础，参与北京城市副中心的在建项目，提供优质物业服务。积极开拓市场，物业公司外部市场项目逐年递增，现有炎黄艺术馆、北京市司法局、北京市服装学院、紫峰家园、北京市工商局西城办事处、宣南文化博物馆、安徽青阳中学等京内外的外拓项目，在公司营业收入比重中逐年递增，对公司的盈利是重要的补充。

结　论

奥林匹克公园拆迁安置问题不单单是城市建设和管理的问题，涉及奥运精神的传承，更涉及多方主体和各种利益诉求，关系到政府执政能力提升和社会长治久安。因此，在农转居人员安置过程中，要在解决现实困难、平稳做好身份转换、完善培训制度、促进平稳发展和妥善解决各种不稳定因素等方面解决问题。

图6　奥林匹克公园建设中

针对拆迁人员面临就业安置问题的现实要求，制定行之有效的对策，成立物业公司作为载体。以后奥运时期的奥运景观公园运维工作吸纳拆迁安置人员，解决就业压力，通过"五个转变"实现城乡二元转化的平稳过渡，通过教育培训，物业公司的转型升级，不断提高生产力，促进企业向高端方向发展，也进一步带动人员素质的提升，农转工人员幸福指数稳步提高。

2018 年，新奥集团翻牌改组为北京城市副中心投资建设集团有限公司。作为集团全资子公司的新奥物业，经过 10 多年的成长，伴随着先进的管理理念、领军人物等新鲜血液不断融入，已成为北投集团运营板块不可或缺的一部分、北京物业管理行业的一个重要企业，集团的大发展也使这一为农转安置而生的物业公司的进一步发展打开了空间。对奥林匹克公园拆迁人员的成功安置，为北投集团在重大项目土地一级开发项目中积累了宝贵的经验，为后续在城市副中心、大兴新机场、承德临空开发区等项目的拆迁工作提供了样板。

图 7　奥林匹克公园建成后

中篇
建设组织

北京城市副中心地下综合管廊施工现场

综合项目群多层级矩阵式管理模式的创建[*]

——以丽泽金融商务区为例

江贤武[**]

摘 要 大型综合项目群管理是为了实现项目群的战略目标与利益，而对一组综合项目进行的统一协调和管理，大型综合项目群管理成功的关键在于内外部的沟通协调和资源的整合利用，特别是在项目多、综合程度高、管理人员不足的情况下，加强沟通协调，充分整合资源显得尤为重要。借鉴矩阵式管理思想，建立多层级矩阵式管理结构，在解决区域内已开工项目平面交叉、立体交叉的矛盾中发挥重要作用，对于加强内外部横向沟通，整合内外部资源也具有重要的指导意义。

关键词 项目群 多层级矩阵 管理模式

一 综合项目群管理模式的研究背景

（一）城市功能区建设的重要地位

城市功能区是实现城市职能的载体，集中地反映了城市的特性，是现代城市存在的一种形式，城市功能区建设正在成为城市建设与更新的重要

---

[*] 课题原名称为：土地一级开发项目群多层级矩阵管理方式的创建与实施，获得第三十届北京市企业管理现代化创新成果二等奖，课题组成员：张弛、赵琪、江贤武、秦波、李灵爽、刘海滨。

[**] 江贤武，经济学学士，管理学硕士，中级经济师，北京丽泽金都置业有限公司工程管理部部长。

角色，而城市功能区的建设项目综合性强、数量多、规模大，在建设过程中必然要形成大型综合项目群。丽泽金融商务区作为北京市规划的"六高四新"的四大高端产业新区之一，是北京未来重要的城市功能区，丽泽金融商务区的开发建设对于丰台区乃至整个北京的城市面貌更新将产生重要影响；整个区域的开发建设也因其规模大、项目多、综合性强而成为大型综合项目群建设的典型代表。而在丽泽金融商务区开发过程中，多层级矩阵式管理发挥了重要的作用，因此，总结丽泽金融商务区开发建设经验，创新管理模式，对于大型综合项目群开发建设具有重要的理论与实践指导意义。

（二）传统的项目管理手段的应用局限性

项目管理是项目的管理者在有限的资源约束下，运用系统的观点、方法和理论，对项目涉及的全部工作进行有效地管理，其特点是不同职能部门的成员因为某一个项目而组成团队，并对此单一项目负责。

传统的项目管理手段对单一项目具有较好的指导作用，可以提高项目管理的效率，使项目开发有序、可控，但面对日益复杂的城市建设，特别是大型综合项目群的开发建设，传统的项目管理思想存在应用局限：一是关注短期交付，忽略了项目群的协同利益；二是关注内部控制，忽略了项目群的协同配合。因此，如何应对大型综合项目群管理对项目管理带来的冲击已经成为不能回避的课题。

（三）矩阵管理理论的应用可能性

矩阵式管理理论是企业管理的重要理论，矩阵式管理与直线式管理相比，以其灵活、有效的特点而被大多数组织所接受。矩阵式管理的特点是项目系统没有固定的工作人员，而是随着任务的进度，根据工作的需要从各职能部门抽调人员参加，这些人员完成与自己相关的工作后，仍需回到原部门，其优势在于加强横向联系，具有较大的机动性，能够整合资源，使专业设备和人员得到充分利用。

随着企业管理理论应用的不断拓展，借鉴矩阵式管理理论指导大型综合项目群管理是一种全新的探索，具有很强的可操作性。大型综合项目群管理是为了实现项目群的战略目标与利益，而对一组综合项目进行的统一协调和管理，大型综合项目群管理成功的关键在于内外部的沟通协调和资源的整合利用，特别是在项目多、综合程度高、管理人员不足的情况下，加强沟通协调，充分整合资源显得尤为重要。借鉴矩阵式管理思想，建立多层级矩阵式管理结构，对于加强内外部横向沟通，整合内外部资源具有重要的指导意义。

二 丽泽金融商务区项目群概况及基本特征

（一）丽泽金融商务区项目群概况

北京丽泽金融商务区，地处北京西二、三环路之间，以丽泽路为主线，东起西二环的菜户营桥，西至西三环的丽泽桥，南起丰草河，北至红莲南路，占地面积 8.09 平方公里，规划总建筑规模 800 万 ~950 万平方米，是北京三环内最后一块成规模的待开发区域。为早日实现丽泽金融商务区的目标定位，丽泽金融商务区内项目正在快速、有序推进。该区域项目多，涉及面广，不仅包含市政道路、地下交通环廊、轨道交通建设等基础设施项目，而且涉及地块内二级开发项目，各项目之间联系紧密，相互影响，综合项目群开发特征显著。

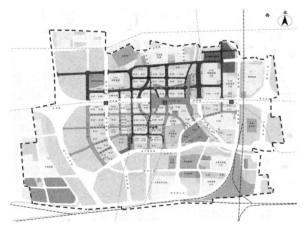

图 1 北京丽泽金融商务区规划示意

（二）综合项目群的基本特征

1. 项目定位较高、功能明确

从项目定位来看，按照北京市"两城两带，六高四新"的产业空间布局要求，北京丽泽金融商务区作为"四新"的高端产业新区之一，将为在京的新兴金融机构、金融要素市场以及金融企业总部提供一个新的发展空间。

从功能上来看，北京金融产业发展格局为"一主一副三新四后台"，丽泽金融商务区作为三新之一重点发展新兴金融功能，2018 年北京市委书记蔡奇批示"丽泽要成为第二金融街"，功能区定位明确，该区域的开发建设对北京市南部城区的发展具有重要意义。

2. 项目内涵较多、类型多样

作为未来的高端产业新区，要实现其功能，必须依赖于基本的设施建设，目前丽泽金融商务区南区征地、拆迁已基本完成，原有的基础设施需要全面重建。从宏观的规划来看，该区域内建设项目内涵多、类型多样，主要涵盖城市基础设施、商业设施、住宅等内容，项目类型包括道路、市政管线、地下交通环廊、地铁车站、地下空间一体化、园区景观绿化等。

3. 项目规模较大、涉及面广

从具体项目来看，已经规划审批的项目规模较大、涉及面广。其中，回迁房 40 万平方米；环廊 5.47 公里；地下空间一体化 15 万平方米；园区景观绿化项目 3.3 平方公里；还有 14 宗地的二级开发项目，另有两条地铁线路从园区内穿过，沿线设有 3 个地铁车站。无论是从规模还是涉及面来看，该区域的开发建设在丰台区乃至北京市的城市开发建设中都是屈指可数的。

三　多层级矩阵式管理模式的结构设计及内涵

（一）多层级矩阵式管理模式的组织结构设计

项目群管理是指为了实现组织战略目标和利益，对一组有相互联系的项目进行统一的协调管理和资源分配，以获取单项目管理无法取得的控制和效益的一系列管理活动。项目群由多个项目组成，项目间通过协作的方式运行以获得附加收益、达到战略目标。大型综合项目群的组织管理包括了项目组、项目群以及项目群外部（丽泽商务区）三个层级，项目群外部层级从整体战略出发，综合协调各项目群（包含外部建设主体的项目群）的关系；而项目群层级则从项目群目标出发，对各个组成项目进行综合统筹管理；而项目组的管理则从单项目出发，在服从项目群以及整体目标的前提下，进行项目管理工作、实现管理目标。

（二）多层级矩阵式管理模式的内涵

在丽泽金融商务区的开发建设过程中，北京丽泽金都置业有限公司以传统的项目管理方式为基础，借鉴矩阵式管理模式的思想，统筹协调大型综合项目群各层级管理目标，分别在项目层级、项目群层级、项目群外部层级建立矩阵式管理组织，并依托 BIM 技术、信息平台等信息化手段完善矩阵式管理模式的信息共享与沟通，构建并实施了以信息化为基础的大型综合项目群多层级矩阵式管理模式。

以多层级管理模式为基础，大型综合项目群业务层级建立相应的管理统筹组织，由项目到项目群再到多主体项目群外部层级，各层级管理组织在时间上具有连续性、在空间上具有重叠性，上一层级的管理组织成员由下一层级管理组织成员组成，不增加项目管理机构的实体层级，而使得各业务层级的项目管理目标都能够得到统筹、综合项目群的管理目标也得到落实，形成大型综合项目群系统、连续、统筹的管理模式。

在项目层级，以项目为基础建立矩阵式项目管理组，公司委任项目管理组长对各项目管理目标负责，成员由公司规划设计部、经营开发部、工程管理部、造价管理部、安全质量部等各职能部门抽调组成，各职能成员既对项目管理组负责也对职能部门负责，按照矩阵式决策方式管理项目事务。

在项目群层级，公司就项目群管理成立领导小组，组长由公司项目群建设主管领导组成，成员由各项目管理组组长组成，各成员既对各自项目组目标负责，又在领导小组的协调下整体推进各功能细分项目群手续申报、规划设计、现场管理、安全质量等工作，在公司战略层面实现整体项目群的管理目标、资源分配、信息管理等的统筹和实施。

在项目群外部层级，依托政府组织成立丽泽金融商务区开发协调小组，由园区一级开发建设主体金都置业公司牵头组织，成员包括园区内各项目（群）建设主体负责人，各成员单位既对自身项目建设目标负责，又在协调小组的统筹下就市政条件、界面交接、建设时序、交通导行等协调推进，实现丽泽金融商务区的建设规划。

同时，为解决矩阵式管理模式中沟通机制复杂、信息指令易冲突等问题，提高矩阵式管理的信息传递效率，借助信息化管理手段，通过引入BIM 模型、搭建信息共享平台等方式，形成大型综合项目群信息共享及决策统筹机制。

四 综合项目群多层级矩阵式管理模式构建的主要举措

（一）多层级矩阵式管理基础——矩阵式项目管理组

1. 矩阵式项目管理组组织结构的建立

大型综合项目群的管理基础仍是各项目的管理，而作为项目业主单位，在项目实施过程中需要与咨询单位、勘察设计单位、监理单位、施工单位、物资供应单位、政府相关主管部门等进行不断的沟通、协调、统筹，要负责从可行性研究开始直到工程竣工交付运行的群过程管理。根据系统工程的观念，建设项目管理的主要内容包括：进度控制、质量控制、投资控制、安全管理、合同管理、信息管理以及组织协调。而作为建设项目管理的核心主体，业主单位的项目管理职能则主要包括决策职能、计划职能、组织职能、协调职能以及控制职能等。

为建立项目群管理的基层管理组织，按照矩阵式管理模式分项目建立各项目管理组，负责各项目的具体实施及控制管理。项目管理组组长由公司委任，对项目管理目标负责；成员由公司各职能部门抽调组成，服从项目管理组长及职能部门负责人的双重领导。这种矩阵式的组织结构中体现两类部门划分，其中专业任务的指令权和决策权归属专业职能部门负责，主要偏重专业技能、企业资源和职能管理，如手续申报、规划设计、现场管理、安全管理、质量管理、造价管理等不同职能和专业任务；而从组织形式看，项目管理组主要是对项目目标进行计划规划和管理控制，在项目工作中，需统筹协调各职能部门、各工作环节的关系，组长拥有项目管理的指令权。项目管理组组织结构形式如图 2 所示。

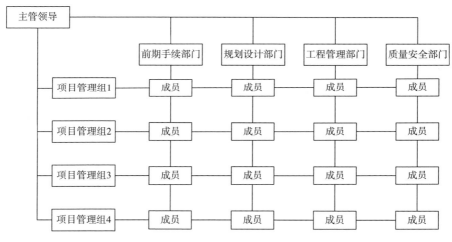

图 2　项目管理组组织结构

2. 矩阵式项目管理组在综合项目群管理中的主要优势

矩阵式项目管理组的主要优势就体现在能够在项目管理目标的统筹协调下，加强各职能部门、业务领域的沟通及融合，能够使传统的线性结构管理加速做出决策并提高管理效率。在矩阵式项目管理组中，公司各职能业务部门成员（同时也是项目管理组成员）在项目管理全过程中均需针对自己的业务范围进行宏观把握，提出专业意见并促进项目管理目标的实现与提升。

例如，在工程规划设计阶段，工程管理部成员可从工程后期实施的角度考察项目设计的合理性，如现场实际情况、周边交通状况等；造价管理部成员可从工程造价方面参与评比不同的规划设计方案；安全质量管理部成员可从工程安全质量隐患方面针对不同的建筑造型和结构形式提出建议；规划设计部成员可从不同方案的手续办理难度、可行性方面参与意见；财务管理部成员可从项目总体概算是否超出公司短期及中长期健康运营的承受能力方面专业把控。

而在工程施工阶段，规划设计部成员则可从不同的专业角度，根据工程进展对设计上的一些细节进行微调纠偏；出现工程变更及洽商时，为选择更加优化的应对方案及措施，造价管理部可从造价角度提出经济合理性建议；在工程交付阶段，由于涉及政府各委办局手续、工程结算、用户接收等，更是需要各部门成员的通力合作、高效保障，最终顺利、完整、有序地完成所施工程项目。

（二）项目群管理目标的实现——项目群管理领导小组

1. 成立项目群管理领导小组

矩阵式组织结构（项目管理组）在大型综合项目群中的建立和应用具有其实践的优势，但仍存在项目之间、项目组与职能部门之间难以协调、项目组长与职能部门负责人双重领导、项目之间知识等资源难以共享等局限性。为此，在丽泽金融商务区大型综合项目群的建设管理过程中，金都置业公司对项目群管理结构进一步优化，在项目群层级设立项目群管理领导小组（根据各项目横向联系划分业务群），以明确组织战略并进行任务分配，确定不同项目优先级，以拓展项目群的组织管理能力，从项目群全局的角度配置资源以实现最优投入产出的目标。项目群组织结构如图 3 所示：

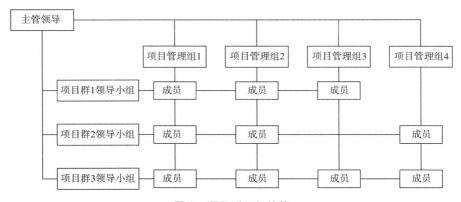

图 3 项目群组织结构

2. 项目群管理领导小组结构的主要特点

在项目群层级组织管理架构中实际存在横向业务型以及纵向职能型两类项目群。其中，横向业务型项目群直接包含相关具体项目，项目群领导小组组长对各成员项目组长的领导权主要限于资源的协调、项目间合作界面的划分、绩效评估、组织关系协调以及对外关系联络等，并不直接对项目进行管理；纵向职能型项目群是企业的职能部门在对所有项目提供同类但不同内容的职能服务所形成的项目群，但是职能项目群更多的是提供一种专业技术咨询平台，对各项目提供统一的、规范的专业指导和专业资源。

在大型综合项目群的管理模式中，主要侧重于在横向业务型项目群，通过不同的横向业务联系成立相应的项目群领导小组，如道路及市政管线项目群领导小组，地下交通环廊项目群领导小组，定向安置房项目群领导小组等。项目群领导小组的具体职责包括：项目优先级的评定、所属项目群内项目间资源的调配；协调项目群在实施过程中与整体战略目标保持一致；负责对项目群内各项目之间的相互关系进行管理，并协调项目管理组长与职能部门负责人之间的沟通，解决项目间、项目与部门间协调困难的问题，使企业资源得以有效利用。

值得注意的是，项目群领导小组组长由公司相关项目主管领导担任，成员由各相关项目管理组组长组成。其本身是由公司及各项目领导者组成的团队，他的设立并没有从真正意义上增加管理层级，只是由原来的公司分管领导协调横向业务部门（项目群）和纵向职能部门（项目群）改变成为项目群层级的项目群领导小组来协调。这样的组织结构安排在不增加管理层级的条件下实现了管理职能的统筹协调，既保证项目群战略目标的实现又不增加项目群管理决策信息的传递路径，各项目管理组对项目的实际管理职责并未受到较大影响，能更大程度的增强各项目管理组的管理积极性，更利于组织目标的实现。

3. 项目群领导小组的应用实例

在丽泽金融商务区南区道路及市政管线各项目开展施工时，地下交通环廊项目仍处于手续申报、规划设计以及施工队伍选定的阶段。因地下交通环廊工程结构主体位于金中都东路、金中都路、凤凰嘴北路、卫强路等相关道路红线范围内，并在相关市政管线埋深下方，这部分道路项目的施工开展必须待环廊主体结构完成并做好相关回填工作之后进行。为统筹地下交通环廊项目与各道路及市政管线工程项目的推进，公司成立了地下交通环廊相关项目群领导小组，以公司主管地下交通环廊项目推进的分管副总为领导小组组长，各相关道路及市政管线项目管理组组长、地下交通环廊项目管理组组长为领导小组成员。

领导小组充分统筹相关项目群的战略部署，在地下交通环廊开展施工前要求环廊结构主体所在的相关道路及市政管线项目暂停施工，并要求环廊周边交接区域的道路及市政管线项目加快实施，以为后续环廊的施工提供施工道路及相关市政配合条件；同样的，为实现整个地下交通环廊相关项目群的快速建设启动，领导小组在要求地下交通环廊项目采取多种措施加快推进手续申报、规划设计以及施工准备等工作的同时，要求其他相关项目进行全方位的配合，例如为不影响环廊主体结构后续的施工，调整相关冷热同网管沟、电力管沟的平面布置及局部交叉穿行方案，使得环廊主体结构与相关管沟尽量能够并行施工，极大的加快项目群的建设进度。

同时，项目群领导小组对地下交通环廊各相关项目的信息充分统筹、综合，在确保项目群战略目标的前提下及时对相关项目的管理目标进行必要的调整。例如，在地下交通环廊基坑支护设计阶段，就有设计方案提出在环廊基坑支护中在部分区域采用一桩到底的方案以缩短环廊建设工期，领导小组就上述方案及时组织各相关管理组沟通并讨论。领导小组综合分析后认为，上述方案虽然能够缩短环廊建设工期，但存留的支护桩对后续的道路及市政管线项目施工造成极大的难度，不仅整体项目群的工期受影响，而且会很大程度的增加项目造价。为此，领导小组要求地下交通环廊项目组调整支护设计方案，采用先卸土到一定深度后再设支护桩的方案，最大程度的减小对整个项目群建设周期的影响。

（三）项目群外部层级目标的统筹推进——园区开发协调小组

1. 丽泽金融商务区园区开发协调小组的建立

以公司为业主单位的项目群，在实施建设过程中涉及多个层级的业主单位，业主单位必须在项目实施阶段与公司项目管理共同协调、配合，构成了项目群管理的重要的外部管理结构模块节点。项目群涉及的多级业主单位主要涉及主干道路业主单位、不同市政综合管线业主单位、轨道交通实施业主单位、已出让二级地块业主单位；项目业主单位模块所含单位数量有 20 家以上的独立业主单位，协调工作具有很强的挑战性，在项目实施过程中很多具体问题的解决都是经与项目业主单位进行沟通后获得解决的。

丽泽金融商务区作为北京市规划建设的新兴高端金融城市功能区，园区规划功能的实现不仅涉及丽泽金都置业作为主体建设的各项目（群），更是需要各出让二级地块各自开发建设功能模块的统筹实施。因此，对于丽泽金融商务区这一大型综合项目群的整体管理而言，在各项目、项目群层级的矩阵式管理结构建立之后，在园区开发层面的项目群外部管理结构必须同步跟进，才能保证园区建设目标趋同、整体推进。因此，根据丽泽金都置业开发建设的各项目以及各相关二级地块项目之间的横向联系，结合不同的项目内涵，成立了包含相关二级地块项目的园区开发协调小组，由丽泽金都置业公司牵头，各二级地块建设单位项目负责人参加，就园区规划功能的实现统筹推进。

不同项目园区开发协调小组在成立后，即投入矩阵式管理实体阶段，相关项目群成员单位除平时在各自单位负责各自项目的管理外，需定期或按需求参加开发协调小组例会，参与项目群管理的讨论与决策。例如，园区地下空间一体化工程涉及地铁 14 号线项目、地铁 16 号线项目、丽泽路高架桥项目、SOHO 地块项目、首创 F02 及 F03 地块项目等，这些项目的建设主体分别是地铁建管公司、北京公联公司、SOHO 地产公司、首创地产公司等，在北京丽泽金都置业公司牵头组织下，成立了地下空间一体化项目群开发协调小组，分别就前期规划配合、界面交接、施工交叉、道路导行等项目实施具体问题及时沟通协调，确保相关项目能够统筹推进、实现园区整体规划目标。

2. 借助外力形成项目群建设合力

（1）依靠政府形成压力

丽泽金融商务区建设涉及很多复杂的问题，有时仅仅依靠项目群中各单位的自身力量很难解决。很多问题的解决仍需依靠政府的力量，对相关责任单位形成压力。园区的开发建设离不开政府部门的宏观把控与政策支持，丰台区政府为实施丽泽金融商务区建设成立了政府派出机构北京丽泽商务区开发建设指挥部办公室（现更名为丽泽金融商务区管理委员会），全面负责丽泽金融商务区的建设、招商和管理；区政府各相关委办局均委派相关领导进驻丽泽管委会相关工作组，同时区政府各委办局还承担行政审批服务。

丽泽管委会是丰台区政府的派出机构，在丽泽金融商务区建设中起到重要的指挥、协调、管理的作用，园区开发协调小组在进行项目群管理的过程中遇到的一些各层级矩阵式管理结构难以解决的问题都要依靠丽泽管委会的力量进行沟通解决。目前丽泽管委会每周在现场召开由主管区长主持的由各外部模块参加的专题会，专门研究重点难点问题的解决方式。

（2）依靠设计及施工单位形成技术支撑

在项目全管理过程中，业主单位面临的一个比较重要的问题是技术层面的沟通协调工作。园区开发协调小组层级的项目群中包含有更多的项目，这些项目本身就包含多个设计单位，而项目类型的多样化使得这些设计单位包括市政基础设施设计单位、园林景观设计单位、单体建筑设计单位等多种类型，还包括北京市规划设计研究院这样的综合规划单位。此外，不同类型的项目实施中施工单位众多，包括市政设施总包单位、道路及管线分包单位、土建施工单位、机电专业分包、基坑支护分包等等。在园区开发协调小组层级的项目群中，上述各相关单位都有建立协调沟通机制的必要。

为更精确及时的形成技术沟通意见，园区开发协调小组主要依靠设计单位和施工单位组成的技术团队，由该技术团队进行相关项目的技术对接，这项工作在相关设计以及施工合同中都有明确的界定。设计阶段的设计总包单位和施工阶段的施工总包单位是技术沟通层面的主要执行人，对业主的技术工作负全责；相关技术沟通的成果或者确认性文件，必须经过园区开发协调小组中相关业主单位认可。这样的做法可以使得项目群中各业主整合自己的工作团队，配置高效的技术管理团队，将更多的人员解放出来承担更重要的工作。

（3）项目群内部项目之间相互配合相互制约

项目群各项目之间的联系紧密而直接，必须在项目推进的过程中形成相互配合并相互制约的局面。单个项目在实施过程中若不考虑其他项目与本身项目的联系，极有可能导致某个项目无法实施。实施项目群管理，项目群中的若干项目集中在一个或几个业主管理，可以有效的建立项目之间的配合机制，形成相互配合、相互制约、共同推进的局面。

3. 园区开发协调小组管理工作的延伸与拓展

（1）归类统筹，尽量整合相关项目实施参施单位

如上所述，大型综合项目群实施过程中含各类主体的总数巨大，协调工作十分庞杂和具有挑战性。尤其是在园区开发协调小组层级，在建立相应矩阵式管理机制后，涉及的需要协调沟通的单位还应进行有效归类，在管理实施过程中明确各项目的主要职能、实行牵头管理的同时，尽量整合相关项目实施的参施单位，最大程度的提高项目群管理的效率。

为了使项目群在前期设计阶段就能达到高效协调目的，我们根据项目群中独立项目的特点，在设计阶段能够委托一家设计单位的项目基本都进行了整合，甚至与不同业主的项目都进行设计资源的整合。例如，公司实施的地下空间一体化工程与地铁建管公司实施的地铁车站工程的设计单位为一家，而且以这家设计单位为牵头单位，就市政基础设计等设计统一协调其他设计单位进行设计配合。

同时，为了更有效地实施项目群建设管理，有些工程公司在实施的同时与相关业主联合招标，目的是使施工阶段的总包合一，加快项目实施进度。例如我公司在实施丽泽金融商务区南区道路建设的过程中与市排水集团联合招标，使分别以两个公司为主体实施的道路和管线的总包单位都是一家。

（2）在项目决策阶段提前进行资源整合

丽泽金融商务区是一个正在开发实施的大型综合项目群，园区中有相当部分地块还未确定开发建设的主体。丽泽金都置业在自身项目的实施之前，必须统筹考虑这些地块的功能定位以及规划需求，在项目决策阶段就

需要对相关需求以及资源进行整合，甚至在符合园区开发基本原则的前提下主动承担相关工作。这些原则包括：从园区功能定位出发，规划思想综合、全面、先进；从园区建设成本出发，项目实施高效、节约、可行；从园区运营维护出发，入驻使用绿色、科技、智能。

以丽泽商务区空间一体化项目为例，丽泽金都置业在项目决策阶段就以全面辐射南城发展为出发点，在原有已取得批复的方案基础上进一步优化并提出了建议方案，包括更全面利用地下空间的备选方案，以及从整个园区开发资源、引导区域规划布局的角度形成的联合开发方案。

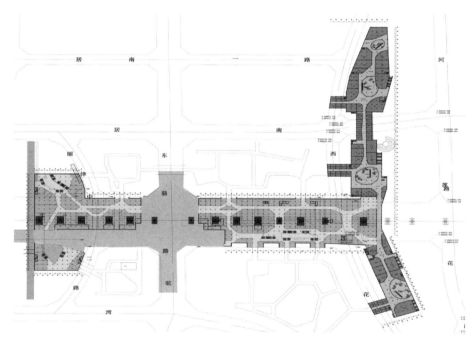

图 4　地下空间一体化项目 2014 年前批复方案

其中方案二为优化方案，该方案为 2014 年 7 月 28 日丰台区政府明确由丽泽金都置业作为建设主体后，从充分利用该区域的地下空间，综合考虑到实施的经济性、合理性，建成后的运营收益等因素，在已批复方案的基础上按照上位规划对地下空间进行了优化。目前方案二已经获得了规划以及概算批复。

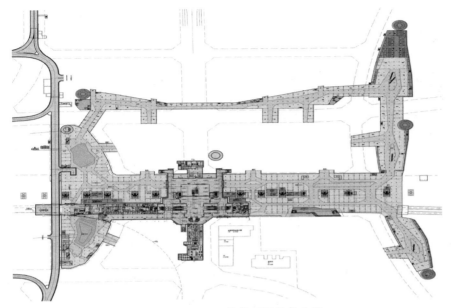

图 5　地下空间一体化项目优化方案

（四）信息化手段应用——建立项目群信息共享机制

1. 搭建园区 BIM 模型，信息化手段提前介入

在大型综合项目群管理模式的构建中，除了加大传统管理手段的投入力度外，管理手段的创新也应是全面提高安全质量管理效率的一个有效突破口。事实上，随着信息化等技术的全面发展，近年来已有不少信息化管理手段在建设工程管理中逐步得到推广和应用。BIM（建筑信息模型）在近年来的工程管理发展中已经有较广泛的应用。

在大型综合项目群多层级矩阵式管理模式的构建和实施过程中，丽泽金都置业充分加强 BIM 等信息化手段在建设工程管理中的应用，加强矩阵式管理模式信息沟通的效率，BIM 主要作为信息基础，综合工程项目全部相关信息，直观呈现设计信息并及时反馈设计到工程实体的施工现场信息，并为工程后续投入运营积累信息，实现工程全生命周期的信息服务。其主要实现效果包括以下方面。

（1）建立模型，三维立体呈现工程设计成果

根据设计文件，建立完成工程建筑、结构、机电等多专业信息模型成

果，直观呈现设计成果。建立丽泽金融商务区综合项目群 BIM 模型成果如图 6 所示。

图 6　丽泽金融商务区 BIM 效果

（2）优化设计，在项目实施前期减少图纸错误

在设计阶段利用 BIM 模型对设计进行优化，对于造型复杂部位以及项目之间交接部位进行空间分析，减少设计中的错漏碰缺，极大限度地减少和避免因设计不合理可能造成的安全质量隐患或者工程后期拆改，本质上利于大型综合项目群管理目标的实现。同时，因为大型综合项目群涉及的专业类型多，除建筑、结构、机电外，还涉及景观、幕墙等深化图纸，各方的设计图往往对其他专业考虑的不够周详，容易出现设计不交圈的情况，BIM 技术可以将所有专业设计成果综合体现在模型中，可对所有专业的图纸进行全面的核查，尽量降低错误的发生。

2. 建立项目群之间不涉密的技术资料共享平台

大型综合项目群多层级矩阵式管理模式的构建及实施中一个主要的难点在于解决建设单位与各个参建主体之间的协作与管理问题，需要有能够实现总控进度共享、文件共享、数据共享、信息沟通等功能的信息共享机制。为此，丽泽金都置业牵头并由项目群各参建业主单位统筹参与，并充分协调各项目参建单位，建立项目群之间的技术资料共享平台，成为大型综合项目各项管理目标以及措施落实的信息化基础。其主要的建设内容如下。

（1）进行图档管理，全面掌握项目群技术资料

技术资料共享平台功能基础在于其信息图档管理功能，涉及项目群管理的全部不涉密的技术资料信息，如电子设计文件、相关技术交接资料等都可以通过平台上传下达，由平台对全部信息进行综合集中存储，并可通过赋予不同参建主体不同权限实现图档的对象管理。存储的图档信息可以按要求随时进行检索、查阅，并通过系统接口综合 BIM 系统信息，确保项目群管理相关统筹协调问题的解决有据可依、合理有效。

（2）进行信息管理，协调项目群各项目主体落实相关要求

技术资料共享平台将大型综合项目群所有项目参建业主单位纳入系统，园区开发协调小组作为统筹管理单位可赋予不同参建主体不同权限，并可以依据不同的项目群管理目标将相关参建主体建立横向联系。针对任一项目群管理协调内容，牵头单位可以通过平台以站内信息、邮件、短信等方式发送，并可确认接收方是否反馈。这种 OA 平台的系统极大地提高了安全质量管理中协调联系各方的效率。

五　综合项目群多层级矩阵式管理模式的主要特征

1. 以矩阵模式为基础，多头并举、共同推进

大型综合项目群管理中各项目目标需统筹协调，各种管理措施需协同推进。矩阵管理能够弥补对企业部门进行单一划分带来的不足，矩阵结构则通过横向及纵向的管理方式，通过跨职能部门的设立，强化彼此间信息的流通，更加灵活、有效地协调各项不同业务的发展，从而能够使各方形成合力快速推进各项目实施进展。

2. 以多层级结构为特点，矛盾前置、提前消化

除以矩阵式管理为基础外，大型综合项目群多层级矩阵式管理模式还针对项目、项目群以及项目群外部成立不同的矩阵式管理机构，各层级之间通过矩阵化逐层关联，各层级项目管理目标之间的矛盾可以在上一级矩

阵式管理结构中充分体现并及时高效得到解决，使得相关矛盾前置并提前予以消化。例如，在项目层级各项目之间的目标冲突，如道路导行、施工场地的影响可能使得市政道路与地下交通环廊的项目管理目标之间发生冲突，在地下交通环廊项目群的管理机构中相应地能提前予以暴露，并通过统筹协调调整相关项目的实施顺序，最终确定项目群的管理目标并推进落实，相关矛盾得以提前化解。

3. 以多种管理手段为依托，强化沟通、辅助决策

矩阵式组织结构是在克服单项垂直式组织结构缺点的基础上形成的，其最大的优点就是信息线路较短、信息反馈较快，提高工作效率而降低成本，强化组织的应变生存能力。而信息沟通机制则成为大型综合项目群管理中的关键一环，为此，多层级矩阵式管理模式还借助 BIM 模型、技术资料共享平台等信息化工具，形成大型综合项目群各参建业主单位之间的信息共享机制，强化各项目（群）之间的信息沟通，为相关项目目标的统筹推进提供信息化基础。

六 综合项目群多层级矩阵管理模式的效益及问题分析

通过实施项目群多层级矩阵管理方式，丽泽金都置业公司有序推进了丽泽金融商务区的工程建设任务，并给企业带来良好的管理效益、经济效益以及社会效益。

（一）社会效益

1. 大型综合项目群有利于带动区域的繁荣发展

丽泽金融商务区作为北京市和丰台区重点发展的新兴金融功能区，三环内仅剩的大型开发区域，其综合项目群管理模式科学合理的构建与实施，对整个区域的发展起到带动和引领作用。

2. 大型综合项目群在未来城市建设中将成为新常态

根据奥运工程等以往大型项目的经验积累，通过梳理完善丽泽金融商务区项目管理模式，大型项目的区域性整体规划、统筹实施、运营管理等工作，形成了一套可实操的多层级矩阵式管理模式，对后续大型项目开发具有很强的指导和借鉴作业。

3. 提升北京跻身国际大都市的竞争力

随着大型综合项目群陆续建成，相应产业链的完善，将拉动南城经济发展、提高区域影响力，加快北京跻身国际大都市的进程。

（二）经济效益

1. 决策阶段提前介入，提高资金投资收益率

依据项目群业务层级采用的多层级矩阵式管理模式，保证各项目、各阶段的项目目标在项目群管理中都能够得到统筹体现。部分项目在决策阶段就纳入项目群管理中，通过统筹考虑相关项目的管理目标、交互影响、区域规划等因素，不断优化项目方案，提高项目从决策、实施到运营全生命周期的工程价值。例如，在地下空间一体化项目的方案决策阶段，为充分发挥区域优势、综合利用地下空间、引导区域产业布局，从方案一到方案二不断优化规划设计方案，增加可经营面积超过 5 万平方米，约占原方案可经营面积的 50%，在满足"生态金融"绿色环境要求下，大大提高土地的利用率，提高资本的投资收益率，在"寸土寸金"的城市功能区，带来了巨大的经济效益。

2. 建立项目群沟通机制，有效降低工程综合成本

以矩阵式为基础、多层级为特征、信息化为手段的大型综合项目群管理模式的构建，形成无障碍沟通机制以统筹协调园区规划各项目标的实现。在项目实施阶段，通过项目层级、项目群层级、项目群外部层级各级沟通协调机制的推动，一方面有效降低因信息不畅带来如拆改、待工等造成相关项目的额外费用，另一方面可通过同槽开发、协同推进等手段直接降低工程成本。例如，在地下交通环廊项目实施过程中，统筹考虑电力管沟、冷热管沟的实施安排，通过冷热管沟与交通环廊基坑的同槽开挖，直接降低基坑支护与土方开挖费用约 200 万元，使得两项目相应部位工程成本降低约 10%，有效降低了项目群各工程的综合成本。

3. 节约人力成本，提高企业内部收益

以矩阵式为基础、多层级为特征、信息化为手段的大型综合项目群管理模式的构建，大大节约了人力成本，减少了企业的管理费用，

提高内部收益。

一是矩阵式项目管理组的人力资源成本优势。以南区市政道路工程人员配置为标准推算,按照传统项目管理方式,公司承建的南区市政道路工程、地下交通环廊项目、A02 地块定向安置房项目、菜户营地块定向安置房项目、地下空间一体化项目、北区市政道路工程共计需要专业人员 32人,而通过矩阵式管理模式,公司仅由 16 名专业人员完成上述项目。根据上年度员工平均工资水平,通过矩阵式管理每年可节约人力成本 224 万元左右,随着未开工项目的开工建设,矩阵式管理的人力资源优势将更加明显。

表 1 各项目人员情况表

单位:人

项目		前期手续	规划设计	工程管理	造价管理	安全管理	理论人数	实际人数
已开工	南区市政道路	2	1	3	1	1	8	32
	地下交通环廊	1	1	3	1	1	7	
	A02 地块定向安置房	2	1	3	1	1	8	
前期准备	地下空间一体化项目	1	1	—	1	—	3	16
	菜户营地块定向安置房	1	1	—	1	—	3	
	北区市政道路工程	1	1	—	1	—	3	

二是项目群管理的人力资源成本优势。通过建立项目群管理领导小组与项目管理组形成矩阵式管理模式,同样大大减少了对人力资源配置的需求,以南区市政道路工程、地下交通环廊工程和地下空间一体化工程为例,采用项目群管理方式,每年可节约人力成本 42 万元左右。

(三)问题分析

目前多层级矩阵管理模式属于在基层单位自发形成的,面对项目群外部层级的业主单位管理上还存在一定的难度。例如,丽泽商务区基础设施建设的业主有丽泽金都置业公司、公联公司、热力集团等多个单位,公联公司在实施主干道建设任务的同时没有考虑到实施的道路下方燃气管线的问题，造成了项目后期实施的困难，不但影响工期而且造成了一定的经济损失。从这个方面来讲，多层级矩阵管理模式的牵头单位为政府部门将会更加有效。另外，工作人员在多层级矩阵管理结构中担任工作角色，同时也在行政部门中担任角色，难免会出现多头领导、无所适从的局面，也是下一阶段这种管理模式重点要探索的问题。

参考文献

龚德武：《项目推进中的矩阵式管理》，《施工企业管理》2008 年第 7 期。

王宇：《论工程公司项目矩阵式管理》，《工程建设与设计》2005 年第 2 期。

王东民、高明德：《矩阵式管理在大标段项目中的探索》，《施工企业管理》2008 年第 7 期。

郭长有、陈军：《基于信息化建设的项目群管理模式研究》，《管理工程学报》2005 年第 19 期。

综合项目群多层级矩阵式管理模式的创建

区域性基础设施建设组织管理模式探析*

胡赞鹏**

摘　要｜本文针对城市新开发区域基础设施新建及升级改造组织管理进行研究，对区域的背景原因及建设特点进行了分析。解析了通过一体化牵头落实责任主体、统筹计划组织、复杂节点一体化设计及一体化协调关键节点等实践创新，达到一级开发的优质快速实现，确保了二级开发的市政资源需求的管理模式。

关键词｜区域性基础设施　组织管理　一体化

随着国家城市化的高质量建设和发展，新城的开发建设如雨后春笋般在各个城市竞相绽放纷纷展开。城市基础设施的建设必须要超前其他产业项目的落地，并能够最大化同步满足产业项目的市政功能性需求。城市基础设施建设中在大多地区普遍存在着投资建设周期过长的问题，这是市政基础设施建设时缺乏整体考虑、整体衔接不够科学、协调不力等因素所导致。市政公用基础设施发展速度滞后，严重影响地块的出让及产业项目的正常运行，是开发区经济发展不协调的一个突出表现。因此科学决策、高效组织区域市政基础设施建设是实现一个区域的产业项目尽快落地的有力保障。本文依据通州新城开发建设的组织管理的实践进行了探讨。

---

* 　课题原名称为：区域性基础设施五维一体法组织管理与实践，获得第三十二届北京市企业管理现代化创新成果二等奖，课题组成员：唐力钢、魏越、胡赞鹏、周立成、王铁林、刘刚。

** 　胡赞鹏，工程学士，高级工程师，北京新奥通城房地产开发有限公司工程管理部部长。

一　区域性基础设施组织建设管理的背景

中共北京市委十届七次全会明确提出"集中力量，聚焦通州，借助国际国内资源，尽快形成与首都发展需求相适应的现代化国际新城"，市政府工作报告指出，要按照"世界一流水平高起点谋划，实实在在地启动一批项目，努力取得重大突破，发挥好示范带头作用。按照市委、市政府"'十二五'期间，全面加快建设通州现代化新城，实现五年基本建成新城核心区，一年一跨越，五年出形象，十年展雏形"的总体任务目标要求，通州新城的建设旨在与城市国际化进行对接，高标准推动城市建设。

在旧城中迅速建起一座现代化高标准的国际新城，存在许多困难。商务中心区建设项目复杂，涉及同步轨道交通建设、河道整治、综合管廊、能源站，文物修缮保护、电力、热力、燃气等专业管道及市政路网建设、周边道路升级改造，智能化监控中心，园林绿化等多个项目需在要求的时间内建设完善，产业项目陆续引入。项目多、区域集中、建设项目又处于半封闭、半开放状态，在这样的现状上重建新城，需要协调部门多，组织困难大。为优质、高效、快速完成基础设施建设任务，公司研究出了一套行之有效的建设组织模式和管理思路，主要包括三大方面。

一是工期紧，任务重，需以土地出让为主线，提前完成主要基础设施建设任务。

二是基础设施建设涉及的投资建设单位多，有序科学组织是关键。

三是区域建设环境复杂，需针对不同的特点研究一套高效的建设组织方案。

二　区域性基础设施组织建设管理的内涵及创新点

区域性基础设施建设涉及的项目多、面广，投资主体多，工作量大，单靠一个部门、单位的力量难以完成，必须聚集各方力量，建立一套行之有效的管理创新机制，促进各部门之间有效配合，齐心协力，确保收到成效。

图 1　基础设施建设平面示意

　　为确保区域性城市基础设施建设有序按照计划目标组织实现，达到预期的功能和目标。经过认真科学细致的研究，通过建立统筹计划先行为导则，加强项目建设流程节点控制是关键，全面有力推进控制为要点，空间交叉节点一体化设计及施工组织高效有力推进，减少重复浪费及多次协调环节，关键节点统筹组织及实施同步推进建设进度，多级联动协调促进的"五维一体法"的管理理念，形成了一套建设目标明确、责任明晰，建设计划可行、管理重点突出、关键节点管理方法得力、协调机制健全的科学管理理念和方法创新，达到加快基础设施建设的目标。

三 五维一体法组织项目管理方案

（一）一体化牵头组织参建建设单位制定总体建设计划及明确责任主体

1. 认真梳理核心启动区参建建设单位，明确好任务分工及责任主体

区域内涉及建设单位多，包括轨道交通建设管理有限公司、市供电局、市燃气集团、华电北燃集团、华商电力管道有限公司、水务局、园林局、市政市容委、文委、教委及二级开发单位等，由区域总体道路基础设施建设单位牵头，在区域新城建设管理委员会的协调下，召集所有参建单位，对区域总体建设项目进行了任务分解，明确了建设单位、责任单位、牵头协调单位及协办单位。

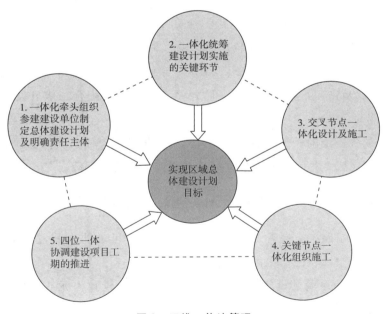

图 2 五维一体法管理

2. 以建设的难易程度及功能需求为导向，做好项目的总体建设时序及计划安排

①总体安排遵循三大原则：

原则一："先地下、后地上"原则，确保优先建设地下隧道、地铁车站、地下市政管线；

原则二：以土地上市出让作为项目建设的主线，优先安排能源设施，分批进行市政道路建设，满足地块开发需求；

原则三：统筹考虑核心区内所有建设项目，以景观绿化建设作为核心启动区建设的收尾。

②分期实施计划安排

根据市政府、区政府关于做好新城运河核心启动区市政基础设施及公共服务设施项目建设计划的要求，在区新城管委会和市重大办工程处的协调下，与区各委办局和各建设单位配合，完成了新城运河核心启动区市政基础设施及公共服务设施项目建设计划的编制工作。

按照上述原则，根据总体建设任务，公司制定了核心启动区基础设施分五年建成的实施计划，即 2011 年地下隧道工程、地铁车站等全面开工建设；2012 年完成地下隧道结构、地铁车站结构，同时 220KV 变电站、燃气调压站、部分市政道路等开工建设；2013 年 110KV 变电站、大部分市政道路及景观工程开工建设；2014 年完成主要市政道路建设，路网基本形成；2015 年完善道路标识、监控系统等，同时配合二级开发商做好对接工作。

大家统一步调，有序组织建设。严格落实目标责任，确保各项前期工作按计划完成，是实现核心启动区按计划建成的有力保障。

（二）一体化统筹建设计划实施的关键环节

各单位按照统一部署及建设的基本流程，稳步推进项目立项或核准、备案，项目设计，施工招标及工程建设。

1. 明晰市政基础设施基本建设流程，以规划设计为龙头，做好建设前期准备工作

核心启动区区域规划先行十分重要，只有规划稳定了，才能够进行下一步的初设及立项招标。规划设计立项及招标周期至少需要 1 年的周期，公司以总体建设计划倒排，细化各项目的前期手续办理工作时间要求，责任到各部室，为按时开工创造充足条件。一般需要在规划、立项、设计及招标阶段加快进程，工程建设人员要积极参与，重点项目要提前着手，熟

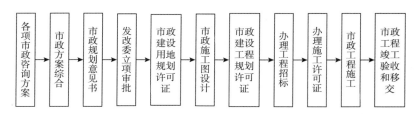

图 3   市政基础设施基本建设流程

悉现场，方案设计阶段要提出自己的意见，确保方案具有可行性。招标阶段要对建设实施阶段的专项条款提出可行性意见，工期的制定要合理，暂列项要预判到位，预备金要留的合理，为后期施工建设提供强有力的支持。前期准备包括设计综合、项目立项、规划意见书、专业管线施工图、施工招标等。

2. 结合工程的特点，充分研究确定合理建设工期为合同工期

施工总工期的确定对项目管理和项目实施的各个方面都有很大影响，它关系到工程能否顺利进行，关系到成本水平和工程所能达到的质量标准，同时也关系到项目整体策划方案的实施效果，核心启动区基础设施主要采用以下三种方法确定合同工期。

①类比法推算施工总工期

搜集和整理同类型工程项目的实际工期资料，在充分分析、研究所占有资料的基础上，根据本工程项目的特点对施工总工期进行推算。在使用所占有资料时应核查在现有项目条件下的适应性，并根据核查结果调整工期推算值。

②根据战略目标确定施工总工期

从区域性建设的全局出发，制定出项目实施的全盘计划，确定出各个建设项目的施工总工期。应该注意的是，该目标计划是建立在有足够科学性基础之上的，否则，只能是"欲速则不达，后患多多"。

③采用工期定额法确定施工总工期

一定种类和规模的工程项目，其施工总工期有一定的行业标准，这种行业标准是在许多过去工程资料统计的基础上得到的，它主要依据建安工程量和技术间歇时间来确定具体数据，按照这些行业标准可以确定施工总工期，同时也由于技术的进步和管理水平的提高，行业标准工期与实际合同签约工期的差距也越来越大。因此，套行业工期定额所得到的施工总工期仅是一个参考值，具体工期仍需结合实际情况进行压缩。

3. 施工阶段进度的管理与控制

业主代表必须对整个建设生产过程进行有效、有序的策划、计划、组织、管理和协调。业主代表必须加强对现场总承包方、现场监理的控制力度及自身的协调力度。

（1）业主代表要加强对总承包方的管理。

业主代表进行进度控制，要重点做好以下工作。

其一，审查项目管理组织架构是否健全，是否与投标相符。

一个成功的项目，必然有一个成功的管理团队，一套规范的工作模式、操作程序、业务制度，一流的管理目标和企业文化。

其二，审查施工单位编制的施工总进度计划并控制其执行。施工总进度计划及各阶段的进度计划是进行进度控制的基础依据。

其三，督促和审查施工单位编制年度、季度、月度和周作业计划并控制其执行。

其四，依据合同按期、按质、按量履行合同规定的义务，为施工单位实现预定工期目标创造条件。

其五，审核设计方、材料、设备供货方提出的进度计划和供货计划，并检查、督促和控制其执行。

其六，审核报审的施工方案是否优化可行。

（2）业主代表要加大监理单位的管理力度。业主代表定期参加监理例会，监理例会须明确以下内容：其一，检查上例例会议定事项的落实情况，分析未完事项原因。其二，检查分析工程项目进度计划完成情况，提出下一个阶段进度目标及其落实措施。其三，检查分析工程项目质量、施工安全管理状况，针对存在的问题提出改进措施。

（3）加强公司内部的协调

影响进度的因素很多，但最重要的是协调做好自身工作以加快施工进度。如提前督促做好拆改移申请、勘察、设计单位及时到现场配合解决问题，及时审核计量签证等。

4. 公司定期召开专题工程协调会

在公司主管领导的建议和公司领导班子的大力支持下，公司建立了每周的工程协调例会。每周一各业主代表把问题筛选审核提交并由资料员周三之前发至各位领导邮箱及各部室邮箱。一般周五组织工程例会，通过例会形式形成了以促进工程进度为中心，全面带动各部室工作，使问题摆在桌面上，使大家有了共同工作的目标和方向，全面提升了工程的管理水平。

5. 加强现场安全风险点的管控及监测

（1）有限空间作业：督促总承包方进行专家方案论证及备案，作业时工程部、安质部相关人员与总包、监理一道进行旁站。

（2）为保护地铁沉降及古建筑沉降的保护，基坑开挖优先采用止水帷幕加疏干井的止降水工艺。

（3）危险性较大工程进行专家论证，甲方聘请专家参加，确保方案的可行性，同时委托有资质的第三方检测单位进行监测，及时上传监测数据及结论。

（三）交叉节点一体化设计及施工

1. 中间地带施工的特点

对于平面位置及竖向交叉的施工节点，统称为中间地带，因其所涉及的建设单位多，各方施工单位更多，且各方在交叉衔接部位处在规划、设计及施工等时间节点也不一致，在工作范围的界定上也很难做到十分明确。建设次序及质量控制方面会带来诸多问题，主要表现在以下几个方面。

（1）主观上各单位在责任或利益的驱使下，总希望相关单位承担更多的工作，往往造成在交叉部位施工上相互推诿拖延，人为地带来一些问题，大大增加协调管理的复杂性。

（2）多作业面一同作战，造成场地资源狭小，参建各方各自为战，容易造成管理混乱，接口处协调多且衔接部位责任不明，对质量和建设工期影响较大。

（3）参建各方的施工水平参差不齐，会给施工中各专业的协调工作带来困难与不便，也是产生问题的重要原因。

2. 创新性地采用一体化建设组织框架模式

在此背景下为确保地铁北关站一体化方案的落实，产生一体化建设组织框架模式。在通州新城建设领导小组办公室的统一部署和协调下，按照五统一（统一规划、统一设计、统一组织、统一协调、统一施工）的原则，指定一体化设计团队的牵头单位，负责统一协调设计界面的划分和对接工作，统筹协调区域的设计工作，推进设计方案的深化，满足区域施工的需求；本次对护坡、降水及土方工程采用一体化施工组织方案，总体施工的组织与协调由新奥通城公司负责，为责任明确，公司根据工程的相对独立性将地铁北关一体化区域划分为三个区域，分别由基础设施牵头方公司、地铁建设管理有限公司、地产开发公司负责具体组织实施。

经各方及相关设计单位等共同努力，地铁北关站一体化土方、护坡、降水方案通过了专家论证，一体化实施的各项准备完成后；根据任务分配原则进行组织设施。按照地下结构施工先进行降水、护坡及土方作业，然后进行主体结构施工，而主体施工按照埋置深度先深后浅的原则进行施工。

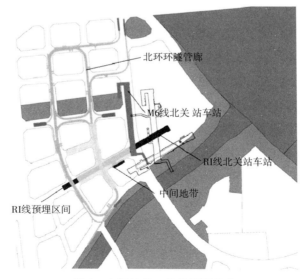

图 4　中间地带一体化平面示意

3. 一体化设计及施工效果显著

土方、护坡及降水一体化方案实现了区域性整体降水、开挖及支护，相比各个项目独立进行，避免了项目交叉区域重复性建设及交叉施工，极大地减少了项目投资和施工周期；结构设计一体化对接方案实现了项目完成后的建筑功能对接，形成区域资源整合。另外，本次项目未能实现的建设过程一体化实施方案，可以最大限度利用有利资源，统筹协调、合理安排施工次序，减少技术难题及缩短建设周期。

（四）关键节点一体化组织施工

1. 同一节点由一方牵头，统一组织参建各方，各家独立平行组织实施

河道内围堰受汛期行洪要求影响，穿越河道管线施工，在每年 6 月 1 日上汛前，河道内所有障碍物清障完成。随河道围堰施工的各专业管线，必须按照设定的工期按期完成。河道围堰的建设单位作为总指挥，其余参建各建设单位作为副指挥，统一组织各总包方进行施工和协调，总指挥须具有一定的权威性，才能实现节点工期的顺利实现。

2. 同类型项目同步开工建设，集中突击，明确工作重点，同步完工

周边道路为使管网及路网尽快成型，同时进行升级改造，集中突击，集中协调。为实现项目阶段性的工期目标，公司召开劳动竞赛动员会。加强部室内部管理、明确责任人、落实工作任务，提高工作效率。并下达各项目的任务指标，包括工期、质量、安全文明施工指标，制定评比办法，逐月评比出第一、二、三名，发放流动红旗。严格执行日报制，周评及月度评比制度，通过劳动竞赛活动，各项目经理、总监积极动员，精心组织，在各项目内部形成了比、学、敢、帮、超的竞赛局面，提高了队伍士气，保证了以施工生产为中心的各项工作任务的顺利完成。

图 5　协调流程

（五）四位一体协调建设项目工期的推进

1. 一个项目建设的成败，涉及的部门多，仅凭一己之力无法完成，需要赢得各方的大力支持。各参建单位严格按照既定的建设计划进行组织建设，发挥主观能动性，需协调支持时反馈给区域基础设施总建设方，帮助协调提供设计综合图纸、年度建设计划及阶段性建设计划、场地腾退移交、进场配合等，形成良性互动。

2. 基础设施建设的牵头方要有大局意识和服务意识，在区域建设中发挥好关键性作用，把建设计划及调整后的建设计划转发给协同配合的各个建设方，使之计划纳入整个建设流程中；定期或不定期组织召开碰头会，了解各方工作进展，并依据现场及实际情况实时调整建设计划，保证基础设施各项目建设同步进行。

3. 基础设施建设的牵头方首先做好与地方政府及委办局的沟通协调工作，大力做好前期拆迁、周边的协调配合等工作，定期及时向区域性建设管理委员会上报工程推进情况及协调工程建设中的问题，并通过专题协调会予以解决，解决不了的上报地方政府及上级协调机构。

4. 在涉及市政府协调推进的项目，及时汇报工程进展及上报问题，由市重大项目指挥部办公室统一召集扩大会，针对专项问题专项解决。

5. 工程建设各方互为联动，尽可能在第一层面解决问题，若解决有困难的逐级上报，通过工作方法的创新解决建设中的问题。

北京通州运河商务区基础设施组织管理的创新、探索与实践，建立了区域性市政基础设施建设管理的新模式，快速展现了运河商务中心区基础设施建设的新形象，满足了商业地块开发的市政资源配套需求。完成了一年一跨越，五年展雏形的形象目标。提升了城市公共服务水平，在促进经济社会发展、完善城市功能等方面发挥了重要作用。同时为同类型区域性市政基础设施项目的建设组织积累了宝贵的建设经验，具有一定的借鉴意义。

参考文献

杨劲编《工程建设进度控制》，中国建筑出版社，2002。

赖一飞编《项目计划与进度管理》，武汉大学出版社，2007。

戚振强编《业主方项目管理课件》，北京建筑大学经管学院，2013。

基于"5a"理念的安全质量一体化管理方式的创建 *

史喜亭　吴余海 **

摘　要 ｜ 近年来，北投集团先后承接了多个国家级、市级土地一级开发重点项目，这些项目的社会关注度极高、影响力巨大，安全质量管理任务尤其艰巨。为更好实现"安全、质量、工期、功能、成本五统一"的目标，以奥体文化商务园区等重点项目为例，提出安全质量一体化管理的思路及原则，分析项目特点及难点，创建"5a"理念安全质量一体化管理方式，并在项目的决策立项、规划设计、工程招投标、工程施工、竣工交验等各阶段中实施应用，从而实现"安全、质量、工期、功能、成本五统一"的目标。

关键词 ｜ 5a 理念　安全质量　一体化管理

近年来，北投集团投资开发建设了多个土地一级开发重点项目，包括奥林匹克公园中心区、通州新城建设核心区、奥体文化商务园区等均为国家及北京市重点建设工程，其建设地点地理位置显赫，占地面积大，社会关注度极高、影响力巨大，安全质量管理标准尤其严格。为了

* 课题原名称为：基于 5a 理念的安全质量一体化管理方式的创建，获得第二十九届北京市企业管理现代化创新成果二等奖，课题组成员：吴余海、董瑞玲、周梅、来金节、陈飞虎、刘博、魏越。

** 史喜亭，高级工程师，北投集团党委委员、工会主席、副总经理；吴余海，土木工程学士，高级工程师，注册一级建造师，注册安全工程师，北京北段静态交通投资运营有限责任公司总经理，执行董事。

完成"安全、质量、工期、功能、成本五统一"的目标，确保工程在决策立项、规划设计、工程招投标、工程施工、竣工交验各阶段的安全质量管理总体目标的实现，创新建立基于 5a（全过程管理 all process、全措施管理 all measures、全天候管理 all times、全要素管理 all factors、全员化管理 all persons）理念的项目安全质量一体化管理模式，分析、研究项目特点、难点，制定安全质量一体化管理有效措施，落实安全质量管理要求，达到"安全生产 0 事故"的安全管理目标及争创"北京市长城杯金奖"质量管理目标。

一　土地一级开发项目工程特点及难点

以最具代表性的奥体文化商务园地下公共空间项目为例，分析土地一级开发项目建设过程的特点、难点。

（一）占地面积广、工程量大、施工周期短

奥体文化商务园地下公共空间项目占地面积广，总面积约 62 余公顷，总建筑面积 144 万平方米。工程量大，钢筋绑扎量共计 30 余万吨，混凝土浇筑量共计 40 余万立方米。工程施工周期短，从工程立项开始到竣工交付使用建设周期仅仅 2 年之余。

（二）土方开挖量大、单体基坑全市最大

奥体文化商务园地下公共空间项目属于全地下钢筋混凝土结构工程，东西方向长约 765 米、南北方向宽约 215 米、开挖深度最深处约 25 米，土方开挖量 300 余万立方米，据政府主管部门统计，本工程目前为全市最大的单体基坑全地下钢筋混凝土结构工程。

（三）参施队伍多、机械设备多、协调难度大

奥体文化商务园地下公共空间项目施工高峰期有 15 家施工总承包单位、约 70 余家分包单位、5000 余人参加施工，多标段、多区域同时施工、交叉作业，互相影响、协调难度大。施工现场大型机械设备数量多、种类

多，垂直运输高峰段有 32 台塔式起重机、14 台汽车式起重机、5 台龙门式起重机，16 台拖式混凝土泵、8 台汽车式浇筑泵，空中作业防碰撞管理难度大。

（四）危险性较大、分部分项工程多

本工程属于全地下深基坑作业，施工过程中危险性较大分部分项工程包括基坑支护和降水、土方开挖、模架体系、群塔作业、预应力张拉、悬挑式脚手架、暗挖工程等，其中基坑支护和降水、土方开挖、地下暗挖、模架体系还属于超出一定规模的危险性较大的分部分项工程范畴，在工程施工过程中极易因基坑坍塌、物体打击、高空坠落等而造成重大安全生产事故，施工安全管理风险大。

（五）本工程"三新"应用多、技术复杂，质量标准高。

奥体文化商务园地下公共空间项目属于首都六大功能区之一科技示范区，在工程实施过程中"三新"应用较多，且多项材料尚属首次使用，技术复杂，存在一定的挑战性。同时，本工程施工安全质量标准较高，在合同签订时即和施工总承包单位明确本工程必须取得"北京市绿色施工安全工地"、"北京市结构长城杯金奖"、"北京市竣工长城杯金奖"等荣誉称号。

二 "5a"一体化管理的内涵

建设单位基于"5a"理念的安全质量一体化管理理念具体内涵如下。

（一）全过程管理（all process）

根据建设单位规划、设计、工程、安全、质量、成本管理部门等各职能部门安全质量管理职责，由各部门从工程决策立项、规划设计、工程招投标、工程施工、竣工交验等五个阶段着手，采取有效措施对大型土地一级开发项目整个实施阶段实行全过程无缝对接的安全质量一体化管理。

（二）全措施管理（all measures）

由建设单位组织施工总承包单位等参建单位综合使用教育、培训、激励、奖罚、科技等措施，提高参施人员的安全质量意识和整体素质；运用科技措施提高安全，有效改善施工人员安全生产环境，减少施工过程中可能发生的危险源，确保安全质量管理达到既定标准。

（三）全天候管理（all times）

天气状况的好坏对工程施工影响程度较大，安全质量管理难度陡增。在工程施工阶段，由建设单位根据工程施工时间段特点总协调、总调度，科学、合理安排施工任务，制定安全质量一体化管理专项方案，对雨季暴雨、冬期严寒、大风、雾霾等恶劣天气建设工程安全质量进行专项全天候管理。

（四）全要素管理（all factors）

施工准备阶段，由建设单位组织参建单位对工程建设过程中所有涉及人、机、料、法、环等五方面的危险源进行分析、确定、汇总，分清主次危险源，逐条制定有效防控措施，提高安全质量一体化管理针对性。

（五）全员化管理（all persons）

由建设单位牵头建立参建各方安全质量管理体系，组织召开参建各方安全质量管理联席会议，确立安全质量管理目标，并逐级分解管理目标、签订责任书，明确各参建单位各层次、各类别人员的安全质量管理主体责任，实行安全质量全员责任管理。

三 "5a"一体化管理在项目中的应用

土地一级开发建设项目应由建设单位牵头总负责、总协调，以"安全第一、预防为主、建一流优质工程"为方针、以"安全、质量、工期、功能、成本五统一"为管理原则，确立工程安全质量管理目标，创新建立基于"5a"理念的安全质量一体化管理方式，明确参建各方安全质量管理职责，确保安全质量管理目标如期实现。

（一） 全过程管理

根据建设单位安全质量管理职责，由各职能部门从工程决策立项、规划设计、工程招投标、工程施工、竣工交验等五个阶段着手，采取有效措施对土地一级开发项目实行全过程无缝对接安全质量一体化管理。

1. 工程决策阶段

由建设单位组织委托专业机构对建设项目安全质量风险进行评价，初步分析、预测工程建设过程中可能存在的安全质量隐患和安全质量风险，并对其种类及危害程度进行评价。

2. 工程设计阶段

由建设单位下达书面设计任务书，明确项目设施设备安全质量功能设计需求，督促设计单位严格按照国家及北京市工程建设规范要求对建设项目进行设计，确保建设项目满足结构安全、功能安全及施工过程中作业人员的安全，同时达到相关质量标准。

3. 工程招投标阶段

招标前由建设单位组织分析工程难点、特点，科学、合理的设置工程招标文件中有关安全质量管理相关要求。招标时，严格审查施工总承包单位的安全生产资质证明，严格审查施工组织设计、施工方案及各项安全文明施工措施费用的合理性，择优选用安全质量管理水平高的施工总承包单位。

4. 工程施工阶段

施工前，根据项目建设总进度计划，组织施工总承包单位编制安全质量管理专项方案；针对超过一定规模的危险性较大的分部分项工程，督促施工单位编制专项方案并实施论证；研究制定安全质量隐患排查治理、责任倒查等工作机制，组织施工现场安全质量隐患排查治理工作标准化管理，对存在的安全质量隐患及时督促相关单位进行整改，并形成安全质量管理专项资料；通过定期或不定期召开总监理工程师专题会议，梳理、分析、纠正施工现场存在的安全质量隐患，督促监理单位切实履行监理职责。

5. 工程竣工交验阶段

依据设计文件中有关安全设施设备的内容，由建设单位组织对工程设计应当具备安全功能的各项设施设备完成情况、安全功能、工程质量等方面进行全面验收，确保验收合格后方可投入使用。

（二）全措施管理

在工程施工中，明确参建各方安全质量管理责任，综合使用激励、奖罚、教育、科技等手段，提高施工人员的整体素质，有效改善安全生产环境，运用科技手段提高安全，降低或减少施工过程中的危险源，实行施工过程的安全质量一体化管理。

1. 奖励措施

由建设单位组织建立激励、奖罚措施，拨出特别经费设立特殊奖项；同时将安全质量管理工作完成情况与工程计量支付、合同相关款项的支付工作相结合，督促参建各方切实履行合同约定的安全质量管理要求。

2. 培训观摩

由建设单位定期或不定期组织参建各方参加各类安全教育、质量培训工作，及时传达国家及北京市有关安全生产通知要求；组织参观样板工地，全面提高施工人员的整体安全素质和质量意识。

3. 安全风险评估

由建设单位组织对项目的关键工序、重点部位的安全风险进行分析和评估，针对易对作业人员造成高风险的施工部位和特殊工序，从设计层面采取技术措施降低操作难度，解决潜在的安全质量隐患。

（三）全天候管理

每项大型土地一级开发项目在施工时基本都要经过雨季及冬期施工阶段，气候的好坏情况对工程项目安全质量管理影响程度较大，特别是深基坑作业、群塔作业等。

1. 专项方案

根据工程建设总进度计划，由建设单位组织施工总承包单位根据工程施工时间段及分部分项工程的施工特点编制专项施工方案及安全质量管理方案，例如针对雨天极易发生边坡坍塌等事故编制《雨季施工安全质量管理方案》，针对冬季气温较低等情况编制《冬期施工安全质量管理方案》，对雨季、冬期及大风、雾天、季节转换等特殊天气施工安全质量进行针对性管理。

2. 专题会议

建设单位根据天气情况组织召开专题会议，及时督促监理单位、施工总承包单位严格按照既定方案进行施工，并对具体落实情况进行重点检查，对存在的问题和隐患以业主通知单的书面形式要求责任单位进行及时整改，确保特殊天气下建设项目安全生产工作管理受控、质量合格。

（四）全要素管理

建设工程现场条件时刻在变化，露天作业多，属于在有限的范围内、规定的时间里集中了大量的人、机、料，所以影响安全生产的因素较多。在施工过程中，由建设单位组织参建单位对工程建设过程中所有涉及人、机、料、法、环等五方面的危险源进行分析、确定、汇总，分清主次危险源，逐条制定有效防控措施，实行全要素管理。

1. 人的因素

督促、检查施工总承包单位对所有施工人员、管理人员进行实名制登记，并进行安全培训、安全教育、安全考试，确保考核合格后方可允许进入施工现场参加施工，切实做到"三个100%"，严格把好人员教育关。

2. 物的因素

督促、检查施工总承包单位对所有大型施工机械设备的租赁、安拆、使用管理等情况；制定现场群塔、混凝土泵等大型机械设备的使用管理规定，由建设单位统一指挥、协调，确保所有机械设备安全运行。

3. 材料因素

严把材料质量关。在施工单位、监理单位对建筑材料进场见证取样、复试合格的基础上，由建设单位委托第三方检测单位，加大对钢管、扣件等重要涉及安全的建筑材料复试频次和数量，全面检查建筑材料的质量情况，严禁施工现场使用质量不合格的建筑材料。

4. 法律因素

督促、组织参建各方学习、贯彻国家及北京市安全生产法律、法规及各项通知，及时建立、健全安全生产管理制度、安全隐患排查治理等制度，针对现场存在的危险源制定有效管理措施，设立专人负责，确保安全受控。

5. 环境因素

结合北京市大气污染治理工作严峻形势，针对土方作业等实际情况，变被动受检为主动邀检，积极与环保部门联系，在施工现场核心地带设置环保数据监测基站（奥体中心国家监测子站），督促施工总承包单位采取有效措施确保施工现场文明施工、绿色施工。

（五）全员化管理

在工程准备阶段，由建设单位组织参建各方召开工程安全质量管理联席会议，建立参建"五方"安全质量管理体系，确立安全质量管理目标，制订参建"五方"安全质量管理主体责任制。将安全质量管理一体化管理目标进行分解，明确建设工程参建单位各层次人员的主体责任，逐级签订责任状，实行安全质量全员责任化管理。

四 "5a"一体化管理的应用效果

基于"5a"理念的土地一级开发建设项目安全质量一体化管理模式在项目建设过程各个阶段得到有效实施，并逐步进行完善，最终形成"基于'5a'理念的安全质量一体化管理方式"。截至2018年8月，奥体文化商务园项目有4项工程获得"北京市绿色施工安全工地样板工地"、4项工程获得"北京市绿色施工安全工地"荣誉称号，8项工程获得"北京市结构长城杯金奖"；通州核心区有6项工程获得"北京市结构长城杯金奖"、5项工程获得"北京市绿色施工安全工地"荣誉称号。

"5a"理念的安全质量一体化管理模式在奥林匹克公园中心区土地一级开发建设项目中应用后，参建各方安全质量管理职责明确、安全受控、质量合格，安全质量管理目标如期实现，项目自始至终未发生一起安全生产事故，获得"北京市文明安全样板工地"荣誉称号，北投集团多次被评为安全生产先进单位，并被中共中央、国务院授予"北京奥运会、残奥会先进集体"荣誉称号，为第 29 届奥运会的成功举办做出了巨大贡献，取得了良好的社会效益。

基础设施驱动模式在城市功能区开发中的应用[*]

江贤武　徐诗涵[**]

摘　要 | 近年来，北京以功能区建设推动形成全市产业高端化、集聚化的空间总体布局，进一步引导中心城区非核心功能疏解，推动区县特色化、差异化发展。城市功能区能否落实发展定位要求、实现产业集聚等规划功能，基础设施建设的成效和水平是基础载体。而丽泽金融商务区的开发建设也因其规模大、项目多、综合性强而成为城市大型功能区建设的典型代表。在丽泽金融商务区开发过程中，以基础设施驱动城市综合功能区的建设模式的实施起到巨大的推进作用。本文结合丽泽金融商务区开发建设实践，总结功能区开发建设经验、创新管理模式，对于大型城市综合功能区的建设实施具有重要的理论与实践指导意义。

关键词 | 城市功能区　基础设施建设　驱动模式

城市功能区的开发建设涉及项目类型众多，普遍包括市政基础设施、配套设施、房地产二级开发项目建设等。在以政府主导推进的背景下，城市功能区的开发需要确立统筹建设的主线。本文以北京丽泽金都

---

　* 课题原名称为：以基础设施驱动的城市功能区建设模式的创建与实施，荣得第三十二届北京市企业管理现代化创新成果二等奖，课题组成员：曹峰、淡长朋、杨振满、任绍庆、江贤武、陈旭、刘海滨、徐诗涵、李鑫。

** 江贤武，经济学学士，管理学硕士，中级经济师，北京丽泽金都置业有限公司工程管理部部长；徐诗涵，工学学士，北京北投置业有限公司前期管理部副部长。

置业有限公司①在丽泽金融商务区的市政基础设施及配套设施建设、房地产二级开发等工作中的实践为案例总结研究，确立了以基础设施驱动的建设开发模式，统筹城市功能区开发中所有建设项目手续办理及施工时序，这一实践为类似的大型城市综合功能区的建设管理提供了新的模式借鉴。

一 城市功能区开发模式的研究背景

（一）城市功能区开发建设现阶段仍需政府主导推进

根据对国内外典型城市功能区的研究，城市功能区形成模式主要有以下几种类型：市场自发形成模式、自发形成与后期政府规划引导模式、政府主导规划与开发模式、政府规划引导与企业化运作模式、政府规划引导与多主体参与开发模式等。

其中，"政府主导规划与开发"模式是政府相关部门新划出一块区域进行规划，重点发展某些产业，并集中大量投资建设这些产业赖以生存发展的基础设施，实行招商引资优惠政策，吸引大量区外企业入驻，最终形成特定产业集聚区。现阶段我国相关城市大型经济功能区的建设主要依托政府主导规划与开发模式，丽泽金融商务区的开发建设便是这一类型的突出代表。

该发展模式的优点主要体现在：一是政府规划引导的城市功能区空间布局一般较为合理；二是政府能够为产业发展和集聚提供良好的环境。这一环境不仅包括政策法规、市场监管和政府服务效率等软环境，而且也包括各种基础设施、公共设施等硬环境；三是在政府规划开发下，招商目标较为明确，有利于区域形成若干优势集群。

（二）基础设施建设是城市功能实现的重要载体

市政基础设施是城市赖以生存和发展的根本，是实现城市功能定位

---

① 成立于 2010 年 6 月，现为北投集团二级子公司。主要承担丽泽商务区市政道路、交通环廊、地下空间一体化等基础设施项目，以及定向安置房等二级开发项目。

和提高城市综合竞争力的重要基础，是推动区域经济发展、改善居民生活环境、提高城市发展品质的基本条件。城市基础设施投资规模大，建设工期或实施周期长，具有明显的时滞效应，为了实现城市基础设施综合功能的同步形成，一般要适度超前的对城市基础设施规划建设进行考虑。

城市功能区要落实发展定位、实现产业集聚等规划功能，基础设施建设的成效和水平是基础条件。国家发改委等7部门2015年12月发布的《关于促进具备条件的开发区向城市综合功能区转型的指导意见》明确提出，城市功能区建设应进一步加强基础设施建设，按照内通外畅的原则，提高区域交通路网建设和管理水平；完善供排水、供电、供气、供热和污水及垃圾处理等市政公用设施。丽泽金融商务区已规划的市政基础设施项目包括新建城市主干路、次干路、支路超30条，市政管线、基站、地下交通环廊、地下空间一体化、地铁、高架桥、整体景观绿化等工程全面涵盖，总投资约170亿元。作为北京市重要的经济功能区，该园区市政基础设施建设参建方多，工程规模大，交叉工序多，是园区整体开发建设的重点内容。

二 基础设施驱动模式的内涵

在丽泽金融商务区的开发建设中，以基础设施驱动模式内涵主要包括以下几方面。

（一）坚持以市政基础设施建设为主线

市政基础设施作为城市大型功能区功能目标实现的基础载体，市政基础设施的建设时序、完成时间直接影响相关项目以及功能区整体建设的进度。在丽泽金融商务区的开发建设过程中，尤其在丽泽路以南区域因相关二级开发建设项目与市政基础设施建设同步实施，相关项目之间的作业交叉、交通保障、场地交接等问题突出体现；而相关二级开发项目的建设完成、投入使用又对相邻市政基础设施的建设完成时间提出直接要求。

为理顺市政基础设施与二级开发项目建设过程中相互制约、相互影响，建成投用，又以相互衔接、共同配合为前提的关系，在丽泽金融商务区整体建设中坚持以市政基础设施建设为主线，统筹各参建项目目标完成时间，对各项目开工及完工时间进行合理安排，并充分发挥市政基础设施建设对相关二级开发项目的连接、协调作用，确保园区整体建设按照总体目标推进。

（二）以全部建设任务及责任分解为重点

从单一的市政基础项目或二级开发项目实施主体来看，相关项目、相关主体的推进落实情况对自身项目的推进实施均有直接的影响甚至制约。以基础设施驱动的城市功能区的建设模式，重点就在于落实功能区开发的整体推进，以制约性强、施工难度大的项目为关键点，合理安排该项目的关门工期，以该项目为关键点向周围辐射，梳理与其有交叉的项目，合理安排这些项目的工序，在全面分析功能区内全部相关建设任务推进计划、建设需求的基础上，充分沟通、统筹协调，就功能区整体建设的全部建设任务进行分解，并将推进责任层层落实，确保整体建设目标的完成。

（三）以编制功能区整体建设实施方案为手段

在丽泽金融商务区的开发建设过程中，金都置业作为园区内市政基础及配套设施的实施主体，在梳理自身推进实施的相关基础设施项目建设节点任务的基础上，统筹分析相关专业单位实施的专业管线、地铁及高架桥等市政项目、二级开发项目等园区内相关建设任务，以市政基础设施建设为主线，编制了丽泽金融商务区建设整体实施方案，就园区整体开发的全部建设任务，推进责任全面分解、层层落实。

（四）以政府统筹协调为保障

在功能区整体建设推进中，不仅各基础设施及二级开发项目的实施主体应承担起各自的建设推进责任，政府各相关职能部门也应承担相应的审批配合、统筹协调职能。在丽泽金融商务区开发建设中，金都置业编制的整体实施方案，不仅明确了全部建设任务相关的政府职能部门的审批配合任务及时间要求，更就整体建设中的统筹协调机制进行了重点阐述。政府统筹协调是功能区整体建设目标实现的重要保障，也是以政府主导规划与开发的功能区整体建设模式的优势所在。

三 以基础设施驱动模式的主要做法

（一） 确立整体建设的基本原则

根据"统一规划、统一设计、统一组织、统一协调、统一实施"的原则，丽泽金融商务区在项目整体组织部署时确立了以下基本原则。

1. 满足整体规划要求

将"生态商务区、金融不夜城、信息高速路"等理念，贯穿于丽泽金融商务区建设全过程，从项目规划、设计、建设、运营等各环节全面落实，从而保证丽泽金融商务区整体规划的完整性。

2. 满足项目建设要求

全面落实市委、市政府对丽泽金融商务区建设的相关要求，结合丽泽金融商务区开发建设实际，确保丽泽金融商务区市政基础设施满足土地出让时间要求，尽快为已出让土地的二级开发建设提供市政配套条件，确保回迁安置房项目早日交付使用，推进地下空间一体化项目按期开展。

3. 满足项目技术功能要求

总体实施方案的编排以科学合理为基础，充分考虑各建设项目的技术特点和周边环境，保证工程建设的安全、质量、绿色文明施工、进度、成本等符合相关要求。

4. 满足项目时间要求

结合丽泽金融商务区现阶段开发建设实际，尤其是南区二级地块项目较市政基础设施项目已先期进场或同步实施，以基础设施建设为主线，抓关键环节，充分利用时间和空间，保证各个项目之间合理交接，实现时间与空间的充分搭接；统筹考虑区域建设项目，按照先地下后地上的原则，安排建设时序，集中解决重点难点部位实施安排，相关区域的地下设施优先，充分考虑交集节点。

（二）开展功能区整体建设任务分析

1. 金都置业实施的基础设施建设任务分析

北京丽泽金融商务区作为北京市规划的"六高四新"的四大高端产业新区之一，是北京未来重要的城市功能区。丽泽金融商务区地处北京西二、三环路之间，以丽泽路为主线，东起西二环的菜户营桥，西至西三环的丽泽桥，南起丰草河，北至红莲南路，占地面积 8.09 平方公里，规划总建筑规模 800 万~950 万平方米，是北京三环内最后一块成规模的待开发区域。核心区规划总占地 2.81 平方公里，规划总建筑规模约 650 万~700 万平方米，用地功能包括商务办公、多功能混合以及配套居住等。该区域项目多、涉及面广、参建单位多，有市政道路、地下交通环廊、轨道交通建设等基础设施项目。

在丽泽金融商务区整体开发建设中，金都置业全面梳理了自身推进实施的市政基础及配套设施项目，主要包括南北区道路及市政管线、地下交通环廊、地下空间一体化、定向安置房等工程。具体项目情况如下。

市政基础设施工程方面，主要包括南区道路工程、北区道路工程、地下交通环廊工程。其中南区包含 13 条道路，其中次干路 6 条、支路 7 条，全长 10.39 千米；北区道路工程工程包含 15 条道路，其中主干路 1 条、次干路 6 条、支路 8 条，全长 11008 米。道路工程内容包括道路、交通、雨水、供水、燃气、中水、电力、冷热、污水、电信、照明、绿化等。

地下交通环廊全长约 5.48 公里，其中主环廊长 2.1 公里，进出口通道长 2.7 公里，两条连接通道长 0.68 公里；项目主要布置在三路居南一路、金中都东路、金中都路及卫强路道路红线内，南北各设置一处连接线，分别位于三路居南路和骆驼湾南路道路红线内，地下环廊共设置 4 对进出口（4 个进口、4 个出口）与地面道路相接。

市政配套设施项目主要为地下空间一体化项目，位于丽泽金融商务区中心区域核心位置，西起丽泽路商务区中心规划绿地，沿丽泽路向东经地铁 14 号线与 16 号线换乘站，至莲花河西侧滨河绿地，呈 T 字形布局。整体分为地铁一体化地下空间、莲花河滨河地下空间及北侧绿地景观地下空间等三个区域，相互连接为一体，总建筑面积约 16.7 万平方米。

定向安置房项目包括 A02 定向安置房项目，以及菜户营定向安置房项目。其中，A02 定向安置房项目位于丽泽桥东北侧，总用地面积 7.07 公顷，总建筑面积 13.42 万平方米，包括 6 栋住宅楼、2 个公建楼、2 个配电室、1 个地下车库和居住公共服务设施等，居住户数 1144 户。菜户营定向安置房项目位于菜户营桥西北侧，总用地面积 16.59 公顷，总建筑面积 32.97 万平方米，包括 13 栋住宅楼、5 个居住公共服务设施楼、7 个配电室、4 个地下车库等居住公共服务设施等，居住户数 2784 户。

丽泽金融商务区以丽泽路南线为界划分为南北两区。南区市政基础设施项目将于 2019 年底完工并达到竣工验收条件。商务区北区现阶段仍处于征地拆迁及规划优化升级阶段；A02 定向安置房项目已竣工并实现交房入住，菜户营定向安置房项目现阶段处于结构施工阶段。地下空间一体化项目仍处于前期手续及准备开工阶段。

2. 丽泽金融商务区市政基础设施建设任务分析

除由金都置业作为实施主体的市政基础及配套设施项目外，丽泽金融商务区整体建设还包括由各专业管线公司及单位推进实施的电力、电信、冷热同网、地铁、高架桥等相关基础设施项目。基础设施项目之间相互交叉、相互影响，推进丽泽金融商务区的全面建设，需对商务区内的基础设施全部建设任务进行分析、分界。

依据丽泽金融商务区的控制性详细规划，将商务区市政基础及配套设施建设任务进行分解，责任到具体实施单位。

3. 丽泽金融商务区各二级开发项目建设任务分析

市政基础设施项目建设是丽泽金融商务区整体建设的基础，对园区各二级开发项目的建设目标起到串联、协调、配合的综合保障作用。在明确市政基础设施建设任务的基础上，需统筹考虑园区内各二级地块的建设时序、建成安排，统筹保障各项目建设及建成后的市政需求。商务区内现阶段已进场实施的各二级地块项目建设任务经梳理如下。

表 1　丽泽金融商务区市政基础及配套设施建设任务分解

序号	项目	建设主体	建设规模
1	南区道路工程（含雨水、上水、燃气）	金都置业	包含十三条次干、支路，全长 10.39 公里。
2	北区道路工程（含雨水、上水、燃气）	金都置业	包含十四条城市主干、次干、支路，全长 10.44 公里。
3	市政营线（电力、热力、污水）	专业公司	含丽泽商务区内所有市政管线，全长约 294 公里。
4	南区主干路	公联公司	西站南路南延道路工程、金中都南路道路工程、柳村路道路工程，全长约 6 公里。
5	地下交通环廊工程	金都置业	位于核心区，全长 4.3 公里，其中主环廊 2.09 公里。
6	地下空间一体化工程	金都置业	占地约 10 公顷，地下规模约 14.4 万平方米。
7	地铁 14 号、16 号线丽泽商务区站	轨道建管公司	位于商务区核心车站地下一层为两线共用站厅层，地下二层为 14 号线站台，地下三层为 16 号线站台。
8	丽泽路高架桥工程	公联公司	西三环丽泽桥至西二环菜户营桥，全长约 3.1 公里。
9	导改路及管线改移工程	金都置业	莲花河及三路居临时导改路，全长 1.8 公里。
10	基站	专业公司	变电站 5 座、调压站 1 座、能源站 4 座。
11	河道治理	水务部门	丰草河河道约 2.5 公里，莲花河河道约 3.8 公里。
12	整体景观绿化工程	金都置业	项目面积约 174 公顷。绿地分为公园绿地、生产防护绿地、生态景观绿地和集中绿地四类。
13	A02 安置房工程	金都置业	用地面积约 7.07 公顷，总建筑面积约 13.42 万平方米。
14	菜户营安置房工程	金都置业	用地约 16.59 公顷，总建筑面积约 32.975 万平方米。

表 2　丽泽金融商务区二级项目进展情况汇总

序号	项目名称	工程进度
1	915	已竣工
2	晋商联合大厦项目	计划 2017 年竣工

序号	项目名称	工程进度
3	新青海大厦项目	计划 2017 年竣工
4	长城金融工程项目	计划 2017 年竣工
5	汇能集团项目	计划 2018 年竣工
6	中机项目	计划 2018 年竣工
7	首创·天城金融广场项目	计划 2018 年竣工
8	丽泽 SOHO 项目	计划 2019 年竣工
9	中华联合保险项目	计划 2019 年竣工
10	通用地产项目	计划 2019 年竣工
11	中国铁物大厦项目	计划 2019 年竣工
12	丽泽京能项目	方案阶段
13	D10	计划 2019 年竣工
14	平安项目	计划 2019 年竣工
15	国家金融信息大厦项目	方案阶段，暂不开工

（三）丽泽金融商务区整体建设组织安排

在统筹分析丽泽金融商务区整体建设任务的基础上，按照商务区整体建设规划，金都置业以实现关键项目关门工期为目标，梳理与其交圈项目之间逻辑关系，倒推各项目关门工期，合理安排开工时间，就各项目的建设实施建立了建设周期控制性目标以及实施控制性计划，对各项目各阶段的建设任务进行了详细分析、责任落实。以此为主体的整体建设实施方案作为商务区建设的指导性文件，各相关部门及相关单位严格按照节点要求推进各项工作，确保整体建设目标的实现。

1. 建设周期控制性目标

针对商务区市政基础设施的建设情况，为满足地铁丽泽商务区站及地下空间一体化的建设和二级地块的建设需求时序，将商务区以丽泽路为界分为南北两个区域组织实施。因南北区域相关二级开发项目的实施阶段不同，在以市政基础设施建设为主线的前提下，确立了南北区整体建设的两大重点任务：

（1）丽泽路以南区域以解决二级地块建设期间的施工出行和建成后的

市政需求为重点任务，安排南区道路及市政管线的建设计划；

（2）以丽泽商务区站及地下空间一体化的建设为重点任务，安排市政基础设施的建设计划，重点解决保留建筑和滞留用户的市政需求。

表 3　丽泽金融商务区市政基础及配套建设周期控制目标

年度	控制目标
2017 年	实现二期导行路、地下空间一体化（含市政综合管廊）基坑开挖、南区路网形成、A02 定向安置房完工、E-09 地块 110kv 变电站完工、通信机房完工
2018 年	市政综合管廊形成、D12 和 F03 冷热源机房完工、景观绿化一期完工
2019 年	北区路网形成、一体化及地铁主体完工、菜户营安置房完工、丽泽高架桥完工、燃气调压站和 B09 地块 110kv 变电站完工
2020 年	B-13 地块 110kv 变电站完工、景观绿化初具规模、市政基础及配套设施建设全面形成

2. 南区市政基础设施建设控制性计划

南区市政基础设施项目包括南区道路及市政管线工程、南区地下交通环廊工程、景观绿化相关建设项目等。

（1）南区市政基础设施项目建设基本要求

南区市政基础设施项目主要制约因素为规划路由上存在现况地上障碍物及地下管线未拆改、相关二级地块临时占地未腾退、不同建设主体的各专业管线（沟）的相互影响、现状保留建筑的市政条件满足（导改）、各在施二级地块施工道路及临水临电的保障、各近完工二级项目对规划市政条件的需求等等。统筹考虑上述制约因素，南区市政基础设施按照以下原则进行组织。

其一，综合协调

南区市政基础设施项目的实施不仅受外部拆改及场地腾退、各单位专业管线实施、各在施二级地块项目实施等因素的制约，也直接影响到园区内各建设项目的实施安排。因此，南区市政基础设施项目的实施组织需对各种外部影响因素进行统筹考虑、综合协调。要实现：拆改及施工场地移交综合协调；各专业管线投资主体综合协调。

其二，统筹保障

在组织南区相关市政基础设施项目的实施时，需统筹考虑各在施二级地块项目的施工道路及临水临电需求、各近完工或已完工项目的市政条件需求，实现园区市政基础条件的综合保障。应实现：保障园区内施工道路通行条件；保障园区内临水临电条件；保障入驻项目符合规划市政条件。

其三，分段实施

南区市政基础设施工程受相关外部条件的制约，不具备同时全面开展各路段、各仓段施工的条件，按照分段实施的原则进行组织。主要做到：具备施工作业面区段先期实施；以施工促拆改；分段组织内部场地移交；其四景观绿化项目分期适时组织。

（2）南区道路及市政管线项目建设控制性计划

南区道路及市政管线工程已于2014年顺利实现开工。

按照整体实施计划，南区道路及市政管线工程2016年年底前需完成3.8公里具备通车条件。其中东管头路、凤凰嘴北路（西三环至西站南路）、金中都路（西三环至金中都西路）、东管斜街、骆驼湾南路（东管头路至金中都西路）已于2016年具备通车条件。

受环廊影响的金中都西路、金中都东路，计划于2016年开始进场施工，2017年具备通车条件。

卫强路、凤凰嘴北路（西站南路至终点）、莲花河西路、骆驼湾南路（西站南路至终点）、骆驼湾西路于2017年底具备通车条件。

受地下空间一体化影响的中环路、莲花河西路计划2019年9月具备通车条件。

南区道路及市政管线项目建设任务安排不仅考虑了金都置业自施的道路工程，还统筹列入了电力、电信、冷热同网等专业管线单位实施的项目进度要求，在确保道路竣工的前提下各相关管线建设也需按照控制性计划要求完成。

以上列明的是南区道路及市政管线项目的控制性计划，同样的，针对南区地下交通环廊工程、丽泽高架桥、景观绿化等工程也照此制定了控制性进度计划，各项基础设施工程及相关单位均按照控制性计划要求推进工作，确保整体建设目标的完成。

3. 地下空间一体化项目建设控制性计划

（1）地下空间一体化项目建设实施基本要求

地下空间一体化项目实施前应首先与地铁丽泽商务区站及丽泽路高架桥的实施主体进行施工界面划分，明确各方的施工范围。并就各方分别制定的项目实施计划进行讨论，在基本满足各方节点工期要求的前提下，结合丰台区政府对丽泽金融商务区的建设时序要求，形成各方均能认可的统一的施工时序安排，在此基础上各方统一组织项目实施，统一协调施工场地占用以及施工机械布设位置等相关问题。在总体组织原则指导下，一体化建设实施应遵循以下基本要求。

其一，先导后断

丽泽路为双向六车道城市快速主干道，地下有雨、污、电力等专业管线共计13条。丽泽路断路施工前，首先应由地铁及公联公司完成三路居、莲花河2条临时导改路和西站南路南延、金中都南路及柳村路3条规划路的施工，确保口字型交通导行方案得以贯通。同时由各专业管线公司根据规划管线实施情况，本着优先考虑结合规划的原则，完成雨污水、自来水、电力、燃气及通信等地下管线的改移工作。

临时导改路施工完成后，将交通导出丽泽路，随即开始局部破路进行管线导改，待地下管线全部改移完成后，方可断路进行全面土方开挖施工。

其二，分期分区实施

地下空间一体化项目共划分为三个区，总建设规模15万平方米，由于部分建设用地尚未完成拆迁征地，因此计划将一体化项目分两期实施。

一期实施范围为地下空间一体化一区，东西长约600米，南北宽约100米，基坑面积超大，接近6万平方米。在进行土方施工组织时，应考虑将基坑划分为若干区域，分区域组织实施，以加快土方施工进度。

二期实施范围为地下空间一体化二区、三区，待拆迁征地完成后，立即组织二期实施，在二期土方施工组织时，应考虑二、三区同时展开土方作业。

其三，先深后浅

地下空间一体化与地铁合槽施工范围内，地铁16号线结构最深，约为 27 米，地铁 14 号线区间、站台及一体化代建管廊和局部车库深度约为 19 米，一体化负一层结构最浅，为 12 米。结构施工中应遵循"先深后浅"的组织原则，首先进行地铁 16 号线的站台层结构施工，其次为 14 号线和管廊层结构施工，最后进行一体化负一层的结构施工。

（2）地下空间一体化项目建设控制性计划

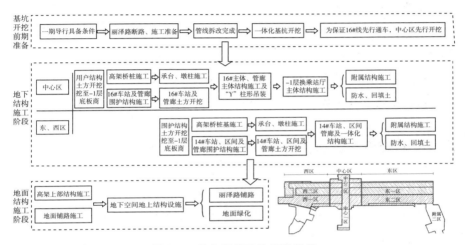

图 1　一体化项目实施组织部署

4. 丽泽金融商务区整体建设统筹协调机制

为落实《实施方案》的要求，建立了以区政府为总指挥部，丽泽管委会统筹协调、统一规划，各委办局大力支持，各参建单位全力落实的组织体系，并将《实施方案》纳入区政府督查计划，由区政府督查室定期按照相关工作节点要求对各相关单位进行督查。

其中，丽泽管委会负责商务区总体规划，统筹协调市相关单位、区各委办局及各二级地块开发商；丽泽控股公司负责商务区范围内征地、拆迁、拆改移及二级地块占地管理等相关工作；金都置业负责市政基础及配套设施的具体建设工作，并统筹各专业单位加快市政基础设施的建设工作。

其一，建立调度会制度

由丽泽管委会牵头定期组织召开工作调度会，及时协调解决实施过程中出现的问题，按总体实施方案中的相关计划推进各项工作；如遇重大问题报区政府专题研究决定。

其二，建立周报制度

金都置业作为《实施方案》推进的牵头单位，每周向丽泽管委会书面报告《实施方案》的落实情况、问题及建议措施，由丽泽管委会统一汇总后报区政府主管领导审阅。

其三，制定工作计划

区各委办局、各参建单位按照《实施方案》科学合理地编制详细工作计划，由丽泽管委会核查汇总，并报区委督查室备案。各委办局要按照《实施方案》中的要求，遵照依法行政、打破常规、相互支持、廉洁高效的原则开展工作；各参建单位要遵从积极主动、安全文明、高质高效、廉洁阳光的原则发挥主体义务，积极开展工作，履行社会责任。

四　以基础设施驱动模式的效益分析

丽泽金融商务区作为北京市和丰台区重点发展的新兴金融功能区，三环内仅剩的大型开发区域，其以基础设施驱动的整体建设模式的构建与实施，确保了商务区整体建设目标的实现，对整个区域的发展起到带动和引领作用。随着丽泽金融商务区的整体建设完成，相应产业链的完善，将拉动南城经济发展、提高区域影响力，加快北京跻身国际大都市的进程。

同时，丽泽商务区开发建设中构建的以基础设施驱动模式，也取得了良好的经济效益。

首先，通过建立相关项目协调沟通机制，有效降低工程综合成本。以基础设施驱动的城市功能区的建设模式，首先是功能区整体建设推进的模式。在整体建设过程中建立相关项目协调沟通机制，统筹协调园区规划各项目标的实现。一方面有效降低因信息不畅带来如拆改、待工等造成相关项目的额外费用，另一方面可通过同槽开发、协同推进等手段直接降低工程成本。例如，在地下交通环廊项目实施过程中，统筹考虑电力管沟、冷热管沟的实施安排，通过冷热管沟与交通环廊基坑的同槽开挖，直接降低基坑支护与土方开挖费用约200万元，使得两项目相应部位工程成本降低约10%，有效降低了功能区各建设项目的综合成本。

其次，通过统筹推进项目实施，有效缩短了各项目的投资回收期。丽泽金融商务区这一大型经济功能区中，既包含道路与市政管线工程、地下交通环廊工程等市政基础设施工程，也包含 SOHO 地产、长城金融等大量的二级开发项目，还包含地下空间一体化项目这样的综合开发型项目。大型综合功能区开发过程中，以基础设施驱动的整体建设模式按照"统一规划、分期实施、基础设施先行、滚动开发"的策略，最大程度上协调配套设施与开发项目的同期完成，使得各二级开发项目较早具备招商引资、出租出售条件，缩短项目投资回收期。

五　结语

通过对开发建设实践进行总结，以基础设施驱动的城市功能区建设模式，是指在功能区开发建设中以市政基础设施建设为主线，以全部建设任务及责任分解落实为重点，以编制功能区建设整体实施方案为手段，以政府统筹协调为保障的整体建设模式，实现城市大型功能区开发建设的统一规划、统一设计、统一组织、统一协调、统一施工，确保实现政府关于功能区目标定位及建成时间等总体规划要求。

丽泽金融商务区的开发建设中，通过构建以基础设施驱动的建设模式，确保了功能区开发整体目标的实现，取得了较好的管理效益和经济效益。这一功能区开发建设的模式，能够对北京市、京津冀以及全国其他区域功能区的整体开发建设，提供有益的借鉴。

参考文献

国家发改委：《关于促进具备条件的开发区向城市综合功能区转型的指导意见》，国家发改委，发改规划〔2015〕2832 号。

张文彤：《以重点功能区实施性规划为抓手　大力推进国家中心城市建设》，《中国建设信息化》2012 年第 13 期。

赵永熙：《浅析市政基础设施建设在城市发展中的作用》，《建筑工程技术与设计》2016 年第 7 期。

冯嘉林：《全面加快基础设施建设推进园区城市化进程》，《城市建设理论研究》2014 年第 15 期。

工程建设"五全"项目管理体系的实施[*]

——以北京城市副中心行政办公区工程建设为例

黄扬林[**]

摘　要 | 新奥通城公司[①]在北京城市副中心行政办公区 B1 – B4 组团工程中成功创建并实施的以"全覆盖规划设计导引、全面实时动态信息管理、全过程质量管控、全时空安全管控、全方位预警制度"为主要方法的"五全"项目管理体系,取得了显著的经济效益和社会效益。

关键词 | 北京城市副中心　项目管理　工程管理

科学的工程项目管理体系是提高工程建设质量和效率的核心。在北京城市副中心行政办公区工程项目建设管理过程中,新奥通城公司根据工程建设实际,创新项目管理模式,创建了以"全覆盖规划设计导引、全面实时动态信息管理、全过程质量管控、全时空安全管控、全方位预警制度"为主要方法的"五全"项目管理体系,取得了良好的经济效益和社会效益。

一　北京城市副中心行政办公区工程建设项目概况

2016 年 5 月 27 日,中央政治局会议公告提出:"建设北京城市副中

---

* 课题原名称为:"五全"项目管理体系在北京城市副中心行政办公区工程建设中的创建与实施,获得第三十二届北京市企业管理现代化创新成果一等奖,课题组成员:唐力钢、耿强、张国迎、郅慧、李大权、方君、黄扬林、郑文海、韩栩、谢广树、于涛、卢素红。
** 黄扬林,经济学学士,高级工程师,北投集团造价管理部主管。
① 北京新奥通城房地产开发公司为北投集团控股二级子公司。

心，不仅是调整北京空间格局、治理大城市病、拓展发展新空间的需要，也是推动京津冀协同发展、探索人口经济密集地区优化开发模式的需要"。

建设北京城市副中心是千年大计、国家大事。行政办公区工程是北京城市副中心的重要建设内容，东起宋梁路，西至东六环，南起通胡南路、北至通胡路，总占地面积约 6 平方公里。其中一期核心区工程占地面积 1.1 平方公里，包括 A1－A4 和 B1－B4 共八个组团工程，总建筑面积约 135 万平方米。

图 1　行政办公区区位示意

（一）项目建设规模大、内容多、标准高

行政办公区 B1－B4 组团工程分属于四个地块，主要由办公楼、会议楼、服务楼等 29 个单体建筑组成，总占地面积约为 13 万平方米，总建筑面积约为 33 万平方米。其建设内容包括结构工程、装饰装修工程、太阳能工程、绿化工程（包括屋顶绿化和小市政）、信息化工程等，其中信息化工程又包括信息网络系统、公共广播系统、会议系统、政务内网系统、智能监控系统、安防系统、智能卡应用系统、物联网应用系统等二十几个

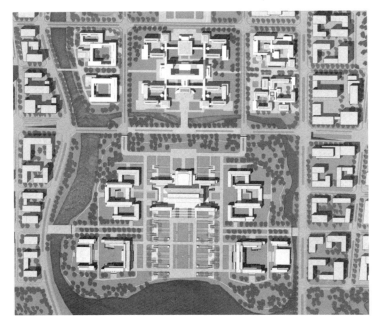

图 2　行政办公区各组团分布

子系统工程。

根据建设单位制定的安全、质量、工期目标要求，行政办公区工程必须打造"零事故、零火情"工地，创建北京市绿色文明样板工地，创建钢结构金奖工程和鲁班奖工程，并达到绿建三星标准。

（二）管理链条长，参建单位多，协调难度大

行政办公区 B1 – B4 组团工程项目从使用单位到建设单位、项目管理单位，从勘察、设计单位到监理、施工单位，再到政府各行政主管部门，涉及各参建单位和政府职能部门数十家，管理层级多、链条长，协调难度大。

其中，仅在土建工程施工阶段就涉及四家使用单位、一家建设单位、一家管理单位、一家勘察单位、两家设计单位、两家监理单位、三家土建施工总承包单位和若干咨询、顾问单位、其他独立承包单位和分包单位共计数十家参建单位。信息化工程施工阶段还有三家设计单位、两家监理单位、两家施工单位和若干咨询、顾问及分包单位。

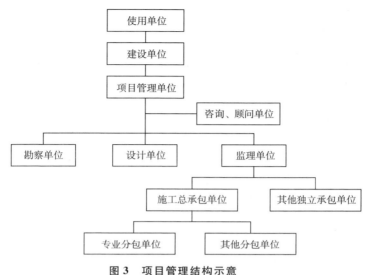

图3 项目管理结构示意

表1 行政办公区 B1 – B4 各组团工程土建工程施工阶段参建单位一览

项目	使用单位	勘察单位	设计单位	监理单位	土建施工总承包单位	独立承包单位	分包单位
B1	使用单位 1	勘察单位 1	设计单位 1	监理单位 1	施工单位 1	若干	若干
B2	使用单位 2					若干	若干
B3	使用单位 3				施工单位 2	若干	若干
B4	使用单位 4		设计单位 2	监理单位 2	施工单位 3	若干	若干

（三）使用单位不明确，需求调查难度大

行政办公区 B1 – B4 组团工程建设单位为北京城市副中心行政办公区工程建设办公室，是北京市政府临时派驻机构，主要由市住建委和其他市属委办局抽调的工作人员及各参建单位派驻的助勤人员组成。根据规划，B1 ~ B4 组团工程建成后将成为市属委办局的机关办公楼，分别移交给四个或多个市属委办局办公使用。也就是严格意义上说，该工程的建设单位并不是真正的使用单位——业主。由于前期对应的使用单位不明确，且各委办局编制定员情况不一、机构职能不同等情况，给前期各组团工程的用户需求调查等工作增加了很大的难度。

（四）新材料、新技术广泛应用，设计、施工难点突出

行政办公区 B1 ～ B4 组团工程设计标准高，比如结构抗震设计、大跨度空间设计、地下超长结构设计等，且空调温湿度独立控制、场地灾害预防、再生能源利用、市政中水利用、节水系统与设备等多项新技术集中应用，在提高舒适性的前提下实现低能耗、节能减排等设计目标。同时，智能建筑、物联网等先进信息化技术被广泛应用，给规划、设计、施工等各个环节，都提出了极高的技术要求，而且每一项高标准的技术要求都对应着若干管理难点。

二 "五全"项目管理体系的组织架构及基本特点

根据建设单位北京城市副中心行政办公区工程建设办公室的授权委托，新奥通城公司负责行政办公区 B1 – B4 四个组团工程从可研立项报批到竣工验收的全过程项目管理工作，主要包括前期工作管理、规划设计管理、安全管理、质量管理、进度管理、成本管理、竣工验收管理等。在项目建设管理中，新奥通城公司全面贯彻创新、协调、绿色、开放、共享的发展理念，着力项目管理流程的优化设计，创建了以"全覆盖规划设计导引、全面实时动态信息管理、全过程质量管控、全时空安全管控、全方位预警制度"为主要方法的"五全"项目管理体系。

（一）"五全"项目管理体系的组织架构

新奥通城公司在接到行政办公区 B1 – B4 四个组团工程项目管理任务委托后，立即针对建设单位实际情况及行政办公区工程建设特点，成立了公司直属项目管理部，下设综合管理部、规划设计部、经营合约部、财务会计部、工程管理部、质量管理部、安全管理部、建材保障部等部室，从全公司范围内遴选专业结构齐全、年龄结构合理、具有相应项目管理经验特别是奥运工程和区域开发建设管理经验的相关管理人员参加。同时，由公司各业务部门和技术、经济专家组成专门的项目管理顾问团队，定期或不定期地对项目管理部的日常管理工作进行指导和帮助。

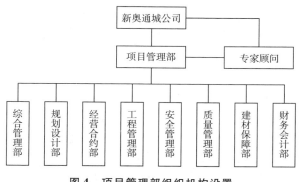

图 4　项目管理部组织机构设置

（二）"五全"项目管理体系的主要特点

"五全"项目管理体系主要有如下几个特点。

一是实时性。通过移动终端设备、即时通信工具和互联网技术，实现各种管理信息的实时传递和反馈，以及安全管理、质量管理的实时监控。

二是动态性。通过建立通畅的沟通机制，对包括设计进度、施工进度和招标采购工作进度等进展情况、存在问题、解决方案、落实情况进行动态跟踪管理。

三是全面性。包括设计标准、设计功能、设计进度的全覆盖导引，安全管理的全方位监控，和质量、安全、进度等的全面预警等。

四是全程性。体现在从可研立项到竣工交付的全过程项目管理和从原材料进场到竣工验收的全过程质量控制。

三　"五全"项目管理体系的实施要点

经过参建各方两年多的实践，"五全"项目管理体系在保障工程建设顺利推进、提升工程建设质量和效益方面取得了积极成效。新奥通城公司管理的行政办公区 B1－B4 组团工程在安全、质量、进度、成本管理等各方面均取得了很好的效果，各阶段性节点目标均按计划或提前实现，四个组团工程全部获得钢结构金奖。并且，在 2017 年 4 月进行的"推广应用全国建筑业绿色施工示范工程"过程检查中，B1－B4 四个组团工程项目得分全部都在 90 分以上，其中 B1、B2 组团工程更是获得了 97.5 的高分，创造了当时的全国最高分，受到检查组专家、建设单位和其他各参建单位的一致认可和好评。

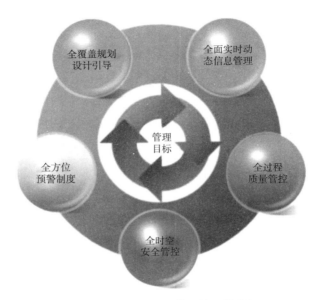

图 5　"五全"项目管理体系的内涵

（一）推行全覆盖规划设计导引，精心打造千年遗产

行政办公区作为北京城市副中心的一个重要功能区块，搞好总体规划，加强主要景观、主要建筑物的设计，体现城市精神、展现城市特色、提升城市魅力，充分发挥规划设计的引领作用，是建设好北京城市副中心的重中之重，也是新奥通城公司在行政办公区工程项目管理中的首要工作。

1. 设计标准全覆盖

行政办公区工程属于集群式开发建设，每一个组团的规划和每一个建筑单体的建筑风格既要体现特色，更要讲究整体的协调、统一。总体设计包括对建筑的功能分析、设计定位、方案设计原则、系统设置规划、设备配置要求等内容，新奥通城公司对此在设计前期便组织设计主创团队和相关专家进行了深入分析研究。同时要求，从整体的方案效果、个体的设计标准，到建筑、结构、给排水、暖通、电气等各专业，都必须按照协调统一的原则进行充分考虑。组织设计单位开展各专业技术标准的研究编制工作，并组织专家论证进行完善，以达到设计标准全面覆盖的效果。

2. 设计功能全覆盖

在行政办公区工程的建设中，为打造绿色、低碳、智慧的办公楼及城市街区，从使用功能出发，新奥通城公司积极组织设计单位充分开展需求的调研、编制和对接工作，明确使用功能、完善平面布局、落实专项方案。特别在使用单位不明确的前提下，要求设计单位严格按照《国家发展改革委、住房城乡建设部关于印发党政机关办公用房建设标准的通知》（发改投资〔2014〕2674号）精神，遵照《党政机关办公用房建设标准》，针对各委办局之间单体功能具有通用性、灵活性、规模大小依据需求可分可合的特点，充分利用框架结构优势，大胆进行功能区块划分和设计，大胆引入功能共享的设计理念，使其在满足传统办公楼的所有基本功能上，节约办公资源，充分发挥政府的示范带头作用。

3. 设计进度全覆盖

设计进度的落实需要从设计能力、外部因素和现场反馈等多方面来共同把握。首先，在设计单位的选择上，行政办公区中标的设计单位都是北京乃至全国最优势的设计院，其参与本工程的也都是具有丰富的设计经验和突出工作能力的设计人员，以保证设计效果和出图进度。其次，对规划条件、行政审查及业主需求等可能造成设计成果反复调整进而影响设计进度的外部因素，新奥通城公司会同建设单位，并充分发挥建设单位政府背景的优势，积极与规划、国土、发改等部门协调沟通，创造有利条件。最后，建立及时高效的反馈机制，通过设计人员驻场、召开设计例会等形式，及时将来自施工现场的情况反馈至设计人员和设计单位，以保证设计文件的及时完善与供应。

（二）实行全面实时动态信息管理，提升整体协作效率

为了克服管理链条长、信息传递慢、工作效率不高等实际困难，充分发挥新奥通城公司作为项目管理单位的核心纽带作用，通过大量信息化技术和网络办公技术的推广使用，实行全面实时的动态管理，使整个项目管

理组织结构扁平化，最大程度的缩短了管理链条，全面构建高效、快捷的沟通机制。

1. 建立高效快捷的信息传递制度

针对参建单位众多、办公地点分散、信息传递频繁等特点，研究制定了专门的信息传递制度。首先，要求所有参建单位建立固定联系人制度，授权专门人员负责信息传递工作，并以书面授权委托书的形式进行明确。其次，要求各单位设立专门的电子邮箱，建立由所有信息员参与的微信群、QQ群，统一、规范信息传递渠道。第三，要求各参建单位将需要传递的规章制度、往来文件、会议通知等资料均通过高清扫描仪或手机扫描软件、数码相机等设备进行数字化处理，并第一时间通过电子邮件、微信群、QQ群向目标单位进行传送，保证传递及时性。最后，实行定期介质文件（包括U盘、光盘等）交换制度，约定每周五的下午进行统一交换，并履行文件签收手续。

2. 建立全员实时共享的工程日报、周报、月报制度

为了及时、准确地向所有参建单位反馈工程建设进度、安全、质量等管理情况，达到相互监督、相互促进的目的，形成赶学比超的热烈劳动生产局面，新奥通城公司统一要求参建的设计、监理、施工单位，利用电子日记、云空间等软件和信息化技术，通过图文并茂的形式，向所有参建单位全方位、全景展示工程项目的进度、安全、质量等情况。如在对施工单位工程日报的管理上，要求施工单位的日报填写人员，对当天的主要作业内容、完成工程量、安全管理情况、质量管理情况、劳动力投入情况、机械设备投入情况、原材料进场情况、检查发现的问题情况、整改落实情况及次日施工计划等内容，通过有道云笔记的PC端进行全面仔细的记载和录入，并上传至云端，建设单位、管理单位、监理单位及其他各参建单位的相关人员均可通过有道云笔记的PC端或手机端进行实时的查看，从而及时、全面地掌握工程的建设进展，发现建设过程中存在的各种问题，为管理决策提供充分的依据。

3. 建立多元、立体的动态信息跟踪制度

为了及时准确地掌握设计、施工各项工作的进展情况，针对行政办公区B1 – B4工程参建单位多、作业面大、专业工程多等特点，新奥通城公

司要求参建的设计单位、施工总承包单位及各专业分包单位等定期填报设计进度动态跟进表、施工进度动态跟踪表、暂估价专业工程及材料设备招采工作动态跟踪表，相应的咨询顾问单位、监理单位对实际进度和填报情况进行核实，然后再通过信息共享平台，让每一位参与者实时跟进，对照整体工作计划，及时发现问题并提出解决方案，直至最后解决问题、按计划完成相关工作。

（三）建立全过程质量管控机制，用工匠精神筑时代精品

中央领导多次强调，规划建设北京城市副中心，必须发扬"工匠"精神，精心推进，不留历史遗憾。新奥通城公司在行政办公区 B1－B4 组团工程的项目管理中，和各参建单位一道，大力推行从原材料到半成品到成品的全过程质量管控，在追求精益求精的"工匠"精神的道路上进行了有益和富有成效的实践。

1. 建立重要原材料专项供应制度

为确保钢材、钢结构件、混凝土、防水卷材等重要大宗材料的供应保障和质量，新奥通城公司组织各参建单位通过推荐、考察、评分等程序，建立了各种材料的合格供应商数据库，再由建设单位或施工总承包单位与合格名录中的厂商直接签订战略合作协议。如钢材的供应即由建设单位与某钢铁集团签订了《北京城市副中心机关办公区工程建筑钢材采购框架协议》，在此框架下，各施工总承包单位再分别与其签订采购订货合同。防水卷材的供应则是由各施工总承包单位与相应的合格供应厂家签订采购合同，并在合同中约定，该厂必须为行政办公区项目制定专门的排产计划、质量控制措施，确保出厂合格率达到 100%。同时，要求合作厂家为行政办公区工程设立专门的材料存储仓库，以保证材料的及时供应。

2. 严格原材料进场报验制度，利用二维码技术，实现材料源头可追溯

首先，为了进场验收时更准确、便捷校验产品真伪，保证中间环节不出现掉包等现象，建立质保查询机制。如和建设单位签订框架协议的某钢铁集团开发了手机微信端扫描查询查验功能，让质检人员通过手机端扫描货物标牌条形码即可验证质保信息。同时，该钢铁集团还在其电子质保书

查询系统上，专门为行政办公区工程开通了"质保书查询校验"平台，确保进场材料的真实性。其次，利用二维码技术，给所有重要原材料配备"身份证"，加强原材料的标识管理，通过二维码信息，实现货源可追踪。现场质量管理人员及质检人员只要拿出手机对准材料上的二维码一扫，工程名称、生产厂家、炉批号、质检员、检查结果等质量信息就一览无余地呈现在操作人员的手机端。目前防水卷材、钢构件、钢筋桁架楼承板等重要材料设备都已配备了二维码，扫描材料上的二维码即可获得其相关的质量管理信息。

3. 建立定期考核制度，杜绝免检产品弊病的出现

为了持续监督原材料供应企业的质量管控，防止质量管理人员出现思想松懈和麻痹，导致以次充好的现象发生，新奥通城公司会同建设单位特别建立了对供应商的定期考核回访制度。如为了加强混凝土的供应质量，新奥通城公司每个月都组织建设单位、监理单位、施工总承包单位等参建单位对合作商品混凝土站进行一次检查、考核，重点检查其原材料质量控制、生产过程质量控制、混凝土出厂检验等方面的管理措施执行情况，考核合格后，该供应单位才可获得继续供货的资格，否则，就否决该供应商的供货资格。同时，对重要钢结构部件等的生产加工，由监理单位、施工总承包单位派驻质量管理人员，进行驻厂监造，严密监控加工制造过程中的用材用料及加工工艺，保证生产加工质量，并在出厂前进行联合检验，合格后才允许装车发货。

4. 大量采用机器人技术，进行精密质量控制和全过程质量监督

行政办公区建设中，机电系统众多、管线错综复杂，空间结构繁复多变。为了提升施工质量和效率，施工总承包单位广泛应用三维激光放样机器人技术。通过在手持设备上定位施工点，依靠支放在三脚架上的三维激光放样机器人确定具体的施工位置，较传统人工施工放线方法，大大节约了人力，提高了效率。同时，三维激光放样机器人可以将测量误差控制在1毫米的范围内，克服了纯人工现场放样带来的误差大、无法保证施工精度的缺点，从而真正提升施工质量。同时，施工中各施工总承包单位还专门配备了监控机器人，利用监控机器人对混凝土的浇筑过程、钢结构焊接过程等关键工序进行全程监控并将视频进行存储，管理人员只要在视频监控中心就能及时发现施工中出现的问题并控制改正，而且可以通过视频回放功能，查找分析质量管理过程中存在的问题或好的做法。

5. 大力推广 BIM 技术应用，保证设计、施工质量

从管理到实施，从设计到施工，各参建单位均成立了 BIM 技术应用小组，全面推广应用 BIM 技术。在设计阶段，各设计团队充分利用 BIM 技术，提前进行管线碰撞检查，减少施工过程中的变更，减少各种错漏缺碰。在施工阶段，各施工单位将 BIM 技术广泛应用在风险预控、进度管理、材料管理、劳务管理及方案制定等方面。如在方案的制定和现场技术交底的应用上，通过 BIM 模型的建立，使每一个施工方案和技术交底都能达到可视化的效果，也使方案的制定和技术交底更加准确、可行，针对性更强，减少了施工过程中的频繁变更修改，提高了施工工效，有效提升了施工质量。

（四）加强现场全时空安全管控，打造平安样板工地

安全就是一切，在行政办公区 B1 - B4 组团工程建设管理中，新奥通城公司始终贯彻建设单位提出的"零事故、零火情"安全管理目标要求，坚持全时空、无死角的管控理念，成功打造平安样板工地。

1. 全面梳理各阶段施工安全风险点，建立危险源识别、公示及责任包保制度

行政办公区 B1 - B4 工程建设之初，新奥通城公司项目管理团队即组织参建的监理单位、施工单位，全面、深入分析土护降、土建、建筑幕墙、机电安装、装饰装修等各施工阶段的安全风险点，并根据风险点的发生概率高低、危害程度大小和潜在影响，将其划分为Ⅰ、Ⅱ、Ⅲ级，同时，分别由监理单位和施工单位指定专人，对相应安全风险级别进行重点监控、签订包保责任书。

表 2　行政办公区 B1 - B4 工程风险点划分及包保责任

风险级别	划分依据	包保责任人	
		监理单位	施工单位
Ⅰ级风险点	易发生重大事故，导致人员伤亡或造成重大经济损失，对项目有全局性影响的	总监理工程师	项目经理

风险级别	划分依据	包保责任人	
		监理单位	施工单位
Ⅱ级风险点	易发生事故，导致人员伤亡或造成较大经济损失，对项目局部有较大影响的	安全总监	安全总监
Ⅲ级风险点	可能发生事故，导致人员受到伤害，但造成经济损失和影响不大的	安全监理工程师	安全员

2. 全方位设置网络摄像头，打造施工安全监控的天网

为了达到实时、有效监控每一个重要施工部位和安全通道的目的，行政办公区 B1 - B4 组团工程平均每个组团工程项目现场安装了不少于 40 台的网络监控摄像机，用于全面监控施工全过程。其中每个组团工程基坑四周安装球机 4 台，塔吊安装智能球机 3 台，出入口及试验室安装半球机 7 台，大门口安装车牌机 2 台，围墙四周安装枪机 18 台，厂区道路安装枪机 6 台。视频监控系统基本覆盖施工现场的围挡围墙、办公区、大门出入口、材料场、库房、配电室、消防泵房、钢筋加工场及整个施工区域。安全管理人员只要坐在监控指挥中心，就能监控到施工现场的每一个角落。同时，应用网络摄像机，让所有获得授权的管理人员通过手机 APP 应用，即能实现对工地随时随地的查看，以及时发现问题，向相关单位提出整改意见并要求落实，从而真正构建一张安全管理的"天网"，保障施工作业的安全运行。

3. 为塔吊安装"黑匣子"，构建塔吊安全作业的金钟罩

行政办公区工程占地面积大，单体建筑多，各组团之间虽有距离，但又相互关联。结构施工阶段，整个行政办公区施工现场共安装各型塔吊 100 余台，确保群塔作业的施工效率和作业安全，成了安全管理的重中之重。为此，各参建单位都对群塔施工方案进行了精心策划和充分论证，特别是针对各组团工程之间的管理盲区，进行了重点论证，并请行业专家从技术措施和组织措施上进行把关，从源头上保障了群塔作业的安全。而且，施工现场的每台塔吊都安装了防碰撞监视设备，配备了塔吊"黑匣子"，对塔吊操作进行实时控制。塔吊"黑匣子"可全程记录起重机的使用状况并能规范塔式起重机的安拆和使用行为，并通过"黑匣子"的自动

报警系统和自我保护系统，有效避免了工人的误操作和超载行为，如果操作有误或者超过额定载荷时，系统会发出报警或自动切断工作电源，强制终止违章操作，切实控制了生产安全事故的发生。同时，"黑匣子"还可以对塔吊的工作过程进行全程记录，且记录不会被随意更改，通过查阅"黑匣子"的历史记录，即可全面了解到每一台塔机的使用状况。

（五）建立全方位预警制度，确保建设任务目标实现

全方位预警制度是指根据各参建单位提交的各种报告或项目管理单位在现场核查过程中发现实际工期、安全、质量等与既定的管理目标值之间出现滞后、缺陷或隐患的时候，进行预先警示的一种制度。

1. **工期预警制度**

根据工期滞后的严重程度，建立三级工期预警体系，即黄色预警、橙色预警和红色预警，并按照不同的预警级别，制定分级响应机制及针对性的应急方案，包括响应方式、响应人、响应时间以及具体的纠偏措施。如工期滞后达到预警制度规定的天数后，启动相应级别的预警，由施工总承包单位指定专人在限定时限内协调解决，监理单位负责监督并督促实施。同时，对设计出图计划也制定了专项的预警制度，督促各设计单位严格按既定的出图计划提供各阶段图纸。

2. **安全预警制度**

根据事故发生的危害性和事故发生的概率，建立五级安全预警体系，即绿色（Ⅴ级）、蓝色（Ⅳ级）、黄色（Ⅲ级）、橙色（Ⅱ级）和红色（Ⅰ级）。针对不同的预警级别，制定相应的应对措施。当安全管理状态处于预警制度规定的级别时，启动相应级别的预警机制，由施工总承包单位指定专人在限定时限内协调解决，监理单位负责监督并督促实施。

3. **质量预警制度**

根据质量缺陷发生的概率和可能造成的影响程度，将质量预警分为两个级别，即黄色预警和红色预警，并建立对应的响应机制。黄色预警为出现较严重质量问题，可以正常履约但在后续的施工过程中应加以改正。红色预警为出现严重质量问题，已经影响正常履约，应立即停工整顿。

4. 资源预警制度

根据现场劳动力、材料、设备配备情况，分别建立相应的预警制度，并根据不同的预警级别，制定相应的应对措施。如当检查发现现场劳动力缺失 5％时，由生产副经理协调解决，且要求必须在 1 天内上足相应的劳动力；当劳动力缺失 10％时，由生产经理进行协调解决，且要求必须在 2 天内上足相应的劳动力；当劳动力缺失 15％时，由项目经理进行协调解决，且要求必须在 3 天内上足相应的劳动力。同样，当材料储备小于规定的预警值时，由施工总承包单位指定专人在规定时限内协调解决，监理单位负责监督并督促落实。

四 "五全"项目管理体系的实施效益分析

（一）经济效益

行政办公区 B1－B4 组团工程通过引入开放式街区、功能共享等先进设计理念，以及空调温湿度独立控制、场地灾害预防、再生能源利用、市政中水利用、节水系统与设备等大量新技术、新材料的应用和集约化管理，取得了非常可观的经济效益。经初步测算，节约工程成本约 3260 万元。其中，通过对会议室、接待室等功能性房屋的共享设计，共节约建筑面积约 1960 平方米，节约建设资金近 1470 万元；通过在暂估价专业工程和材料设备招标采购中标准示范招标文本的推行，降低招标代理工作强度，使招标代理主动让利，节约招标代理费共计约 160 万元；通过太阳能路灯、钢板临时路和可循环利用装配式临时围挡的应用，节约工程成本约 420 万元；通过冬季施工阶段对供暖需求及条件实施精细化管控，在开放性的大空间创造性的使用楼承板下面敷设电伴热加热保温的技术，共计节省供暖费 1210 万元。同时，通过利用太阳能等可再生资源、应用智能能效监控系统等绿色建筑技术，节约电力、水等资源能耗，预计在运营阶段每年还能节约运营成本约 500 万元。

（二）社会效益

新奥通城公司在行政办公区 B1－B4 组团工程中成功创建并应用的

"五全"项目管理体系,在实现较好经济效益的同时,也取得了很好的社会效益。首先,截止到目前,在参建各方的相互配合和共同努力下,行政办公区 B1 – B4 组团工程实现了"零事故、零火情"的安全管理目标,杜绝了施工人员生命财产安全的损失。其次,功能共享和集约化设计、施工管理理念的实践,为今后多组团集群式大型政府公共类建筑的设计、施工管理,特别是在一些大型城市新区建设和最近中央提出的雄安新区的建设中,可以为其提供很好的借鉴样本。再次,"五全"项目管理体系的创建和成功实践,以及过程中形成的大量项目管理文件,为今后集群式大型政府公共类建筑项目或其他建设工程项目的全过程项目管理工作提供了成功的管理经验和研究样本。最后,"五全"项目管理体系在行政办公区 B1 – B4 组团工程中的成功实践,取得了良好的效果,B1 – B4 四个组团工程先后获得钢结构金奖和推广应用全国建筑业绿色施工示范工程检查得分排名全国第一的好成绩,得到业内的广泛关注和认可。

下篇
管理创新

奥林匹克中心区下沉广场、龙形水系

可视化信息管理系统在大型综合园区的应用[*]

白　洁[**]

摘　要 | 奥体文化商务园规划设计可视化展示系统基于信息多重展示模式，将地图、影像、单体建筑、绿化景观、地下空间精装修、市政道路、环隧等在内的一切可见对象予以高质量 3D 可视化，并将园区交通动线、园区管理数据查看模块、园区智能安防、租售管理、停车场管理、信息发布系统管理等业务服务信息系统集成，完成园区综合信息管理的一体化建设。在园区内建立一个企业的可视化资源共享平台，将企业的商业推广、人才需求、供应链需求以及创意共享信息以地理位置可视方式予以共享，并实时更新，实现资源和信息的共享，摆脱文档、表格、PPT 等传统媒介的展示方式，建立一个数字化、智能化、信息化服务的可视化信息资源共享系统，能够创造更多的商业机会，打造良性的企业互动空间。

关键词 | 信息化　可视化　园区管理

一　可视化信息管理系统实施的背景

我国传统土地一级开发对于园区建设只完成到基本的道路、水、电、

---

[*] 课题原名称为：大型综合园区建设主体可视化信息管理实践，获得第三十一届北京市企业管理现代化创新成果二等奖，课题组成员：段旺、沙钢、曾宪锋、白洁、赵琪、李静平、刘旭。

[**] 白洁，硕士，北京北投置业有限公司设计技术部中级工程师。

气、热等"九通一平"的市政基础设施建设，园区各种信息系统相互独立，缺少支持园区管理的基础性信息化应用，更缺乏个性化的企业信息化应用，形成"信息孤岛"，无法支持园区管理和企业之间的业务流程，缺乏相应的集成与互联机制。但随着信息技术的发展，这种模式已经不能满足园区入驻企业和园区管理方的需求，亟须一种能解决传统园区信息重复建设、信息服务薄弱、资源浪费等问题的解决方案来促进园区可持续发展。

信息化建设对于大型综合园区争夺高端产业入驻、加快科技自主创新、促进产业转型升级、打造园区独特品牌具有关键意义。因此，从信息化建设角度寻求解决方案，借助信息技术实现超常规管理是大型综合园区发展的契机。为了助力园区制定可持续的信息化发展战略，明晰奥体文化商务园的信息化发展重点，优化信息化建设路径，完善信息化管理与控制系统，北投集团总结全国多个园区的信息管理方式及管理经验，根据项目的特点，制作了"三维可视化信息管理系统"，针对"十三五"时期园区发展新形势对园区信息化提出的新要求、新挑战，提出大型综合园区可视化信息管理系统的总体架构，助力园区管理机构更好地发挥信息化在增强综合竞争力、促进转型升级和可持续发展中的重要作用。

二　奥体文化商务园可视化信息管理系统项目概况

奥体文化商务园（奥体南区）是奥运工程的延续，是集文化、商务、居住等功能为一体的多元复合区域，是奥林匹克公园的重要组成部分，园区南起北土城东路，北至奥体中路，西起中轴路，东到安定路，总面积约62.8公顷，建设规模144万平方米，其中地下公共空间项目建设规模30万平方米。

集团在奥体文化商务园建设管理中引进可视化系统，以此为工具辅助园区信息管理系统的构建与实施，以3D数字沙盘、数据智能化的可视系统管理运营平台为手段进行创新管理，以确保园区宣传展示、商业招租以及后期管理经营的数字化、信息化、智能化的实现，并实现高效、有序、可持续的园区管理与运营，为企业带来良好的经济效益、管理效益以及社会效益。

三 可视化信息管理系统的主要内容

(一) 可视化信息管理系统的基本内涵

奥体文化商务园可视化信息管理系统以可视化管理创新理念为导向，以信息化三维数据展示为抓手，利用建筑信息模型为呈现手段，利用视频可视化信息的方式实现"全时间，全空间，全主体"的可视化信息管理系统的运作。它是基于信息管理的多重展示模式和再现，包括园区的地图、影像、单体建筑、景观绿化、公共设施、地下商业等一切可见的对象。根据奥体文化商务园的设计，重点将园区景观绿化、公共设施、地下商业等对象予以高质量可视化，并逐步将租售管理、停车场管理、广告信息发布系统管理、水电智能化管理、园区一卡通管理等业务服务信息系统集成，完成园区综合信息管理的一体化建设。在园区内建立一个数字化、智能化、信息化服务的可视化信息资源共享管理平台，将企业的商业推广、人才需求以及创意共享信息以地理位置可视方式来予以共享，并实时更新。

(二) 可视化信息管理系统的主要特征

1. 三维智能化

可视化管理系统将园区以三维场景为依托，通过虚拟仿真技术，对园区建筑、植被、市政设施、企业设施、地下管线等三维建模，真实还原园区整体环境，以三维可视化系统平台为核心，融合了终端子系统结合物联网，实现园区智能化管理。

2. 人性化

通过园区数字漫游、园区售楼展示系统、园区综合信息管理与发布、招商信息管理展示等模块将整个园区信息实现 3D 图形可视化，并将管理功能有机地融入其中，通过直观的图形化读取与操作，把用户的浏览过程可视化，有效的解决网络浏览中的迷航问题，大大提高整个园区的管理运营效率。

图1　奥体文化商务园信息可视化管理系统展示界面

3. 信息化

智能化的可视化管理运营平台，将一些无法在现有检索模型中揭示出来的隐含关系可视化，从而帮助用户从大量检索结果中快速且准确地判断，定位所需信息。通过可视化信息管理系统将整个园区的规划、发展、建设和运营通过网络与移动设备终端，建立园区内企业与企业、企业与园区管理部门以及园区生活者与园区之间的全新沟通桥梁，促进相互之间的沟通效率。

图2　园区周边商圈检索

三　可视化信息管理系统的构建与实施

（一）　可视化管理系统的基本操作模式

奥体文化商务园可视化信息管理系统通过二维地图的展开为入口。用户登陆二维园区 OA 网站，将找到三维智能虚拟园区的入口，通过二维园区 OA 网站点击进入三维智能虚拟园区系统，园区区位信息、地图、影像、单体建筑、景观绿化、公共设施、地下商业等一切可见的对象在浏览器窗口即可实现。在该系统内，使用者可以自己操作控制三维场景模型，对园区各个场景可进行旋转、缩放改变视角等观看操作。系统内还嵌入园区的专门宣传视频，视频从区位优势、周边配套设施、规划数据、未来生活等方面对园区进行介绍，第一时间通过最直观的方式对园区有一个整体的了解。系统方便用户的同时也保证了数、维智能虚拟园区的各种信息实现共通，在三维场景内可以共享二维园区 OA 网站内所有的文字及多媒体信息，同时在二维园区 OA 网站首页上也有栏目板块实时反映三维智能虚拟园区内的信息，吸引人群进入。

图 3　信息可视化管理系统展示模块介绍

（二）可视化管理系统的突破与创新

长期以来，企业信息调查管理还是通过调查表和纸本记录的方式进行，很多调查表都是格式化的勾选，笔记也很难按照规范提取较为全面的核心关键信息；客户资源也多存放在 EXCEL 表格里且没有充分利用。可视化信息管理系统将企业与招商客户进行链接，时间、空间、参与人群都发生了很大变化。招商人员通过系统交互界面的过滤按钮设置，完成场景中针对性的建筑过滤。将房子的优劣势呈现，通过租户给出的需求和具体目标，定制性的帮租户寻找到适合自己的房源。

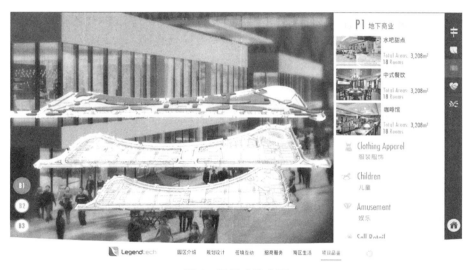

图 4　园区功能分区

在过去，招商人员会带领一组客户去现场进行专门讲解，信息传递的内容有限。可视化信息管理系统将呈现园区的项目规划、控制目标、以及周边的配套设施等内容，表现方式上均突破 PPT 传统的图文展示方式，将内容完全融合到整个管理互动系统中，既可以线性的浏览园区全部的规划数据，也可以以查询的方式操作，找到关注的规划内容。所有信息的表现基于图形化的数据表达，摆脱乏味的图表数字。用户也可以切换到漫游模式，该模式下用户可以以第一人称或第三人称在整个园区中散步，细细查看园区的每一个建筑、每一条道路情况。系统中设定了地上漫游路线、路径导引、路线标注、人流车流货物运动线、顶视测量等内容，系统中的管理系统与地图查询功能，基于 3D 数字化表现，标志性建筑及交通枢纽以三维形式呈现，且地图支持位置、路线的标记及测距等功能，内容呈现直接清楚，避免了租户亲临现场的调研，节省了工作时间和工作成本；管理控制效率大大提效。

（三）可视化管理系统信息管理便捷、节约管理成本

可视化信息管理系统平台数据丰富、操作便捷。从 PC 客户端到网页入口，从 ipad 平板设备到安卓，ios 手机端，都可以进入该系统对其进行控制。系统主要分为园区介绍、规划设计、莅境互动、项目品鉴等主要模块，在该系统内通过自己操作可快速切换到系统的各个核心模块。在模块中企业管理部门能进一步管理控制相关内容。

系统利用数字科技，园区三维互动数字模型可以根据项目和实际情况的变更，对数据部分进行实时调整，且修改周期短。系统设计以园区规划地块为单位，分块进行特写展示与内容说明，未确定的地块以临时的模型数据预先留下数据接口，在方案确认后可以便捷地植入最新规划和建筑方案。便捷的系统信息管理减少了信息管理人员的数量，节省工作时间。同时可视化信息管理系统是软件在平台上的一次完成方案。在硬件正常的情况下，系统软件理论上无须大量维护，可长期使用。

（四）可视化管理系统辅助招商、高效便捷

可视化信息管理系统招商模块致力服务于初次招商、二次招商以及后期运营的整个商业生命周期，为招商工作提供精准、有效、实时、易用的可视化信息管理工具。使用者可查看园区图文信息、参与话题讨论、进入商场内部漫游、查看商场建筑信息；可查看建筑图文信息场景中任意点击某个楼宇，可弹出信息框，并可条件筛选，通过调节价位、面积朝向等，筛选出购房意向目标。

在招商过程中，随着开发策略及客户个性化需求，可对系统模型进行实时更改。可视化信息管理系统中，系统管理员可对商业部分的模型进行编辑、进行长度面积测算以及修改历史记录的备份与恢复；对于决策者需

图 5　楼层图文信息展示

要实时掌握招商现状及统计数据，以便调整招商策略。3D 可视化手段能够使招商过程更加直观有效；决策者、销售、客户、系统管理员可对租售状态、客户详情列表、意向位置分布、需求信息搜集与热度可视化进行实时更新数据与权限查看；对于园区租户商铺租金、租期、续租信息、设备设施报修、维护信息将基于 3D 场景下的实时可视化数据通过权限方式传达给不同用户，使其在整个招商过程中获得可视、便捷、易用的协作办公体验，并使招商及运营工作更加精准、有效。

（五）可视化管理系统管理权限分明，信息时效性强

可视化信息管理系统不单单是以用户名权限的方式区分使用者权限，可运行的系统平台本身即深度分析了不同的用户群需求。对于园区入驻企业，以企业门户与推广营销为核心诉求，主要通过 WEB3D 网页端来实现企业的自我发布与管理功能。同时支持与数据服务的数据交换和实时通信。对于园区管理者，由于需要大数据的管理和图形化需求，主要以基于本地客户端的 PC 工作站运行程序为交互平台，配合局部的移动设备终端与网络传输来服务于园区管理者。对于园区生活者，以移动设备终端 APP 应用配合网页端为主要交互平台，满足园区生活者基于生活、地图、工作、兴趣查询等的相关个体信息诉求可视化呈现。

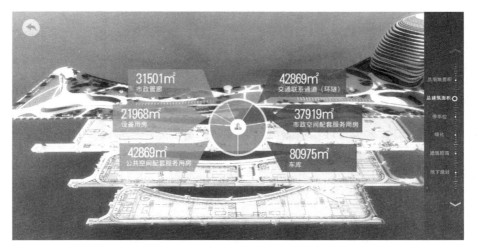

图 6 系统数据展示

在三维场景中，以地理位置为对象的人、活动间能产生实时的交互，信息查询与共享及再生均可与实际地理位置关联，将 LBS 概念置入奥体文化商务园的内核。以此为基点，搭建个人信息发布和交流的门户。实现个人介绍的分享，并能查看专题在线社区，实现实时交流。

园区内激活企业信息按钮后，系统将对园区内的企业进行信息可视化管理。通过气泡，多媒体，以及交互界面等手段，将企业信息的管理方式脱离传统的图片加文字的传统手段。实时在基于系统的 3D 图形化界面中互动展示出来。并且企业用户可以通过系统开放的后台接口，自行更新相关对外发布的信息。内容可以覆盖到商业推广、招聘、信息发布等等众多方面。

四 构建可视化管理系统的意义

（一）突破传统信息管理，提高企业管理效率

可视化信息管理系统实现了园区资源全时间、全空间、全主体的展示及管理，改善了以往的管理缺陷，对传统企业的管理内容，管理方式进行可行性创新。系统的投入使用增强了信息的利用率和时效性，方便了信息的发布和检索查询，提高了企业的管理效率和项目的成功率。该系统的实现不仅能够提高企业的项目管理能力，增强信息的可视性，而且将企业日

常工作融入信息管理系统中，是当今企业信息化建设的趋势，也有利于提高企业的竞争能力和企业的项目管理控制能力。

随着信息技术以及网络技术的不断成熟进步，可视化信息管理系统应用会越来越广泛，它将实现园区经营模式和管理模式的同步发展；帮助园区建立起基于管理模式的新型业务系统，通过信息化实现企业之间更为便利的沟通。这不仅可以提高园区的开放度，而且能够实现沟通意见的快速反馈，增强园区竞争力。

（二）节约企业管理成本，提高企业竞争力

可视化信息管理系统中三维数字沙盘的全方位展示模型，对于企业管理者解决了以往用图册、PPT 说事的现象，让管理者有效掌握企业信息；在企业宣传上减少了园区宣传过程中的交通、文本费用，提高工作效率；在商业招租过程中，通过 3D 模型对现场进行 360°全方位展示，入驻企业无须实地踏勘便可对招商数据和业态进行全面了解，以此创造更多的商业机会，与企业建立良性互动的空间，提升企业综合竞争力的同时，也创造园区的吸引力。

（三）智能集约，高效协同

可视化信息管理系统通过集约共享的信息资源利用平台，实现园区各单位间资源共享，达到业务协同。同时通过园区可视化信息管理系统，为园区部门与个人等提供安全、规范的信息服务，确保大型综合园区的健康运营，达到预期的建设目标。

可视化信息管理系统通过全面提高园区信息化、智能化、集成化水平，将园区打造成为安全、高效、互动性强的高科技的一流示范园区，为园区管理提供方便高效的管理工具，更好地向园区企业提供一流的服务，保障园区和社会的信息交流更加通畅。智能化的管理与运营，增强了企业资源的充分利用，提高园区生活质量与配套服务质量，提高园区经济增长。通过智能化手段实现园区管理方与入园企业的共同发展，打造北京地区信息化管理的新标杆。

（备注：论文中图片及相关技术说明皆来自于北京领钧技术有限公司制作的可视化管理系统截图。）

虚拟管理技术推动建设工程
信息化管理转型*

段继锋**

摘　要 | 建设工程信息化管理是信息技术时代的需求。随着出现愈来愈多结构形式复杂，规模庞大的大型综合项目，提升工程管理水平，强化投资控制，提高工作效率势在必行。经实际分析，采用以建筑信息模型为载体的虚拟管理技术，运用可视化系统、事前虚拟建造、虚拟演示、协调性管理、模型数据库管理等技术应用为管理平台，集中管理的模式可达到资源的合理配置和效益的最大化，推动大型综合项目工程管理由传统模式向信息化管理模式转型。

关键词 | 虚拟管理技术　信息化　可视化　虚拟建造

随着北京市建设"世界城市"的战略步伐的加快，土地一级开发建设项目不断出现结构形式越来越复杂、规模越来越庞大的大型综合项目，提升工程管理水平，强化投资控制，提高工作效率势在必行。本文以奥体文化商务园区地下公共空间项目管理为例，采用以建筑信息模型为载体的虚拟管理技术，运用可视化系统，事前虚拟建造、虚拟演示、协调性管理、模型数据库管理等技术应用为管理平台，集中管理的模式可达到资源的合

---

* 课题原名称为：虚拟管理技术在大型综合项目管理中的应用，获得第三十届北京市企业管理现代化创新成果二等奖，课题组成员：段旺、周梅、吴余海、段继锋、周洋、田忠、陈飞虎。

** 段继锋，高级工程师，北投集团工程管理部主管。

理配置和效益的最大化。

一　应用背景

（一）　北投集团做大土地一级开发市场的需要

北投集团受北京市政府授权委托，作为土地一级开发项目的开发主体，必须充分发挥其主导作用和控制职能。随着北京城市建设步伐的加快，土地一级开发项目的持续增加，工程建设管理工作量也随之增大。建设工程管理是建设单位重要工作之一，促进工程管理水平提升，强化投资控制，提高工作效率势在必行。

建设工程信息化管理是信息技术时代的需求，本文中虚拟管理技术是指建设单位工程管理团队以建筑信息模型为载体，运用可视化系统，事前虚拟建造、虚拟演示、协调性管理、模型数据库管理等技术应用为管理平台，集中管理的模式达到资源的合理配置和效益的最大化。通过应用虚拟管理技术，推动土地一级开发项目工程管理由传统模式向信息化管理模式转型，极大缩短工程协调管理流程周期，大幅提高工程管理效率，成为我们做大土地一级开发市场的需要。

（二）　大型综合项目中建设单位工程协调管理的需要

本文以奥体文化商务园区地下公共空间项目为例，该项目是由地下公共空间工程及地下交通联系通道工程共同组织的大型空间一体化综合项目。整体项目用地面积 10 万平方米，建筑面积 30 万平方米。在空间布局方面要求非常高，屋顶结构多为曲线变化，内部结构高低交错，直线型空间与曲线空间相互转换，室内顶部管线专业种类齐全，且在室内顶部有限空间中管线纵横交错布置，因此，项目具有结构形式复杂、个体特征性强、规模庞大等特点，建设单位工程协调管理需要较强的技术支持。我们应用虚拟管理技术，通过事前对项目虚拟建造方案虚拟演示的技术应用，一是有效形成了各类工程信息的多维度集中，提高了决策效率；二是强化了事前协调管理，提高了工作效率，优化了资源使用；三是减少了协调环节和协调事项，使管理更加科学有效；四是实现了协调管理可视化、简单化。虚拟管理技术的应用，已经成为大型综合项目中建设工程协调管理需要的一种方法。

（三）推动建设工程信息化管理转型的需要

依据住房城乡建设部建筑业信息化发展纲要的要求，建筑业企业需深入贯彻落实科学发展观，坚持自主创新、重点跨越、支撑发展、引领未来的方针，高度重视信息化对建筑业发展的推动作用、统筹规划、政策导向，进一步加强建筑企业信息化建设，不断提高信息技术应用水平，促进建筑业技术进步和管理水平提升。通过虚拟管理技术在大型综合项目中的管理应用创新与实践，项目管理取得良好的经济效益和社会效益，是我们推动建设工程信息化管理转型的需要。

二 虚拟管理技术

（一）虚拟管理技术的内涵

虚拟管理技术（Virtual Management）是信息技术时代的需求，我们以奥体文化商务园区地下公共空间项目管理为例，是指建设单位工程管理团队以建筑信息模型为载体，运用可视化系统，事前虚拟建造、虚拟演示、协调性管理、模型数据库管理等技术应用为管理平台，集中管理的模式达到资源的合理配置和效益的最大化。我们理想状态是跨越时间、空间和组织边界的实时沟通和合作。

（二）管理模式规划

本项目推进以建筑信息模型为载体，虚拟技术应用为管理平台的管理模式，运用多维可视化系统应用，通过事前对项目的虚拟建造应用、方案的虚拟演示应用、协调性管理应用、模型数据库管理应用等方法，多维度集中参建各方意见，有效实现事前管控效果，提高管理决策水平，实现工程管理途径的高度统一，实现工程管理向信息化管理转型。

三　虚拟管理技术应用做法

建设单位工程管理是项目建设阶段重要管理工作之一，以往粗放型管理模式已不能满足项目发展速度及工程管理精度的要求，我们以奥体文化商务园区地下公共空间项目为试点，推动更加高效、精准的虚拟管理技术应用，着力促进工程管理水平提升。

（一）可视化演示应用，提高管理决策效率

土地一级开发项目的开发主体充分发挥其主导作用和控制职能，工程管理是其重要管理工作之一，提高管理决策效率是加快建设进度、有效控制投资的重要手段。

奥体文化商务园区地下公共空间项目具有规模庞大，结构形式复杂，空间布局形式多变等特点。因此，建设单位工程管理协调工作量非常大，技术要求高，整个设计、施工、运营的过程就是一个不断优化的过程，没有准确的信息做不出合理的优化方案，只有及时有效的掌握全面、可靠信息，才能做出快速、有效的管理决策。以往管理模式中，管理者只能通过对平面图形和相关数据的分析，集合专家意见提出可行性决策方案，在信息获取量及信息精确度方面均不足，很难一次决策到位，只能提出方向性意见，细节问题还需再组织解决。整体决策流程较长，导致管理决策的及时性和有效性不足，因此，我们需要能够及时掌握全面、可靠的信息，简化管理决策流程，提高管理决策效率。

我们在奥体文化商务园区地下公共空间项目管理中，推动可视化演示应用，运用建筑信息模型可视化及演示功能，将以往在图纸上的线条式的构件形成一种三维的立体实物图形展示，模型将工程项目几何信息、物理信息、规则信息等直观可视展现，并且运用演示功能提前演示方案效果，参建各方管理者在项目方案设计、建造过程中的沟通、讨论、决策在可视化会议状态下进行，及时全面、准确地掌握工程信息，通过模拟演示实验，再由各类专家集中提出决策建议或意见，综合整理后提出管理决策。通过推动可视化演示应用管理模式，我们提高了对复杂项目进行优化的可

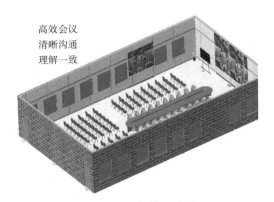

高效会议
清晰沟通
理解一致

图 1　可视化管理应用

能，把项目设计和投资回报分析结合起来，设计变化对投资回报的影响可以实时计算出来，使我们及时了解哪种项目设计方案更有利于自身的需求，对设计施工方案进行优化，项目建设工期和投资均得到显著改进。因此，可视化演示应用，提高工程管理决策效率，促进了建设单位工程管理模式转型。

（二）虚拟建造应用，强化事前管控效果

工程项目建设阶段集合了大量材料、机械、劳力的输出，是建设单位成本控制的重要阶段。随着工程领域的不断发展，结构形式越来越复杂，规模也越来越庞大。结构施工难度高、个体特征性强、规模庞大等特点日益凸显，做好事前控制，避免修改，减少变更，能够更大程度提高成本控制。

奥体文化商务园区地下公共空间项目占地 10 万平方米，建筑面积 30 万平方米，基坑深度 20 米，具有结构造型丰富、曲线变化多样，交叉节点结构复杂等特点，因此结构施工难度极高，局部节点部位或结构交界部位采用常规工艺施工非常困难，提前了解施工过程中的难点，安排好合理顺序，就能够避免建设过程修改及返工，大大提高建设进度，节约建造成本。解决此类问题，以往建造过程中主要依靠技术人员现场结合实际情况制定合理的施工方案，必要时需实地放样，逐点解决，往往过程繁杂，建设周期较长，不利于建造成本的控制。

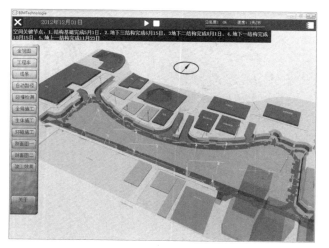

图 2　事前虚拟建造

我们在奥体文化商务园区地下公共空间项目推动虚拟建造技术应用来解决优化建造方案问题，比以往模式得到更好的经济效果。虚拟建造是从虚拟制造概念基础上发展起来的，其本质是对实际建造施工的过程用计算机模拟和预演，从而实现施工中的事前控制和动态管理。虚拟建造支撑的关键技术包括虚拟现实技术、仿真技术、优化技术、建模技术和各种软硬件环境平台，形成了虚拟建造的系统体系。因此，我们利用虚拟建造技术模拟在真实世界中进行操作的事物，事先对结果复杂的节点或结构交界部位的施工顺序预先演示，从而确定合理的建造方案来指导总体施工，经统计，合理优化建造顺序或建造工艺约 80 处，有效避免了重复施工或修改；并从全局出发，整体协调各相关参建单位之间的施工安排，合理、有效地解决总体建造顺序，避免各参建单位各自为政，无序施工的局面。从而大大提高了建设速度，节约了实体建造成本，提高了工程协调管理工作效率，整体推进了建设单位工程管理方式向虚拟管理模式的转型。

（三）协调性管理应用，强化全面统一管理

北投集团是奥体文化商务园区地下公共空间项目的建设单位，同时肩负着该项目后期运营及维护管理工作，因此，形成完整、有效的

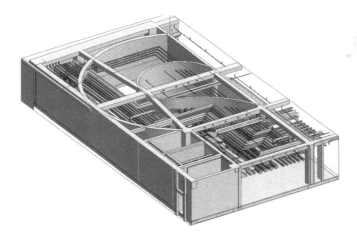

图3 协调性管理应用

建设工程信息，将会对运维阶段的管理工作提供可靠的信息支持。以往建设工程资料均以图纸、文档、声像资料的形式留存，后期工程管理阶段，如区域装修、功能改造或维修等情况，相关专业人员只能通过平面图纸及相关工程资料得到工程建造信息，存在资料记录内容不详或关联资料不宜查询等情况，对后期管理造成不少困难，必要时，需要结合现场实际情况，重新制定实施方案，整体流程周期较长，使得决策效率较低。

奥体文化商务园区地下公共空间项目具有规模庞大，空间布局形式多变，专业管线种类齐全且纵横交叉布置等特点，因此，建设阶段能够合理分配顶部空间，有序布置各类专业管线，即能最大限度满足使用空间，又能整体合理组织各专业管线的安装顺序，同时，为运维阶段管理工作创造良好的基础条件。

我们在奥体文化商务园区地下公共空间项目推动协调性管理应用过程中，通过建筑信息技术预先综合演示各种专业之间的或管线与结构实体之间的碰撞。如暖通等专业中的管道在进行布置时，由于施工图是各自绘制在各自的施工图纸上的，真正施工过程中，可能在布置管线时正好在此处有结构设计的梁等构件在此妨碍着管线的布置，这种就是施工中常遇到的碰撞问题。依据管线碰撞结果，及时调整管线设计情况，利用计算机巨大的信息处理能力，提前发现并解决约300处管线碰撞问题，避免了施工过程中的修改或返工。由于统一布置各类专业关系，合理组织各专业单位施工顺序，缩短了安装周期，留存完整可靠的信息资料，为运维阶段管理工作提供了可视化的建筑信息模型资料，比以往平面资料更加直观，查阅信息更加快捷，为后期管理决策提供强大的信息依据。

（四）模型数据库管理应用，提高成本控制能力

工程项目投资控制管理是建设单位重要管理工作之一，贯穿于决策阶段、设计阶段、建设阶段、运维阶段等建设工程全过程周期，精确的工程量核定及投资控制分析，能够保证整个建设项目整体投资处于可控状态，从而达到项目决策目标。在以往建设阶段工程管理中，工程量的确定主要依据相关施工图纸、设计变更或洽商、施工组织设计方案等，按相关规范经人工计算汇总得到工程量统计，整个流程周期较长，且计算精准度受到人员技术水平、工程经验等因素影响，如遇到工程项目的结构形式复杂，曲面变化多的饰面等情况，人工计算精确度明显不足，经常造成计算量大于实际工程量。

奥体文化商务园区地下公共空间项目具有规模庞大，结构形式复杂，空间布局形式多变，曲线变化多样等特点，例如，屋顶形态为波浪形曲面结构，屋面景观地形变化多样，室内空间隔断曲线变化普遍等，因此，增加了工程量统计难度，也对单项工程投资控制造成不确定性。

奥体文化商务园区地下公共空间项目推动信息模型数据库管理应用中，首先是建立了完整的建筑信息模型关系数据库，先通过虚拟建造功能，让实际成本数据及时进入信息模型关系数据库，使成本汇总、统计、拆分对应等数据瞬间可得。之后的周期性（月、季）按时调整维护好模型数据库，通过强大的统计分析能力满足各种成本分析需求。通过模型数据库管理应用，提高工程量汇总分析能力，加快了统计速度，减少了人员工作量，提高了工作效率；通过总量统计的方法，消除累计误差，成本数据随进度进展准确度越来越高，通过实际成本信息模型，监督各成本实时盘点，提供实际数据；整体提升建设单位成本控制能力。

四 应用成果

（一）提高工程管理水平，实现经济效应增长

北投集团以奥体文化商务园区地下公共空间项目为试点，推动虚拟管理技术应用，通过运用信息化技术管理平台，极大缩短了建设阶段工程管理决策周期，提高了决策效率，投资成本得到有效控制，经济效应实现增长。该项目建筑信息模型总投入约300万元，经统计，虚拟管理技术应用实践过程中，结构主体建造期间，通过虚拟建造技术优化建造方案及结构交界部位建造顺序等约80处，合理协调综合管线布置，优化管线路径约30处，共计节约建设投资约500万元；通过虚拟建造技术应用使结构部分建设工期提前4个月完成（计划工期18个月）；综合管线统一管理，优化管线路径，优化空间利用率，投资成本有效控制，并为运维阶段工程管理留下完整、可靠的信息资料；有效完善数据库管理，工程量管理水平大幅提高。虚拟管理技术应用，通过信息化大数据处理，已经引领我们进入信息化技术时代，经实践证明，奥体文化商务园区地下公共空间项目中，建设单位工程管理水平显著提高，工程管理模式不断创新。

（二）推动建设工程管理向信息化管理转型

随着北京市建设"世界城市"的战略步伐，土地一级开发管理已进入新的发展阶段。虚拟管理技术在大型综合项目管理中的应用，为做大土地一级开发市场提供了强大的技术支持，让我们高度认识到信息化管理对土地一级开发项目工程管理转型的推动作用。虚拟管理技术应用，极大降低信息传递过程中的衰减，实现事前控制和动态管理，助推大型综合项目工程过程管理和控制。通过工程项目与管理信息系统结合，实现对工程建设与投资的实时监控和管理。

五 结语

本文以奥体文化商务园区地下公共空间项目管理为例，成功应用虚拟

管理技术的信息化管理模式，运用多维可视化系统应用，通过事前对项目的虚拟建造应用、方案的虚拟演示应用、协调性管理应用、模型数据库管理应用等方法，多维度集中参建各方意见，实现集中管理模式达到资源的合理配置和效益的最大化，并推动建设工程管理向信息化管理转型，对今后类似大型综合项目建设具有借鉴作用。

大型综合工程安全质量管理信息化体系构建的实践*
——以奥体文化商务园区为例

江贤武**

摘　要　在建筑业快速发展的过程中，建筑工程的安全与质量始终是行业关注的主题，在大型综合工程，尤其是参施单位众多、参施人员复杂的项目中，传统管理手段已呈现出明显的局限性。在信息化手段得到广泛的应用和推广的基础上，本文重点阐述了大型综合工程安全质量管理信息化体系构建的实践。大型综合工程安全质量管理信息化体系，是以建设工程安全质量管理流程突破为出发点，以信息化管理手段为抓手，利用建筑信息模型（BIM）作为工程综合信息呈现手段、视频监控技术作为施工现场信息反馈手段、协同管理平台作为协调解决方案落实手段，形成安全质量管理"全时间、全空间、全主体"的信息化管理体系。以奥体文化商务园区的建设实践为例，大型综合工程安全质量信息化管理体系的构建取得了良好的管理效益、经济效益以及社会效益，对同类工程安全质量管理手段创新、水平提升将提供很好的借鉴。

---

* 课题原名称为：大型综合在建工程安全质量信息化管理体系的构建与实施，获得第二十九届北京市企业管理创新成果二等奖，课题组成员：段旺、江贤武、沙钢、刘博、刘纯、曾宪锋、李灵爽。
奥体文化商务园区信息化管理体系于 2013 年 6 月正式列入 2013 年科学技术项目——科技示范工程项目（信息化示范工程）计划，并于 2013 年 11 月 12 日正式通过住房和城乡建设部项目验收。

** 江贤武，经济学学士，管理学硕士，中级经济师，北京丽泽金都置业有限公司工程管理部部长。

关键词 | 工程建设　安全质量管理　信息化

大型综合工程安全质量管理信息化体系，是以建设工程安全质量管理流程突破为出发点，以信息化管理手段为抓手，利用建筑信息模型（BIM）作为工程综合信息呈现手段、视频监控技术作为施工现场信息反馈手段、协同管理平台作为协调解决方案落实手段，形成安全质量管理"全时间、全空间、全主体"的信息化管理体系。面对体量大、构成复杂的大型综合工程，传统管理手段已呈现出日益明显的局限性，需要不断应用新技术、探索新方法来实现高效的工程安全质量管理。

一　大型综合工程安全质量管理的研究背景

（一）建设工程安全质量管理形势日趋严峻

在建筑业快速发展的过程中，建筑工程的安全与质量始终是行业关注的主题，直接关系到相关单位和人员的生命财产安全。施工生产的流动性、建筑产品的单件性和类型多样性、施工生产过程的复杂性都无法避免施工生产过程中的不确定性，导致施工过程和工作环境必然呈多变状态，这些建设工程施工的特点决定了建筑业是高危险、事故多发的行业，因而容易发生安全事故。此外，建筑施工露天、高处作业，手工劳动及繁重体力劳动，及劳动者素质相对较低，这些因素都增加了建筑施工的不安全性。2017 年，全国有 31 个省（区、市）发生房屋市政工程生产安全事故，17 个省（区、市）死亡人数同比上升，其中有 14 个省（区、市）发生房屋市政工程生产安全较大事故。全年共发生房屋市政工程生产安全事故 692 起、死亡 807 人，比 2016 年事故起数增加 58 起、死亡人数增加 72 人，分别上升 9.15% 和 9.80%。① 同时，建筑工程质量问题引起的质量事故、安全事故也时常发生，存在质量问题的建筑工程给人们带来了极大的安全隐患。近年来，随着建设工程市场的快速发展、工程项目数量及规模的快速扩大，建设工程安全质量管理形势日趋严峻。

---

① 住房和城乡建设部公布数据。

（二）大型综合工程安全质量管理中传统手段面临局限

建筑工程施工中安全生产与质量管理两者密不可分，安全生产是前提，质量监督是过程，两者相辅相成。加强安全生产和质量控制的管理，直接影响到建设工程进度、成本、环保等目标的实现，也直接决定了相关利益主体追求的经济效益和社会效益能否实现。同时，建筑工程安全与质量管理具备全过程、全方位的突出特点，要求对从勘察、设计到采购、施工等各个影响安全质量的作业环节进行控制，对勘察、设计、施工、监理、业主甚至是安全质量第三方监督管理机构人员的安全质量行为进行管理。

现阶段建筑工程市场秩序以及市场主体行为的不规范，各参建单位从领导到作业人员的安全质量意识淡薄，安全质量机构不健全，人员不到位，安全防护及质量控制措施落实不到位，部分作业人员作业水平不高，操作不规范，及政府安全质量管理部门监督面广、压力大等原因，都成为建筑工程安全质量管理中的难点和重点。

传统的安全质量管理手段主要集中在加强安全质量管理意识培训、增加巡视验收等管控措施、加大管理人员投入力度等方面。这些传统管理手段以增加程序管控及人力投入为突出特点，但在大型综合工程尤其是参施单位众多、参施人员复杂的项目中，会面临管理成本快速增加、沟通落实效率严重低下等多种问题，使得安全质量隐患或问题不能尽早地全面发现和及时有效地反馈并解决。因此，大型综合工程的安全质量管理过程中，传统管理手段已呈现出日益明显的局限性。

（三）信息化手段的广泛应用递推建设工程管理创新

在大型综合工程安全质量管理体系的构建中，除了加大传统管理手段的投入力度外，管理手段的创新也应是全面提高安全质量管理效率的一个有效突破口。事实上，随着信息化等技术的全面发展，近年来已有不少信息化管理手段在建设工程管理中逐步得到推广和应用。BIM（建筑信息模型）、视频监控技术在近年来的工程管理发展中都有较广泛的应用。

BIM 最早主要应用于设计信息 3D 模型化、直观化体现，近年来随着研究的深入逐步向工程项目全寿命周期的信息管理方向推广。2011年开始建设的上海迪士尼乐园业主方要求 BIM 技术应用于项目全寿命周期的管理，预期实现减少工程造价、节约建设成本的目标，并以运营管理为导向提供运营管理需要的有效信息、持续打造乐园独特魅力。远程视频监控技术近年来在建设工程管理中也得到较广泛的应用，尤以地铁、隧道等地下工程应用较普遍，远程视频监控应用于施工现场安全质量监控的实践表明，网络信息化技术在工程建设领域的应用提升能极有效地辅佐工程管理水平的提高，对降低施工成本、消除事故隐患能起到重要作用。

以上这些信息化手段在建设工程管理中虽有一定程度的应用，但普遍都只是作为工程管理的一种辅助手段，且各种信息化手段之间未形成有机联系、未成体系，这对全面发挥信息化手段在安全质量管理中的作用也形成一定的制约。随着 BIM、视频监控等信息化手段在建设工程安全质量管理中日益广泛的应用和推广，有效结合各种信息化手段、综合构建工程安全质量信息化管理体系也成为必然需求。

二 大型综合工程安全质量管理的基本特征

区别于一般的建设工程项目，大型综合工程具备以下的基本特征，使得项目安全质量管理面临更大的困难和复杂性，因而其安全质量管理体系的构建具有更高的要求以及更大的难度。

按照北京市委、市政府关于建设世界城市高端示范区的指示精神，2012 年北京城市副中心投资建设集团有限公司（原北京新奥集团，以下简称"北投集团"）启动了奥体文化商务园区内市政基础设施和土地一级开发附属设施建设等工程，重点发展商业、金融、文化创意产业。奥体文化商务园区（奥体南区）是奥林匹克公园的重要组成部分，园区南起北土城东路，北至奥体中路，西起中轴路，东到安定路，总面积约 62.8 公顷，建设规模 144 万平方米，其中地下公共空间项目建设规模 30 万平方米。这一项目具有大型综合工程的代表特征。

（一）工程规模大

大型综合工程首要的特征即是建设工程规模大，符合大型建筑工程的规模要求。如：单体建筑面积 3 万平方米以上的房屋建筑工程、建筑面积 10 万平方米以上的住宅小区或建筑群体工程、单项建安合同额 1 亿元以上的房屋建筑工程、单项工程造价 1000 万元以上的装饰装修工程等都属于大型建筑工程。建设工程规模的增大直接制约着传统管理手段的效率，使得工程安全质量管理面临更大的难度。

奥体文化商务园区地下公共空间项目规划建筑面积 30 万平方米，开槽面积达 6.74 万平方米，基底最深为 -19.7 米。基坑范围内结构施工大面积同时开展，使安全质量管理人员对施工现场的安全质量管理难以达到全作业面、全作业时间段的控制，过程中安全质量风险同时暴露的可能性增大，从而增加了现场安全质量管理的复杂性。

（二）参建主体多

大型综合工程因工程规模大普遍划分为多个部分，按区域分标段由多家单位同时施工以满足工程工期、质量、成本等控制目标要求。每一个标段的工程施工协调都涉及建设单位、设计单位、监理单位、施工总承包单位、分包单位等多个主体，且各区域各标段之间存在着更多的相互交叉、协调沟通事宜，使得大型综合工程安全质量的管理须统筹协调更多的参建主体。

奥体文化商务园地下公共空间项目主体结构工程划分为 9 个标段，相应进场 9 家施工总承包单位、9 家监理单位，后续还有绿化、铺装、市政基础设施等单位陆续进场。现场各单位间需施工协调配合工作较多，各标段都至少与 3 家以上单位存在相邻及交叉作业区域，各单位相邻区域交叉作业暴露的安全及质量风险明显增加，这无疑对工程安全与质量管理提出更高的要求。

（三）工程类型综合

大型综合工程的基本特征还表现为工程类型的综合性，普遍包含市政工程、房屋建筑工程、装饰装修工程、机电安装工程等多种工程类型。这使得建设单位在管理中需配备多种专业甚至是跨专业工程管理人员以满足工程安全质量管理需要，此外各工程类型之间的跨专业协调也使得工程安全质量管理面临更大的难度。

建成后的奥体文化商务园将成为集商务、居住、文化广场和公交枢纽等为一体的多元复合区域，北投集团作为其中市政基础设施等一级开发工程以及人才公租房等二级开发工程的建设主体，实施的工程类型包括市政道路及管线工程、房屋建筑工程、装饰装修工程、景观绿化及铺装工程、各专业机电工程等。综合复杂的专业工程类型使得有限的工程管理力量面临考验，为此，北投集团在工程建设管理中全面创新安全质量管理手段，以信息化手段提升管理效率、实现工程安全质量受控并起到创优示范作用。

三 构建安全质量管理信息化体系的主要举措

（一）建设工程安全质量管理流程梳理与突破

结合此前奥体中心区等相关工程建设管理实践及经验，根据国家及地方安全与质量管理相关规范及标准，全面梳理了建设工程安全质量管理流程，重点在于发现传统安全管理手段在大型综合工程管理中效率低下的影响因素，并以此为突破口创新手段，以构建与实施大型综合工程安全质量信息化管理体系。

结合工程实践，建设工程安全与质量管理的标准流程包括：研究确立安全质量管理目标，排查发现安全质量隐患及问题，协调制定安全质量问题解决方案，下达落实问题解决方案。

整体来看，确立安全质量管理目标虽在不同工程项目中具体体现不同，但基本内容应包括安全无事故、质量符合相关规范及合同要求等。确立安全质量管理目标在安全质量管理流程中居于主旨地位，但在一般建设工程项目及大型综合工程项目中均应明确，不是提升管理效率的突破口，构建大型综合工程信息化管理体系应从目标的实现手段，即后续三个流程着手。

事实上，在后续三个流程中大型综合工程较一般建设工程均面临更大的难度，例如：一般建设工程项目中安全质量隐患的表现形式更常态化、直观化，而大型综合工程中因工程规模更大、工程类型更综合使得安全质量隐患会以更复杂、更不常见的形式体现。这极大地增加了安全质量隐患全面、及时发现的难度。较一般工程而言，过多的参建主体也使得大型综合工程发现安全质量隐患，做到层层及时反馈，并快速准确地得到协调，确定解决方案的过程更难以控制，这在一定程度上降低了安全质量问题解决的效率。此外，工程类型及参建主体的复杂性，使得相关主体在对同一安全质量问题解决方案时考虑的利益等因素是不同的，当这些考虑因素不同时就会出现互相推诿、拖延落实的情况，这在一定程度造成了大型综合工程安全质量管理落实效率低下。

通过以上对安全质量管理流程的梳理可以发现，在大型综合工程安全质量管理过程中，传统的管理模式主要存在以下四大障碍：一是未能全面及时地发现工程安全质量隐患及问题；二是发现的安全质量隐患及问题未能及时全面层层反馈直至解决；三是解决方案的制定未能统筹考虑各工程、各主体利益；四是各主体对解决方案落实的不一致、不协同，影响落实效果。

因此，在大型综合工程安全质量管理体系的构建中，应以此为突破口，充分利用信息化手段消除上述障碍、全面提升管理效率。

事实上，近年来建设工程管理中 BIM、视频监控等技术的应用实践也证明了这些信息化手段的有效性，北投集团正是以此为基础、综合利用信息化手段在奥体文化商务园区建设中构建并实施了大型综合工程安全质量信息化管理体系。

（二）BIM 全面综合设计文件以及施工信息，为安全质量管理提供信息基础

根据美国国家 BIM 标准（NBIMS）的定义："BIM 是设施物理和功能特性的数字表达；BIM 是一个共享的知识资源，是一个分享有关这个设施的信息，为该设施从概念到拆除的全寿命周期中的所有决策提供可靠依据

的过程；在项目不同阶段，不同利益相关方通过在 BIM 中插入、提取、更新和修改信息，以支持和反映各自职责的协同工作"。

在安全质量信息化管理体系中，BIM 主要作为信息基础，全面综合工程项目相关全部信息，直观呈现设计信息并及时反馈从设计到工程实体的施工现场信息，并为工程后续投入运营积累信息，实现工程全生命周期的信息服务。其主要实现效果包括以下方面。

1. 建立模型，三维立体呈现工程设计成果

根据设计文件，建立完成工程建筑、结构、机电等多专业信息模型成果，直观呈现设计成果。

2. 优化设计，根源上减少安全质量隐患或问题的发生

在设计阶段利用 BIM 模型对设计进行优化，对于造型复杂部位进行空间分析，减少设计中的错漏碰缺，极大限度地减少和避免因设计不合理可能造成的安全质量隐患或者工程后期拆改，本质上促进了工程安全质量管理效果的提升。同时，因为大型综合工程涉及的专业类型多，除建筑、结构、机电外，还涉及景观、幕墙等深化图纸，各方的设计图往往对其他专业考虑的不够周详，容易出现设计不交圈的情况，BIM 技术可以将所有专业设计成果综合体现在模型中，可对所有专业的图纸进行全面的核查，尽量降低错误的发生。如图 1 所示。

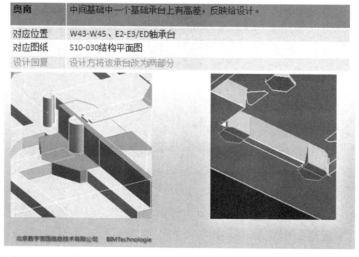

图 1　BIM 模型核查结构碰撞及处理结果

3. 三维管线综合，全面检查并减少机电管线之间以及机电与结构的碰撞问题

大型综合工程经常出现土建留洞有遗漏和位置错误，机电安装队伍进场往往需要凿洞和改造，既增加了成本又降低了工程的品质。通过 BIM 技术的应用，可以提前发现问题，提前解决，避免现场出错返工，BIM 模型可通过程序自动查找所有的碰撞，反馈给设计院后及时调整，避免现场出错，综合考虑各种设计施工因素后进行综合排布，BIM 模型也会随之调整并可以优化管线的排布。

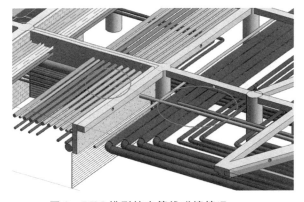

奥南B2	此处消防管线和空调水管冲突
相关信息 对应图纸	B2东侧区南侧车道，轴线E22-E23
设计回复	

图 2　BIM 模型核查管线碰撞情况

4. 配合施工，BIM 设计师驻场对现场施工直接进行指导

在工程施工阶段，BIM 设计师安排专业人员驻施工现场根据模型就施工过程中的重难点、质量控制点对施工单位作重点培训，直接指导现场施工，降低工程安全质量问题出现的可能性。此外，BIM 还可以依据项目总体进度计划在软件中模拟项目的建造过程，方便地将计划进度与现场进度相比较，从而起到辅助工程进度、质量管理的作用。

奥南B2	现场照片和模型比对	
相关信息对应图纸	地下二层东区北侧走廊-轴线E18-E19/EP-EQ，注意吊架	

图 3　BIM 模型结合现场情况指导施工

（三）视频监控系统随时随地监控施工现场，为安全质量管理提供决策基础

施工现场视频监控系统主要在位于奥体文化商务筹备组现场办公楼，设立现场监控室，建设以视频监控系统为核心的信息化安全监控系统，由高性能的服务器群及先进的显示设备等硬件和先进的管理软件组成，是一个集远程视频信号接入、控制、管理、显示等多功能管理平台。其主要建设内容有以下几点。

1. 建设现场视频监控

针对地下公共空间项目先期进场 8 个标段根据施工现场位置共安装 38 路高清摄像头，对各重要施工现场进行监控，同时对园区围挡大门安装了 6 个高清摄像头。摄像头设备扩展支持 SIP、RTSP、RTP、RTCP 等网络协议，支持 IP 组播技术。采用高压缩技术，提高压缩比及网络传输效果，每路监控均可以实时录像。系统支持按日程表设置定时连续录像、视频移动录像和手动录像等多种模式。可对每路监控镜头进行视频存储，系统根据存储空间自动循环录像；可以迅速、精确检索需要的录像数据，辅助现场追溯管理。视频监控摄像头可对现场施工情况进行概览，也可通过云台操作放大至施工局部细节，满足工程安全及质量管理精度要求。

2. 建成集中监控中心

集中监控中心主要用于显示施工现场视频，设于集团奥体文化商务园现场办公楼一楼会议室，主要包括监视器、机柜、普通电脑、UPS 等设备设施。主要技术要求包括：用大尺寸液晶电视集中显示各标段工作面视频；机柜设置操作台，以方便操作人员进行系统管理；机房安装不间断电源（UPS），用以在供电中断时管理人员进行数据存储，以免数据丢失；所有线缆铺设在静电地板下，监控中心地面无任何线缆。现场监控中心建成效果如图 4 所示。

图 4　视频监控画面效果

通过现场视频监控中心可集中查看整个现场的视频图像，获得高清晰现场实时图像画面，可单画面、多画面分割、多路轮循等多种显示方式，并可以对镜头进行全方位控制。信息化综合系统提供兼容接口，可将存储在系统中的录像资料转存到其他移动存储设备上。

3. 实现远程网络及移动访问

除提供监控中心集中查看外，系统还能实现互联网访问和手机访问功能。集团公司及项目管理人员通过网络，即可在异地查看工地现场施工情况。通过在网络硬盘录像机上设置网络分控端的分控权限，通过账户、密

图 5　集中监控中心

码等方式使分控端享有不同操作权限，以区分管理层次，加强管理的安全性。非本项目及公司管理人员无法查阅视频图像。系统互联网访问界面如图 6。

图 6　视频监控网络客户端界面

同时，通过信息化综合系统视频客户端的开发应用，在智能手机上安装相应的客户端并被赋予相应权限后，公司及项目管理人员通过手机随时随地在有网络的地方登录系统，查看工地现场施工情况，视频与现场完全同步。手机客户端操作界面如图 7 所示。

（四）协同管理平台协调联系全部参建主体，为安全质量管理提供落实基础

安全质量信息化管理体系中协同管理平台的目的在于解决建设单位与各个参建主体之间的协作与管理问题，可以实现总控进度共享、文件共享、数据共享、信息沟通等

图 7　视频监控移动客户端

功能；同时兼容 BIM 系统与视频监控系统，使得整个安全质量信息化管理体系成系统，并统筹协调各参建主体，成为工程安全质量管理措施落实的信息化基础。其主要取得的建设成果如下。

1. **进行图档管理，全面掌握工程安全质量管理资料**

协同管理平台功能基础在于其信息图档管理功能，涉及工程安全质量管理的全部信息如电子设计文件、相关变更洽商资料等都可以通过平台上传下达，由平台对全部信息进行综合集中存储，并可通过赋予不同参建主体不同权限实现图档的对象管理。存储的图档信息可以按要求随时进行检索、查阅，并通过系统接口综合 BIM 及视频监控系统信息，确保工程安全质量问题的协调解决有据可依、合理有效。

2. **进行信息管理，协调联系工程各参建主体落实相关要求**

协同管理平台将大型综合工程包括设计、施工、监理以及材料供应单位等所有参建主体纳入系统，建设单位作为项目安全质量管理者可赋予不

同参建主体不同权限，并可以由建设单位依据不同的安全质量管理事件将相关参建主体建立横向联系。针对任意安全质量管理协调内容，建设单位可以通过平台以站内信息、邮件、短信等方式发送，并可确认接收方是否反馈；通过事件建立横向联系的各参建主体也可以此互通信息并反馈至相关各方；这种类 OA 平台的系统极大地提高了安全质量管理中协调联系各方的效率。信息系统如图 8 所示。

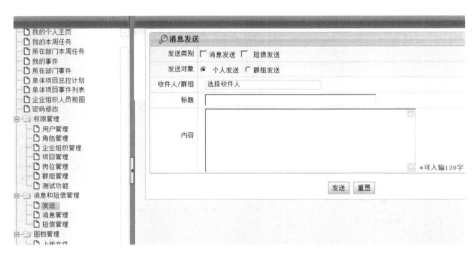

图 8　协同平台信息管理系统界面

3. 进行事件管理，跟踪确保安全质量管理措施落实到位

对大型综合工程建设中出现的安全质量隐患或问题，协同管理平台以事件管理为手段，将每一安全质量隐患或问题的发现、反馈、协调、落实作为事件链条，自动记录跟踪各参建主体相关安全管理措施落实情况。平台将根据解决方案确定的各参建主体落实时间进行追踪，并提前进行预警，对未按期落实的事项重复提醒直至落实到位。通过平台的这一管理功能，可以确保系统中的每一安全质量隐患或问题在不断出现新情况时能持续得到跟踪直至解决，也能直接追踪到相关参建主体的落实责任，有效地避免了互相推诿拖延的情况出现。事件管理系统如图 9 所示。

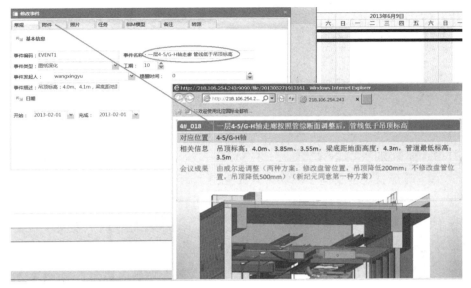

图9 协同平台事件管理界面

四 安全质量信息化管理体系的内涵及主要特征

（一）安全质量信息化管理体系的内涵

大型综合工程安全质量信息化管理体系以建设工程安全质量管理流程突破为出发点，以信息化管理手段为抓手，利用建筑信息模型（BIM）作为工程综合信息呈现手段、视频监控技术作为施工现场信息反馈手段、协同管理平台作为协调解决方案落实手段，形成安全质量管理"全时间、全空间、全主体"的信息化管理体系，全面提升工程安全质量管理的效率，并以此促进工程"安全、质量、工期、功能、成本"五统一各项目标的统筹实现。

（二）安全质量信息化管理体系的主要特征

大型综合工程安全质量信息化管理体系特征主要体现在"三全三无"三个方面。

1. 综合管理全时间，信息反馈无延迟

信息化管理体系利用 BIM 信息技术能够实现工程项目从设计到施工到

运营的全生命周期管理，并通过设计信息碰撞核查以及 3D 模拟施工在设计阶段即可发现并解决部分安全质量隐患，实现工程安全质量的全生命周期管理；同时，施工现场视频监控系统的网络访问、移动访问的构建，真正实现随时随地掌握现场安全质量管理现状，实现全时间综合管理。此外，协同管理平台实时对接 BIM 系统与视频监控系统，信息化手段的应用使得设计变更信息、施工现场信息能够即时得到同步反馈，实现工程安全质量管理信息的无延迟反馈。

2. 隐患发现全空间，现场排查无死角

BIM 系统能够及时反馈、全面更新工程设计及现场施工变更信息，通过工程三维立体模型的构建和核查，可以对设计文件体现的工程安全质量重要风险控制点进行全空间、全角度核查；而施工现场高清视频监控的全方位无死角覆盖，可以结合安全质量控制点对工程施工进行全面隐患排查，真正实现工程安全质量管理的全空间、无死角覆盖。

3. 统筹协调全主体，解决落实无推诿

协同管理平台不仅全面综合体现设计和施工现场信息，还作为全面协调设计、施工、监理、建设等全部参建主体的工作平台，通过总控计划、图档信息、现场信息等综合信息的管理，统筹协调安全质量隐患处理的全部相关主体，以综合信息作为决策基础，全面体现各相关主体责任情况的解决方案，有理有据的要求各相关主体按解决方案落实自身责任范围内的整改措施，有效地避免了各相关主体间相互推诿、协调方案长期难落实的情况出现。

五　安全质量信息化管理体系的实施效果

通过大型综合工程安全质量信息化管理体系的构建与实施，北投集团出色地完成了奥体文化商务园区工程安全质量管理工作，并给企业带来良好的管理效益、经济效益以及社会效益。

（一）管理效益

1. 提升管理质量

安全质量信息化管理体系可以全面管理工程施工过程中的安全隐患及

质量风险点，尤其是 BIM 技术的提前介入、网络访问及移动访问的实现，实现了管理人员任何时间、任何地点对工程安全质量管理情况的全面掌握，保证工程安全及质量管理的全程及时有效，确保工程安全可控，全面提升工程质量。此外，工程影像、图档资料的实时全面留存，为工程安全质量管理提供可追溯性资料，为工程安全质量管理尤其是重点部位、重要节点的分析、总结提供依据，为工程安全及质量管理体系的完善提供借鉴，促进工程管理质量的提升。

通过信息化管理体系的应用，地下公共空间项目先期进场 8 个标段主体结构施工于 2013 年 11 月全部通过北京市"竣工长城杯金质奖"的评审，各标段工程创优目标全面实现。

2. 示范管理创新

信息化管理体系的实施应用，全面提升了施工安全、施工质量、施工管理的技术水平，对保证参建人员的生命财产安全和施工井然有序，满足突发事件现场指挥，提高投资效益和保证工程质量有着深远的意义和很高的应用价值。作为集团在行业技术创新能力、科技成果转化方面取得的一个重要成果，信息化管理体系已于 2013 年 6 月正式列入 2013 年科学技术项目——科技示范工程项目（信息化示范工程）计划，并于 2013 年 11 月 12 日正式通过住房和城乡建设部项目验收，为工程申报建设部工程科技创新奖项——"华夏建设科学技术奖"打下坚实基础。

此外，建设工程施工现场视频监控虽在广东、上海、重庆等地区已有一定的应用，但在北京市建筑工程市场采用高清视频监控系统尤其是用于施工过程中安全质量信息化管理体系还较少有应用。北投集团大型综合工程安全质量信息化管理体系的成功应用，对北京市建筑工程市场安全质量管理手段创新起到良好的示范作用。事实上，在本项目投入应用以后，2013 年 10 月 31 日北京市住房和城乡建设委下发《关于在建设工程施工现场推广使用远程视频监控系统的通知》（京建法〔2013〕17 号）要求，"在全市建设工程施工现场推广使用远程视频监控系统"。即显示出视频监控系统在施工现场及施工过程管理的优势及发展趋势，随着高清摄像头、移动网络的快速发展，视频监控等信息化手段尤其是信息化管理体系在建设工程施工安全、质量、环保甚至是进度、成本管理中必然得到极大的应用。

（二）经济效益

1. 降低管理成本

奥体文化商务园项目具有工程规模大、参建主体多、工程类型综合的突出特征，通过安全质量信息化体系的构建与实施可以实时全方位的对工程安全质量管理情况进行掌握，并通过及时全面协调各参建主体落实相关管理措施，极大地提高了安全质量管理效率，大幅度降低了传统安全质量管理手段所依靠的人力及时间投入，有效降低了工程安全质量管理成本。

奥体文化商务园筹备组作为集团负责本项目专项管理的组织机构，2013年初管理成本核定指标为1212万元，通过信息化体系的辅助，管理效率提升有效地降低了管理成本，2013年末实际工程管理成本为550万元，成本节约超50%。2013年园区建设完成工程建设投资12.08亿元，出色地完成了地下公共空间项目的建设管理任务。在保证工程施工过程中安全质量隐患及时消除、工程安全生产零事故及质量管理全面受控的基础上，2013年提前实现项目主体结构封顶的目标，保障了工程安全、质量、进度、成本以及环保等目标的全面实现。

2. 减少返工拆改

大型综合工程安全质量信息化管理体系通过BIM系统在工程设计阶段的提前介入并在工程施工阶段的全过程更新，提前核查发现可能因设计原因发生结构或管线碰撞、现场条件制约引起的难以施工或者施工安全质量得不到保证的地方，由各专业设计单位互相协调并经建设单位同意，结合施工现场条件予以调整，从源头上减少工程返工拆改的产生。

如表1所示，本工程中经BIM系统核查、由设计单位调整设计可以避免的工程返工拆改达数万处，其中建筑结构碰撞99处，结构与机电管线碰撞超过13500处，机电管线之间碰撞近15000处，这些碰撞最终经设计单位综合调整予以避免，仅此一项节约的工程返工拆改费用就达上千万元。

表 1   BIM 模型核查设计碰撞统计

建筑结构碰撞	基础	7
	B3 层	14
	B2 层	13
	B1 层	25
	地上及其他	40
结构与机电碰撞	B3 层	4285
	B2 层	4610
	B1 层	4657
机电与机电碰撞	B3 层	4261
	B2 层	5454
	B1 层	5243

（三）社会效益

1. 规范文明施工

覆盖整个工程施工现场的视频监控信息化综合系统，为提升工程其他方面管理质量提供了有效支持，突出的表现在对工程施工现场绿色文明施工的管理中。奥体文化商务园项目地理位置特殊，工地北侧 200 米范围内即设有国家环保部国控环境检测子站，工程施工过程中的绿色文明施工管理显得尤为重要。

通过信息化综合系统的辅助，确保了各项绿色文明施工措施的全面落实，2013 年 10 月，市住建委质量监督站配合市住房城乡建设委施工安全处对北京市施工现场扬尘及渣土运输道路存在遗撒问题的 19 个工地进行了检查，通报表扬集团奥体文化商务园项目现场道路硬化、洒水降尘、冲洗车辆设施等各项扬尘治理措施落实到位，并指出现场视频监控信息化综合系统有效地实现了施工现场扬尘治理工作的全方位管控。

经过北京市建委组织相关建筑施工企业评审验收，本工程 2013 年主体结构施工 8 个标段全部达到市级绿色安全工地标准，其中 4 个标段被评为"北京市绿色安全工地"（原名称：北京市文明安全工地），4 个标段被评为 2013 年度"北京市绿色安全样板工地"，安全质量信息化管理体系在奥体文化商务园工程建设中的构建与实施的过程中，促进了工地绿色文明施工管理。

2. 建立良好信誉

大型综合工程安全质量信息化管理体系在奥体文化商务园项目建设中的成功应用，使得工程在"安全、质量、工期、功能和成本"五项目标得以统筹实现，各参建主体在集团的统一协调下安全高质、按期顺利完成工程建设各阶段目标，集团严谨、高效的安全质量管理体制在各参建主体中树立了良好信誉。事实上，奥体文化商务园项目工程设计、监理及施工单位已是北京市各领域的行业领先者，通过该项目各单位与集团形成良性合作关系，为集团后续相关工程实施及业务拓展打下了坚实基础。

此外，奥体文化商务园项目属北京市 2013 年重点建设工程，项目受到市级及属地各相关部门以及社会公众的高度关注，集团在项目建设过程中安全、质量以及文明施工等方面的高标准严要求管理，在相关部门及社会公众中树立负责任的国有企业形象，提升了集团的影响力。

参考文献

郭树元、王珍菊：《工程建设项目管理信息系统的集成模式及实施策略》，《水利与建筑工程学报》2007 年第 10 期。

许惠明：《建筑企业信息化管理系统构架》，《城市建设理论研究》2011 年第 22 期。

韦敏丹：《建筑工程项目信息化集成管理技术及系统研究》，《房地产导刊》2014 年第 5 期。

徐澄：《工程项目管理信息化系统的实际应用》，《中国建设信息》2009 年第 7 期。

张镭：《信息化在建筑工程管理中的应用》，《城市建设理论研究》2014 年第 12 期。

多端口交叉互联项目管理系统的建设

——基于 B27 – 2 建设项目的实践*

白　洁　姬李雪　陈菲菲**

摘　要　鉴于传统工程管理模式完全依赖于人力、重复性的操作及各方信息时效性差等问题，为保证高效、有序的建设管理，在亚投行项目中启用"互联网＋工程互联工作系统"。工程互联系统以互联网技术为基础，以项目管理为核心，建立工程参建各方的工作任务量化、数据共享信息管理系统，实现工程项目全时间、全空间、全主体的展示及管理。工程互联系统可对工地现场实时监控，同时实现建设单位、设计院、监理单位、施工单位等多方监管、任务灵活交互、多方工作数据实时共享，保证参建各方信息的一致性。工程互联系统的应用改善了以往的设计、工程、造价管理的缺陷，对传统工程项目建设的管理内容、管理方式进行可行性创新，在各个环节有效缩短了项目建设周期。工程互联系统的应用避免了信息延误以及信息错误给工程建设带来的负面影响，提高了企业的项目管理能力，增强了信息的可视性，将参建各方的工作融入信息管理系统中，对提升项目管理水平、增强企业影响力具有重要意义。

关键词　项目管理　工程互联　"互联网＋"

---

*　课题原名称为：《基于互联网＋建设项目管理系统的构建与实施》，获得第三十二届北京市企业管理现代化创新成果二等奖，课题组成员：唐力钢、沙钢、刘博、赵琪、张旸、白晋玲、白洁、姬李雪、陈菲菲。

**　白洁，硕士，北京北投置业有限公司设计技术部中级工程师；姬李雪，硕士，北京北投置业有限公司工程管理部职员；陈菲菲，北京北投置业有限公司安全质量部职员。

一 项目背景

(一) 项目概况

亚洲基础设施投资银行总部永久办公场所项目（简称"亚投行项目"）位于奥林匹克公园中心区 B27 - 2 地块，用地面积为 61160 平方米，总建筑面积为 389972 平方米。作为超甲级写字楼，项目严格按照国家绿色建筑三星级、美国 LEED 铂金级标准进行设计。项目地上部分采用全装配式的钢结构体系，施工难度大、精度要求高。

(二) 传统项目建设管理的基本构架

传统项目建设管理中，通常采用集团或其分子公司下设项目部的模式进行（见图 1），对于重点级大型建设项目，必要时同时加设项目建设指挥部，由集团或其分子公司主要领导担任总指挥，并设有副总指挥若干，主导项目政府审批、规划设计、招标采购、工程实施等各项工作的推进。

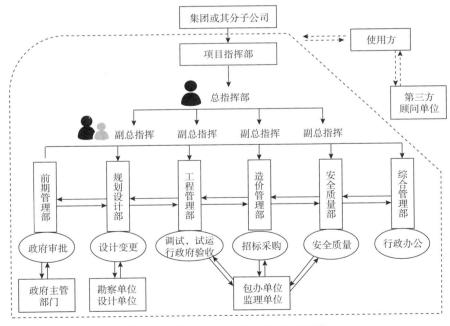

图 1 传统项目建设管理体系组织架构

特别是对于一些使用方全过程介入的建设项目，在以上运作模式的基础上，还会增加使用方及其聘请的专业第三方咨询机构参与项目建设的各个方面，并从项目使用功能的角度出发，对项目的规划设计、招标采购、工程实施提出意见或者建议。

在该模式下，对于内部各项事项的通知、研究与讨论，主要通过部室之间沟通的方式横向进行，事项的决策则通过层级递减、由上而下的方式纵向进行；对于外部事项，则由相关的部室与外单位对接，同时负责将信息进行逐级汇报。纵观整个管理体系，对于一个建设规模 30 万平方米的项目，初步统计相关的项目管理人员将近两百人，管理体系分支多、纵深大，信息流通缓慢，这在一定程度上制约着工作效率及工作品质的有效提升。

（三）传统项目建设管理体系面临的问题

1. 传统大型项目建设管理的局限性

传统的大型项目工程建设中，项目管理工作涉及多单位、多部门、多环节、多专业、多渠道，项目建设相关信息内容来源广泛、构成复杂、形式多样、分散性强，管理难度系数较高。再加上项目参与各方存有的多层级性，也在一定程度上增加了协调工作量，造成协作联系效率降低，信息传递不够及时有效，数据工作无法统一实施，增加了工程建设过程中的变更、争议等问题，从而造成大量的资源浪费。整个建筑行业急需精细化、标准化、规范化管理。

2. 传统大型项目建设管理的复杂性

首先，专业范围的复杂性。项目建设各个阶段、各个专业由不同的管理人员负责，管理范围大而复杂，同时项目过程中穿插着不同的参与方，不同专业、分项分部管理要求有很大的差异性，各专业之间缺乏一个高效、统一的协同工作平台，导致工作节奏步调不一致。

其次，人员流动的复杂性。在以项目为核心组建的一个临时性组织机构中，参建各方在特定的时间进入，并在其任务完成后退出，人员复杂、流动性大，管理水平、专业技术参差不齐。其必导致建设过程中取得的经验、成果很难有效总结。

（三）建设现代化项目建设管理体系的必要性

"互联网＋"是互联网发展的新业态，是催生经济社会发展的新形态，在项目建设管理中运用工程互联系统，通过更加便捷的技术手段和载体来推动项目管理，全面整合建设管理方、监理方、施工方信息资源，搭建起管理者与施工现场的桥梁和纽带，实现信息共享交流透明化，提高项目管理效率和效能，是实现项目管理的科学化、现代化转型，促进房地产行业快速健康发展的必然选择。

二　工程互联系统的实施内涵与主要特征

（一）工程互联系统的实施内涵

为保证信息传递的时效性，高效、有序地进行项目管理，在亚投行项目中决定启用"互联网＋工程互联工作系统"。"工程互联工作系统"平台是一个以互联网技术为基础，以任务算法技术为平台，以人工智能技术为依托，以云计算技术为支撑，以项目管理为核心，实现工程参建各方的

图 2　工程互联系统登录界面

工作任务量化、数据共享的信息管理系统。

该系统是基于以建设单位为主导的，开放、共享、协同的工程互联系统；根据系统平台已开放和即将开放的实时数据系统，设置有工程管理、招标采购、现场实时监控、图纸管理、常用规范标准下载及日常会议通知发布等若干应用模块，涉及有建设单位、设计单位、监理单位、总承包单位等参建各方。使用单位可以根据实际项目管理需要设置所需模块，匹配人员角色及相应的系统权限，通过任务分配、信息交互和人员沟通，最大限度地实现高效及稳定的信息交流。

（二）工程互联系统的主要特征

1. 实时监控，进度动态掌控平台

经现场设置和系统后台技术处理，通过在施工现场监控系统，如安装于塔吊、钢筋作业等监控区域的摄像头，实现手机端全方位多方实时监管的灵活掌控平台。

2. 系统互联，统一办公工作平台

基于监理端所管控的现场质量、安全、进度、计量数据的收集汇总，参建各方可通过该平台同步查看监理方工作情况，与监理实时沟通，提升指示落实的高效性，避免指示空洞化。同时，监理方可快速理解建设方意图，快速执行建设方指示。

除此之外，建设方可统一上传设计图纸、变更洽商等重要原文件至系统中，保证参建各方查询设计文件的一致性和统一管理，避免各方图纸管理混乱情况。

3. 数据云端，安全可靠存储平台

针对特殊项目的重要性及敏感性，例如亚投行项目，其建设资料密级较高，有针对性地将其数据通过阿里云定制的云服务进行存储，利用成熟稳定、可弹性伸缩的 mySql 数据库服务，保证项目资料的安全可靠。

三 工程互联系统主要做法

整个系统通过手机 APP、PC 客户端和登录系统官网均可实现数据查

询、上传和存储数据的下载。结合不同人员角色设置，完成灵活高效的项目管理。

（一）传统项目建设管理整合梳理与创新

建设项目管理的涵盖面广，涉及参建单位、专业部门较多，影像、图纸文件管理和施工现场沟通协调工作量大，同时，一些项目投资额度大、建设周期长，外部环境错综复杂，随时面临着经营风险，传统的工程项目管理模式已不适应行业快速发展的需求。

在整合以往项目管理经验的基础上，"工程互联工作系统"进行了积极大胆的创新举措。参建各方可以及时追踪项目

图 3　工程互联系统组成模块

的工程质量、进度、安全、计量数据状态。"工程互联工作系统"平台以节点明确的划分，最大限度统筹各专业、各工序人员。结合系统信息的始末状态比对，实现对已完成节点工作的及时反馈，并对未完成节点工作及时预警，确保工作高效率协同。通过将数据同步存储于云端，确保图像、数据、图纸等文件的实时共享与可追溯性。

将传统项目建设管理体系进行"扁平化"压缩，形成更科学化的管理架构，为建设任务的顺利完成提供强有力的保障。

（二）工程互联工作系统平台的建立对规划设计工作的创新

以往规划设计工作因工期紧、设计周期短，出现图纸替换、补发情况，造成图纸管理混乱，易引发不必要的变更洽商，且影响后期结算工作。"工程互联工作系统"中设置设计图纸管理模块和实时会议功能，保证施工过程中图纸及时更新、确认，辅助解决现场设计问题。

图 4   工程互联工作平台手机移动端及电脑 PC 端

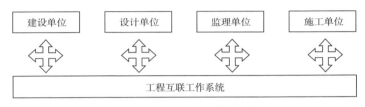

图 5   模拟工程互联工作系统管理构架

1. 图纸及文件即时共享

在"工程互联工作系统"图纸管理模块中置入信息与文件编辑、管理、安全与维护功能，可上传扩展名为 doc，dwg，xls 的常用文件，系统可授权项目管理者查询、录入、更改和删除图纸信息与文件且存留更改痕迹，既保证了项目管理者与施工管理方施工图纸的一致性，又可确保最新设计图纸数据的即时共享，减少施工过程中因设计图纸滞后等原因产生的工程变更洽商问题。

图纸管理模块可以长时间保存任意设计的原始文件和更新文件，而且每个版本和修改版都有"签字"和"标注日期"，消除对现有设计的任何有关分歧，为后期变更流程的签认提供完整的变更审查线索。如需查阅设计图纸，"工程互联工作系统"可以保证最新图纸和历史图纸的准确性和安全性，从而提高设计人员和项目管理人员工作效益，提升项目建设周期内的数据完整性，进一步推进项目进程。

2. 在线解决现场设计问题

通过"工程互联工作系统"，设计方能够通过监控系统及时跟踪重要施工过程的所有影像、文件、数据以及影像资料，及时发现施工过程中的返工、潜在返工和潜在的设计错误，并即时召开设计会议，最大限度地避免因设计原因造成施工过程的工程变更而带来成本的浪费。配合线上设置会议提醒及签到功能，保证会议时间、地点、议题明确可查，确保会议质量；相关的会议纪要也可以通过该系统进行及时签发、归档，便于与会单位及人员及时查阅，提高对实际工程设计问题的多方把控和处理，强化全过程管控。

图6　会议通知功能模块

（三）工程互联工作系统平台的建立对工程管理工作的创新

因大量的管理人员同时进行施工过程监管。工程节点、现场签认等工作不能有效落实且信息流动更新较慢，容易造成施工过程中文字及影像资料的丢失，影响施工进度和后期竣工验收工作。为解决上述问题，系统中设置交互管理、进度、自动存储、竣工验收、交房管理等模块，极大地提高了建设过程中的监管效力，为工程建设目标的顺利实现提供了保障。

1. 工作任务的交互管理

"工程互联工作系统"中实时交互管理模块通过分配人对执行人或自己进行分配工作任务，实现各项工作任务责任落实到人，并线上跟踪进程、实时反馈，同时完成云端数据存储，便于后期追溯。

另外，可作为工作日志进行使用、记录、分享，对项目管理各岗位人员的工作进展进行实时反馈，更有利于相互督促以及任务目标的实现。

2. 施工进度的动态管理

"工程互联工作系统"设置进度管理模块有效利用互联网技术，跟进监控施工进度。通过建设方对进度模块预设的进度节点时间，达到如 Mic-soft project 软件管理功能一样的进度计划的编制。同时，通过将进度节点与现场节点实施、验收等任务的自动关联，有效确认时间节点、关键线路和关键工序，创新性地实现进度自动实时比对，无须线下重复记录对比，达到简约、直观的工程进度动态管控。

3. 实测实量的自动存储

利用"工程互联工作系统"中的实测实量模块，可以由实测实量组织者通过移动端快速建立临时工作小组，依据现场实测实量经验和通用标准规范总结的实测实量任务库，分配指导实测实量任务。在任务之前可从 PC 端上传实测实量点位标注图纸，在现场实时录入测量点位和测量数据之后，将完成的测量成果提交。系统能够在实测实量的工作中实现各方互动，直观的指引实测实量执行人的实测实量操作，并且能够实现测量结果的快速计算统计与存储，实现了测量点位和数据的准确查询和可追溯性。当测量任务确认完成后，系统将自动生成"统计报表"、"成果趋势"，以便于对统计结果进行实时查询。同时，系统将根据查询的统计结果或比对结果，进行单体楼和各楼之间，进行质量问题的分析改进或质量管理控制决策等。

4. 竣工验收的任务量化

"工程互联工作系统"中竣工验收模块是通过对竣工验收计划的设定，把竣工验收工作任务进行量化，由分配人负责将工作任务量化分配到责任人的工作任务，责任人根据分配情况执行相应的工作任务；分配人对执行完毕的工作任务进行结果确认。同时，系统实时显示实际进度和计划进度的比对，督促相关工作的落地执行，相关人员可实时对各自负责的工作进展进行查询、沟通、协调。

5. 交房管理的任务量化

"工程互联工作系统"中交房管理模块是利用互联网思维以及云计算，通过统一 APP 平台不同的登录权限解决交付房屋数量多、人员复杂、任务不能实时跟踪、信息不能共享等问题。

通用交房流程任务预先植入任务库，通过分配、执行、确认执行结果，相关方可以通过图片、照片查看具体情况，自然也可以实时直观掌握交房进度，任务分配人和执行人可以沟通反馈，使得任务执行更高效。

对于验房过程中的质量问题，可以通过派发质量整改单，定人定时整改，同时整改进度建设方可以实时查看，作为业主（使用方）通过该模块也可以实时直观了解自己的房屋详细信息，对所发现的问题可以及时反馈，可以通过问题整改情况的实时状态图片了解整改进度，使得沟通高效直观，提高客户满意度，减少纠纷。同时，建设方也可以实时查看各单元、各栋楼甚至整个项目的交房进展、质量问题、房款回收等各项统计报表。

（四）利用工程互联工作系统提升企业安全管理水平

1. 建立企业、监理和施工单位三方的信息即时交流互通平台

通过"工程互联工作系统"规范标准模块中相应配套国家法律法规、制度政策、技术标准等，严格规范施工现场业务流程，可对企业、监理和施工单位的安全管理进行规范，并向缺乏安全经验的管理人员和施工人员提供规范参考，为使用者提供交流和学习安全管理知识信息平台。同时，通过建设项目互联网平台，克服各方地域分散阻碍，达到政令畅通、反应快捷、监管高效的效果，大大提高建筑工程安全生产管理的实效性。

2. 快速准确的定位安全管理节点，全面动态化现场管理

结合项目管理者上传的工作计划实现安全质量管理的主动性，根据项目进展阶段和外在环境变化，精准定位安全管理节点，对危险性因素进行有针对性管控，实现全程动态管理。同时借鉴国际先进管理理念，加速企业标准化安全管理的实现，持续改进、优化企业安全管理模式。

3. 方便灵活管理和改善安全监管质量

充分利用手机、笔记本等高便携性互联网移动终端为安全管理工作提供既便捷又统一的信息交流方式，施工现场检查过程中可实时上传检查内容、隐患信息及整改要求，提高时效性和管理力度。且移动终端信息传输不受限于场地、天气限制，可存储大量信息资源，使得安全管理工作可翻阅、可调出、可追溯，为建设项目及企业增添安全保障。

（五）工程互联工作系统平台的建立对造价管理工作的创新

1. 方便灵活管理变更洽商

当工程施工过程中，发生设计变更、洽商或签证时，根据具体项目管理流程特点，项目启动时以小组管理的方式对互联系统中各流程步骤的岗位人员预制设定（多个流程步骤实现自动流转）。参建一方创建变更、洽商或签证任务并审核批准任务，形成可分配的任务派发给相应单位人员；按照预设流程各方审核完成后流转给建设单位负责人，最终建设单位负责人审批。

"工程互联工作系统"造价管理本模块流程上更严谨，技术和费用文件签批确认更及时与准确，而且能够真实记录执行情况并可追溯。本模块可以实现按照时间、按照专业及单元甚至整个项目对正在进行、已经完成的变更洽商进行统计，包括技术洽商和经济洽商。使得建设方对于变更洽商所产生的造价增减一目了然，便于对整个过程投资进行控制，实现适时变洽签相关信息数据的共享和查询。

2. 快捷高效统计月度计价

由施工方发起月度计价审核，监理单位根据月度形象进度及施工合同审核月度工程量及月度计价，造价咨询单位根据建设方授权（或甲方造价人员审核）对月度计价进行审核并报甲方领导核准，月度计价自动生产统计报表，与成本管理模块形成关联互动，对在变洽签已确认的计价成果也将自动归集月度计价。为甲方动态成本控制提供依据，方便参建各方查询。

四 工程互联系统构建与实施的意义

1. 提升管理质量、工作效率

"工程互联工作系统"平台的建立，实现了企业资源共享、信息快速、及时传递，加强了公司对业务进行集中管理与监控的能力，消除了工程项目信息结点的"孤岛"现象，适应了当前公司多项目、跨地区、远程办公的需要，为建设单位统一管理提供了有效的手段和工具，实现信息资源价值最大化。通过工程互联系统管理提高了企业的管理效率，达到为企业决策者提供高效、准确的信息支持，提高公司整体办事效率与工作质量的目的。

2. 缩短工期，减少工程管理成本

"工程互联工作系统"平台的建立，避免了因信息传递不及时或者错误信息传输而造成额外的变更洽商，从而降低工程实施成本，有效的节约建设资金，为工程项目取得良好的经济效益提供了有力保障。平台的建立减少了管理人员的配备数量，将参建各方项目部人员机构进行"扁平化"压缩，从而精简项目部人员的配备，降低管理人员费用。平台的建立，实现了工程数据资料云共享，最大限度地节省日常办公开销，同时低碳、环保。

五　结语

创新和管理是企业发展永恒不变的主题，"工程互联工作系统"通过对设计、管理、监理、施工等不同阶段全面结合互联网融合的创新，从而产生工作意识、理念、制度、文化等管理方面的创新，为工程项目信息化管理拓宽道路。互联网与工程管理的结合，将项目管理工作从局部技术辅助性工作发展成为全局性工作，特别是对提高工程项目管理及安全生产监督管理的知识含量、技术含量、管理水平，以及队伍建设等方面，基于互联网信息化的建设项目管理系统将起到不可代替的作用，并成为我们搞好工程项目管理及安全生产监督管理，实现"中国梦"建设的强大推动力。

参考文献

吴志林：《建设工程项目中的管理信息化的探讨》，《城市建设理论研究：电子版》2011 年第 14 期。

宋佳、从会悦：《大型建设项目管理的信息化现状与对策浅析》，《企业科技与发展》2007 年第 8 期。

（备注：论文中技术图片及相关技术说明皆来自于北京地厚云图科技有限公司制作的工程互联系统。）

城市开发建设项目档案管理体系研究[*]

田红兵[**]

摘　要　城市开发是一个涉及行政、社会、经济、企业的复杂体系，其建设项目档案管理也体现出多层次、复杂性的特点。本文结合集团在北京奥林匹克公园中心区基础建设中的档案实践和管理工作成果，阐述了建设项目档案管理体系的相关概念，分析了建设项目档案管理的问题和建设项目档案管理体系构建的必要性，总结了采取提前规划、统一要求、规范流程的方法，实现从前期论证、开工、竣工的全过程项目档案管理体系的构建过程。

关键词　建设项目　奥运中心区　档案管理体系

从"新奥运"到"新北京"，集团城市综合运营商的特性决定了档案和档案管理工作区别于其他企业。集团历经十几年的城市开发的档案实践和管理工作成果，对企业建设项目档案的运用、管理有着丰富的经验。与此同时，集团建立了专业化、规范化的管理体系，旨在发挥和提高档案管理工作在加速城市化进程，精细化管理城市，增强企业管控方面的作用。

---

　*　课题原名称为：土地一级开发档案同步规范化管理体系的创建，获得第二十九届北京市企业管理现代化创新成果二等奖，课题组成员：史喜亭、巩玉静、张亚利、方凯、田红兵、郭晨夫、李钒。

**　田红兵，中央党校研究生，高级经济师、信息系统项目管理师（高级），北投集团办公室副主任、信息化部负责人。

一 档案管理体系相关概念

(一) 建设项目档案

建设项目档案是指所有建设项目从立项审批、招投标、勘察、设计、施工、监理到竣工验收过程中直接形成的具有保存价值的文字、图纸、图表、照片、录像、录音、光盘、实物等各种载体的文件资料和电子文件。建设项目档案直接反映工程建设质量的好坏，是建设工程的有机组合部分。因此，加强建设项目档案管理显得尤为重要。①

(二) 建设项目档案管理

建设项目档案管理是按照现代管理要求和专业化档案管理规范，对建设项目过程中形成的档案进行合理规划、科学管理，利用先进的科学技术手段和措施对其进行全面、真实、准确地收集、整理、鉴定、归档，更好地发挥其使用功效的过程。集团的这种全新的管理方法，站在全局的高度综合协调、全面管控，对企业管理将起到积极而深远的影响。

(三) 建设项目档案管理体系

《建设工程档案预验收通知单》是工程竣工验收的必要条件，为保证工程文件齐全、完整、准确地收集整理归档，集团在中心区建设过程中实行建设项目档案的全程管控体系，使工程建设的每个阶段、每个环节、每个节点产生的重要文件都处于受控状态。满足奥运中心区统一规划、统一设计、统一组织、统一协调、统一施工的总体要求。

二 建设项目档案管理的问题

建设项目档案管理是区域性档案管理，是系统工程，有别于单体建

---

① 王显来：《浅谈建设项目档案管理的缺陷及对策》，《兰台世界》2013 年第 5 期，第 50 ~ 51 页。

筑、住宅小区的工程档案管理，具有以下特点（以奥林匹克公园中心区建设项目为例）。

（一）建设项目档案涉及单位多、产权关系复杂

1. 单位数量多

建设项目档案涉及洼里乡、大屯乡等 10 余个乡镇，涉及中科院、北辰集团等企事业单位，涉及部队、学校等多个各种性质的产权单位，以及施工总包单位 30 家，监理 29 家，设计勘察单位 19 家，分包单位 140 余家的全部工程规划、设计、建设、竣工档案。这些档案的齐全、完整、准确是关系国计民生的重要依据性文件。

2. 后期运营产权情况不明晰

集团在接受任务时只承担奥运中心区土地一级开发建设工作，对工程建设后期使用、运营单位产权情况并不明晰。

（二）建设项目档案短时间数量大、种类多

集团从 2002～2008 年要完成奥运中心区涉及道路、水、电、气、热等市政工程，房建工程，绿化园林工程、水利工程等 69 个单位的工程建设，由传统的三通一平到七通、八通一平，并严格执行"安全、质量、功能、工期、成本"五统一的要求，时间紧任务重，短时间密集形成的档案数量巨大。且建设项目档案涉及的种类繁多，包括征地拆迁档案、一级开发主体档案、区域规划档案、奥运中心区区域管理档案、房建工程建设档案、市政工程档案、园林绿化档案、水利工程档案、"三大理念"档案、"阳光工程"档案、声像档案和实物档案等。建设项目档案是区域建设和管理的重要基础，若管理不到位将造成十分严重的后果。

（三）建设项目档案管理不同步

工程建设过程中，存在重现场施工进度、施工质量管理，轻工程资料管理的现象，工程资料往往都是在施工进度完成后进行后补、后签。这就使得工程资料与工程建设不同步，不能反映工程建设过程的真实过程，给工程管理、运营、维修、改造埋下了隐患。

（四）建设项目档案管理人员水平参差不齐

建设项目档案管理工作要求管理人员要熟悉工程建设程序，具备一定的建筑专业知识。但现实中，由于种种原因现场档案人员变更频繁、管理知识欠缺、管理理念陈旧、方法手段落后。与工程建设质量相比，档案管理水平严重低下。

三　建设项目档案管理体系的必要性

（一）建设项目档案管理促进集团内部管理

1. 为中心区管理工作提供法律依据

2012年，奥运中心区绿化范围内发生灯具丢失等盗窃案件，在协助办案过程中，集团档案室从灯具招投标档案中提取资料，证实被盗灯具损失4万余元，为办案提供有力证据，为集团挽回损失。

2. 为奥运中心区每年的维修、改造工程提供技术支撑

集团承担了奥运会后中心区设备、设施的维护、维修、改造工作，以及新奥购物中心商业运营改造、中轴铺装道路改造、IPEK会议大规模改造等工程，档案管理为这些项目的实施提供了全部技术数据支持。

3. 规范化的档案管理为软件开发提供基础

齐全、完整、准确的档案文件，规范化的管理为集团档案信息系统建设提供了有力保障。从档案信息系统建立至今，集团所有的文书档案、部分工程建设档案均实现在线查询、利用，解决多人共同使用一份档案的问题，大大提高了工作效率。

（二）建设项目档案管理推动集团外部发展

1. 管理经验推广

多项管理经验应用到通州和南区的工程档案管理中，与应用中的《施工现场工程档案管理手册》一起起到积极作用。

2. 指导奥运中心区物业管理工作

奥运中心区建设项目档案管理为物业管理提供强有力的支撑，档案管

理方法指导物业公司档案管理迈上新水平。

3. 科技成果得以推广应用

市政基础设施建设问题中的积水问题一直受到公众关注，奥运中心区雨洪利用体系在大雨中的表现结果令人满意，中心区无一处积水。雨洪利用工程经验的保存为社会留下了真实、宝贵的档案，为其技术的推广利用提供保障。

4. 支持评选工作

奥林匹克公园中心区5A景观的评选工作中，档案提供了大量的图片、录像等声像资料，为5A区的评选提供支持。

5. 成为城市记忆工程的载体

录像档案、照片档案，形成了奥运中心区面貌档案库，这是城市记忆工程的重要载体。在当今信息化社会中，档案管理还将向电子化管理方向迈进，引入数字档案、多媒体介质档案，与BIM系统等工程管理软件进行挂接，直接参与工程管控，不断加强数字档案的加值服务，为社会留下真实的历史记录，为人类发展做贡献。

四 建设项目档案管理体系的构建

集团针对建设项目档案管理的特点，实施同步规范化管理方法，采取提前规划、统一要求、规范流程的方法，实现了从前期论证、开工、竣工的全过程管理，保证建设项目档案管理的科学性。

（一）坚持提前规划、统一要求、全过程管理，保证档案管理的科学性

1. 前端管理统一要求，解决盲目编制工程资料问题

从施工单位进场之日起，档案部门就要会同设计、工程、安质、施工、监理单位，结合施工图设计范围、"标段"划分、施工组织方案等的实际情况，制定参建各方、各专业统一的文件编制标准和质量标准，提出整理要求，提前部署档案管理方案编制工作，解决盲目进场编制工程资料的问题。

例如，奥运中心区地下商业工程立项为房建工程，依据老的建设项目档案管理方法，凡属于正负零以下工程均为地基与基础施工，正负零以上为主体结构施工。而地下商业工程为地下三层，地上只有一个出入口，两个施工单位采取了地基基础与结构工程两个不同的分部工程划分方法，经与市质量监督站和城建档案馆沟通协商认为，区分正负零以下建筑是基础还是主体的标准，应该从该建筑的使用功能来认识，如果建筑物承载的是地面建筑物的功能，应该按主体结构进行施工管理，其档案的整理也应按基础、主体进行整理。

基于施工单位对工程性质认识不统一的情况，集团在与监督站、城建档案馆等主管机构达成共识的基础上，于开工前召开档案专题会议，针对施工过程中容易出现的问题，提前进行统一部署。具体包括统一分部分项划分，统一设计要求，统一执行规程要求，统一物资收集要求，统一施工记录收集要求，统一编号原则等等。

2. 以档案工作计划指导动态监管，保证档案管理与施工管理同步

档案工作计划是明确档案工作任务，实现档案管理目标的前提，在施工阶段我们采取了让施工单位提供阶段性档案收集整理进度计划的方法，根据工程施工进度检查档案整理情况，使档案监督指导工作更具针对性，在竣工阶段我们制订了《竣工工程档案工作时间安排表》，把档案管理工作与建设项目管理工作紧密结合在一起。

3. 编制档案验收工作计划，确保竣工档案顺利移交

奥运工程对工期的要求十分严格，为保证工程竣工按时验收合格，结合竣工计划表，我们制定了《新奥集团奥运工程档案预验收计划》，该计划内容、验收时间与城建档案馆的验收要求实现无缝对接，城建档案馆根据我们提供的计划表，安排验收人员进驻集团。这一举措保证了竣工档案的预验收工作提前完成，为工程项目的总体验收创造了条件。

4. 加强监理单位对总包单位档案收集管理要求

加强与监理单位的协作，依据监理合同，监理单位应监督施工单位及时整理工程档案文件和验收资料，并按规定坚持经常检查工程档案的质量，形成监理业务范围内的专项报告，工程建设期间，严格督办监理单位认真做好各项文件资料的收集、积累、形成、移交工作，加强监理在施工过程中对施工文件的管理。

5. 敦促总包单位对分包单位的管理

总承包制的建设项目，要明确总承包与分包单位应分别承担的工程竣工文件编制范围和内容，避免总承包单位放松控制，完全放手由分包单位各自编制的弊端，切实做到工程档案文件收集、积累、形成有人抓有人管。

(二) 规范规程、同步进行、跟踪检查，保证档案管理的真实性

1. 制定建设项目档案的收集范围和保管期限表

国家档案局 10 号令中规定企业必须按照管理材料编制《归档范围和保管期限表》，我们把这一政策引入建设项目档案管理中，把现场制定的《工程分部分项表》与《施工资料管理规程》中《工程资料分类表》结合成一张大表，可达到如下目的。

①使档案收集内容一目了然。本工程采用的施工方法、施工技术、施工程序、施工进度都体现在《分部分项表》中，后面与之相对应的应收集的档案内容，所用表单，保存单位，都非常清晰地出现在一张表上。

②剔除了《工程资料管理规程》中很多与本工程无关的内容。《工程资料管理规程》是指导性文件，涉及的范围比较广，有很多文件是本工程涉及不到的，如果拿着规程来约束某一具体工程，针对性不强，需要每一次都进行甄别，使用中极不方便，而《工程档案收集范围及保管期限表》使这一情况在工程资料收集过程中得到很好地改善。

③解决了施工过程中档案管理人员更替时对前期档案情况不清楚的难题。工作交接时，以相关表格作为依据，资料是否收集完成，项目进行程度如何，都简洁明了，减少管理漏洞。

④对《规程》进行补充。编制《档案收集范围及保管期限表》时，档案管理人员就不必参照多份《规程》，提高了工作效率。

2. 提高档案管理的重视程度

把档案管理与安全质量提到同等重要程度。安全质量部门检查时，档案部门同时进行档案资料检查，保证档案资料数据的准确。例如我们把档案的收集与结构长城杯报验紧密结合。中国建设工程鲁班奖（国家优质工

程）评选办法中第十八条申报资料的主要内容和要求中规定：工程彩色数码照片 20 张及 5 分钟工程 DVD 录像；工程 DVD 录像的内容主要是施工特点、施工关键技术、施工过程控制、新技术推广应用等情况，要充分反映工程质量过程控制和隐蔽工程的检验情况。第二十一条工程复查的内容和要求中规定：查阅工程建设的前期文件、施工技术资料及竣工验收资料等。这是工程评优的条件，也是施工过程中档案收集的重点，我们把评优的标准与档案收集紧密结合在一起，对在施工过程中声像档案的收集，从数量到质量都提出具体要求，这样既满足档案的要求，又促进了工程质量评优工作。

3. 增加档案管理与工程部门的协同检查

施工过程中档案管理与工程管理部门密切配合检查，保证施工过程中文件齐全、完整、真实，在施工过程中档案部门与工程管理部门现场管理密切配合，定期协同检查档案，保证档案的同步收集。

我们采取每周下工地检查，及时发现问题；每月召开档案工作例会，解决检查中发现的集中的共性问题；实施现场物资的同步验收，与工程管理部、总包、监理共同对物资实施开箱检查，检查产品质量合格文件是否齐全、完整、真实。

（三）分段实施，统一整理，按期归档，保证档案管理的完整性

建设项目档案形成时间长，往往延续几年或是十几年，集团采取了分段实施档案管理的方法。使每一阶段产生的档案都能及时归档，保证了奥运中心区建设项目档案的完整性。

1. 征地拆迁档案

形成于 2002～2005 年，包括征地档案、拆迁招投标档案、拆迁调查档案以及拆迁补偿协议等，采取分地区、按单位、户籍、人口进行整理归档。

2. 中心区管理档案

从 2002 年与各场馆建设方签订土地开发协议至奥运会开始前夕，包括土地开发协议档案、进场手续办理、临水临电临时进场地使用档案、临时建筑管理档案等，采用按年度进行分类归档管理。

3. 工程建设档案

主要集中于 2005 年开工建设至奥运会召开之际。采取分专业、按单位工程资料整理归档法进行管理。

4. "三大理念"档案①

"三大理念"档案，是指按照奥运的"绿色奥运、科技奥运、人文奥运"的理念进行归档的档案。由于"三大理念"档案的特殊性，我们对其进行采取单独立卷进行管理。

5. 声像档案

采用重要节点部位跟踪收集整理的方法。

（四）转变观念，创新手段，提高效率，保证档案管理的创新性

1. 管理职能创新

构建组织管理网络，制定管理办法。反应迅速、管理有效的组织体系，健全可行的规章制度是实现档案管理的有力保障和依据。在集团内部、施工单位、监理单位之间建立以法人代表、项目经理、项目总监为主要负责人的组织管理网络；建立健全档案管理制度，形成《档案归档范围和保管期限表》、《档案管理制度》、《档案借阅制度》、《档案人员管理职责》、《档案安全保密工作制度》等各项管理办法，规范了管理体制建设。

发挥重要的沟通协调职能。集团档案部门在收集整理过程中发现问题时，积极协调设计院、建筑质量监督站、水利质量监督站、园林绿化质量监督站、专家组等针对不同的问题，采取召开专题会、专家分析会、专项问题协调会的形式进行分析、探讨，解决档案资料收集不全、依据不清、填写不规范等问题。在工程竣工档案整理过程中和移交前，提前把城建档案馆专业人员请到工地进行检查，针对问题进行整改，再检查，再整改，把问题消化在进馆之前，确保移交进馆的成功率。在档案管理工作中发挥了业主单位重要的沟通协调职能。

① 满孝新、毛红卫、李炳华、郑方：《奥运工程"三大理念"的实施》，《智能建筑电气技术》2008 年第 1 期，第 7～10 页。

档案管理在工程评比和验收工作中独当一面。奥运中心区作为第 29 届奥运会的窗口，其建设得到全世界的检验，实现了个个工程均是精品工程的目标。在竣工验收工作中，集团档案人员作为内业组成员全程参与竣工验收工作，代表内业组向质量监督部门汇报检查验收情况，使档案管理地位发生了质的飞跃。档案部门积极参与了集团建设项目承建工程的评审工作，提供了齐全、完整、准确的工程档案，为集团赢得 8 个长城杯金质奖起到重要作用。

2. 管理规范创新

创建新的验收标准。在奥运中心区龙形水系水景种植验收标准专业研讨会上，档案专业人员就该项工程应归档范围、应用表格、表格填定内容、标准等提出专业化建议，被编入集团水景种植验收标准中。集团档案部门以建筑规程为基础，结合绿化工程对成活率要求高的特点，制定了园林绿化工程档案管理规范，不仅对土建、水电资料提出要求，还明确了苗木档案的构成及整理要求，开创园林绿化行业档案管理之先。

创新《规程》使用方法。市政、房建《规程》混合使用。现代工程建设，新设计、新工艺、新方法层出不穷，完全照搬一本规程来整理建设项目档案已不能适应目前的需要。例如：在道路施工中出现底板工程，底板工程在房建工程基础施工中是有的，而市政工程中无此施工规范，为满足设计要求、施工需要，我们采取把房建《规程》中的底板工程施工记录引入市政施工中，既符合设计要求，又使施工记录不缺项，达到完整记录施工过程的目的，真实反映了施工过程；在园林绿化施工中，我们借鉴了房建和市政《规程》中与园林工程相似的施工工艺，采取分部分项划分的方法整理园林绿化档案，收到良好效果；在水利施工中，借鉴建筑工程编号管理原则，有效解决了水利工程档案无编号的问题。

3. 引入风险管理理念

建设项目档案是原始依据性文件，一旦损毁，损失将不可估量，档案管理必须立足防范，规避风险。

设备设施安全管理。要求施工现场必须有专用档案室，档案室要达到"三铁""八防"要求，保证现场档案的安全。

建立档案防汛应急预案。汛期对档案实体安全产生严重威胁，为保证现场档案实体的安全，我们除了进行汛期安全检查，还制订了《汛期档案安全管理应急预案》，采取架高档案柜、柜上加盖防雨布等措施，有效保证现场档案的安全。

4. 创新档案管理手段

竣工验收阶段程序化管理。为保证竣工档案能够及时、完整、准确地移交建设单位，我们制订了《奥运工程竣工档案移交程序及要求》，成立工程竣工档案验收工作小组，确保竣工档案与施工现场的一致性，提高竣工档案的准确程度。对照设计变更、工程洽商，对于重大、重要的变更、洽商逐一核对，保证了档案高质量的移交工作顺利进行。

档案收集整理情况与工程进度款拨付相结合。工程档案资料工作是工程建设过程的一部分，应纳入建设全过程管理并与工程建设同步。在工程的分部验收和工程款支付中，我们采取了施工现场验收与资料验收同步进行，现场验收合格，填写分部验收单后，档案部门对其各种技术文件和工程资料进行查验，给出档案整理验收意见，两方全合格才能支付工程款；工程竣工决算的最后付款必须由档案部门对竣工资料签收合格后支付，此举大大促进了施工现场档案管理质量和管理水平的提高。

档案编研工作提高档案利用效率。在工程竣工档案完成移交进馆工作后，档案部门投入已有档案的编研工作，我们把建设依据性文件、新质量标准、新管理方法、实物档案、声像档案等档案进行编辑汇总成册，在以后的利用中大大提高了档案的利用效率。

5. 创新收集方法

立"综合卷"以应对工程前期文件错综复杂的情况。建设项目档案前期管理文件综合性强，不是单体工程或群体工程，涉及门类多，专业多，一个规划许可证包括多项工程，例如奥运中心区景观工程规划许可证包含了中轴铺装、龙形水系、园林绿化、综合信息接入点、卫生间等多个景观工程；下沉花园广场构筑物与管线铺装共是一个独立的单位工程，但是构筑物有规划许可证，管线铺装无规划许可证，要求按装饰装修工程施工，管线铺装的施工图设计审查又与中轴铺装的综合管线铺装设计审查在一个设计审查报告中出现，中心区景观工程前期文件的综合性在这里体现得淋漓尽致。

　　档案整理遵循的是以单位工程为立卷单位的原则，但在奥运中心区建设项目档案管理实际情况中，以单位工程进行立卷难以实施。我们采取把中心区重要景观的立项、规划、施工图审查等前期文件立"综合卷"的方法，作为相关单位工程的共同依据，并编制相关文字说明，供档案利用者了解景观工程的档案整理特殊性，有效解决了该问题。

　　"三大理念"档案单独立卷。"三大理念"工程是高科技技术在工程建设中应用的直接体现，是奥运工程的亮点，把握和处理好科研档案与工程档案的有机结合，体现"三大理念"档案的特殊性，采取单独立卷的方法是行之有效的方法。因此在我们的档案室中有"三大理念"档案，使我们的档案管理独具特色。

　　加强深化设计档案的收集。由于工期紧，设计阶段提交的施工图有些难以满足施工需要，施工过程中，各施工单位就要自行组织力量进行深化设计，这些图纸才是工程最后的真实记录，反映了施工的实际过程。在跟踪管理的过程中，我们及时掌握到哪些工程哪些部位有深化设计。在竣工验收时，我们加强了深化设计档案的收集工作，保证了施工文件的完整、准确，保证了奥运建设项目档案的价值。

五　结语

　　建设项目档案管理体系是建设项目管理的重要内容，建立与项目建设相适应的建设项目档案标准规范体系对于间接规范、提升项目管理水平，确保建设项目档案的完整、准确、系统至关重要，同时也是能否充分发挥档案自身价值的关键。实施同步规范化管理方法，采取提前规划、统一要求、规范流程的方法，实现从前期论证、开工、竣工的全过程管理，才能充分发挥档案的依据与资源作用，更好地为建设项目、大规模园区建设及系统工程管理服务。

参考文献

　　李林：《为有源头"清"水来——解析北京市土地一级开发市场》，《中国房地产》2002 年第 8 期。

刘志贞、赵志莲、王晓云：《报业集团档案管理新思路》，《档案天地》2003年第6期。

李兆滋：《土地一级开发存在的问题与发展方向——以北京市为例》，《中国土地》2003年第3期。

周文国：《土地一级开发若干问题探讨》，《开发研究》2005年第1期。

罗永平：《试论现代企业集团档案管理体系构建》，《兰台世界》2010年第2期。

刘红梅：《大型企业集团档案管理之我见》，《黑河学刊》2011年第6期。

白玲玲、史江：《2000～2012年企业集团档案管理文献研究综述》，《档案与建设》2013年第4期。

王显来：《浅谈建设项目档案管理的缺陷及对策》，《兰台世界》2013年第5期。

建立三维体系防控大型城投企业法律风险*

吴金梅   任文学   赵希文**

摘　要│法律风险始终贯穿于企业的日常经营活动中，对于大型城投类企业来说法律风险一旦发生，通常都会带来相当严重的后果。构建企业法律风险防控体系，实现动态全过程在经营活动中把控风险，是实现对企业法律风险进行立体全方位防控的有效措施。本文结合北投集团法律风险防控工作的实践，分析了大型城投企业法律风险的主要特点，阐述了三维体系建设的基本做法，"三大维度"立体法律风险管理为手段的企业法律风险防控体系，探索出了一套适用于大型城投企业的法律风险管理做法。

关键词│国有企业　法律风险　防范

　　大型城投企业通常由政府投资设立，承担所在地区政府赋予的专项任务和重大项目，实现政府在城市投资运营、基础设施、民生保障、促进城市和社会发展等方面的战略目标，一般涵盖融资、投资、建设、经营等业务。2012年2月1日，国家标准化管理委员会发布《企业法律风险管理指南》（GB/T27914－2011）界定企业法律风险，"是指基于法律规定、监管要求或者作为或不作为，对企业目标产生的影响。"法律风险防控实质上

---

　*　课题原名称为：大型企业集团的全面法律风险管理实践，获得第三十二届北京市企业管理现代化创新成果一等奖，课题组成员：吴金梅、任文学、赵希文、王静、王雨霈。
**　吴金梅，管理学博士，研究员、正高级经济师、北投集团副总经理；任文学，法学博士，二级企业法律顾问、公司律师、北投集团法律事务部部长；赵希文，在职研究生，经济师、北投集团法律事务部主管。

就是，企业围绕战略发展目标，通过分析评估，采取合适策略、有效手段，减少或避免企业可能承担的法律责任，进而防范企业损失的管理过程。城投企业规模大、工作任务重大、与政府关联度高，因此，这类企业的法律风险一旦发生，后果就会非常严重，不仅是企业本身会受到重创，其他国有企业、甚至地方政府的信誉、地方财政等也会受到间接的影响。研究这类企业的风险防控有着非常重大的意义。

一　国内大型城投企业法律风险的现状

（一）国内关于企业法律风险的定义

1. 企业法律风险是指在法律实施过程中，行为人做出的具体法律行为不规范，导致与其所期望达到的目标相违背的法律不利后果发生的可能性[①]。

2. 企业法律风险是指因法律法规因素所引致的由公司承担的潜在经济损失或者其他损害的风险[②]。

3. 企业法律风险是指企业预期与未来实际结果发生差异导致企业必须承担法律责任，并因此给企业造成损害的可能性。企业法律风险是企业在经营过程中由于故意或过失违反法律义务或约定义务可能承担的责任和损失[③]。

4. 公司法律风险界定为，因法律法规因素所引致的由公司企业承担的潜在经济损失或其他损害的风险。这些损失或损害包括：经营性损失（收益或利润损失、成本或责任增加等）；民事索赔、判决或裁决（包括辩护及和解费用）；行政或刑事处罚或制裁；企业资产（包括有形和无形财产）受损；商誉受损以及其他损害[④]。

从上述各种观点可以看出，对企业法律风险的定义基本上是从风险诱

[①]　向飞、陈友春：《企业法律风险评估》，法律出版社，2006，第21页。

[②]　王正志、王怀编著《公司法律风险防范与管理》，法律出版社，2007，第1页。

[③]　于吉：《借鉴国内外成功经验做法加强国有企业法律风险防范机制建设》，载《国有企业法律风险防范与控制》，山东友谊出版社，2007，第4页。

[④]　王正志、王怀编著《公司法律风险防范与管理》，法律出版社，2007，第1页。

因和风险后果两个方面进行界定的。在风险后果方面，各方的观点一致，即认为法律风险是一种给企业带来损失或不利后果的可能性。在风险诱因方面，各方观点差异较大，大多数观点都未能涵盖较为常见的一些企业法律风险诱因。

（二）企业法律风险的特征与分类

1. 企业法律风险的特征

（1）法定性或约定性

企业法律风险的发生，必然与法规规定或合同约定有关，也就是说企业法律风险产生的基本前提是基于法律规定或者合同约定。这种法定性或者约定性是企业法律风险区别于其他企业风险的一个最根本的特征。无论任何一种企业法律风险，其之所以产生，归根结底都是因为有相关的法律规定或合同约定存在。

（2）可预见性与可控性

企业法律风险的法定性或约定性这一显著特征，使得法律风险相对于企业其他风险更具有相对客观性，因为法律或者合同锁定了相关主体间的作为或者不作为义务，通过用法律规定或者合同具体约定对某一行为进行衡量，相对应的不确定对于目标影响结果则更具有可预见性。因此，法律风险同其他企业风险相比，更容易通过规范企业自身行为，使其符合法律规定或合同约定的要求，进而避免风险的发生，从而更具有可控性。

（3）广泛性

法律风险具有广泛性，这种广泛性特征表现为法律风险分布广泛性、影响范围广泛性、涉及人员广泛性。企业法律风险的分布同样具有广泛性。从企业全生命周期看，企业成立、发展、注销全生命周期的任何一个环节都离不开法律规定和法律活动，相应的也会有法律风险的存在。从企业业务流程的全生命周期来看，一个企业无论经营什么业务，都摆脱不了法律规定或者合同约定，因此法律风险始终伴随于企业业务的全生命周期的各个环节。综合以上两点来看企业法律风险分布具有广泛性。

（4）伴生性与转化性

企业法律风险的伴生性是指企业法律风险不是凭空产生的，是伴随着企业的各项活动而产生的。企业法律风险融于企业的各项活动之中，因此研究企业法律风险必须以企业的各项活动为出发点，同时加强企业法律风险管理的最终目的也是降低不确定性对企业活动目标的影响。法律风险的转化性是指其他企业风险在一定条件下可以转化为法律风险，以法律风险的形式表现出来。因此通过早期对法律风险识别、应对可以减少风险发生的概率。

2. 企业法律风险的分类

企业法律风险的分类与企业法律风险的定义一样，目标并没有统一的标准，理论界和实务界对此作了多种不同的尝试。法律风险划分的方法很多，不同的分类方法基于法律风险不同的特点和内涵。以下从不同的角度可以将企业法律风险分为不同的类别。

（1）按照企业运营中发生法律风险的业务类型来划分

按照企业运营中发生法律风险的业务类型来划分，企业法律风险包括合约风险、诉讼纠纷风险、内部流程制度风险、经营决策风险。

（2）按照法律风险与企业的密切程度来划分

按照法律风险与企业的密切程度来划分，可以分为直接法律风险与间接法律风险。直接法律风险是指由于企业自身的行为或企业直接参与的法律关系相对人的行为直接产生的法律风险。间接法律风险则是指企业由于受到其他法律关系牵连而引起的法律风险。

（3）按照法律风险产生的方向来划分

按照法律风险产生的方向来划分，可以分为内部法律风险和外部法律风险，内部法律风险是指完全由于企业内部员工违反法律法规规定或者约定造成的法律风险，外部法律风险是指由于外部法律环境或者其变化带来的法律风险。

（4）按照法律风险产生的原因来划分

按照法律风险产生的原因来划分，可以分为客观类法律风险和主观类法律风险。客观类法律风险是指不以企业的意志转移的客观事件引起的法律风险。主观类法律风险，是通过企业有意识的行为能够控制和防范的法律风险。

二　大型城投企业法律风险面临的主要问题

近年来，法律风险管理已经成为监管部门、企业和法务界高度关注的重点工作。伴随国内企业尤其是中央企业和上市公司面临的法律环境日趋严格，监管部门对企业合规经营、防控风险的要求更加突出。

当前，尽管国有企业法律风险管理实践取得了不俗成绩，但总体来看，国内城投企业法律风险管理仍处于起步阶段。目前在法律风险管理实践方面，主要存在如下问题。

（一）企业法律防范意识不足

少数企业仍将法务工作定位于"打官司"的层次，将法律顾问定位于"救火队员"的角色。这种法律防范意识的不足更多地体现在很多中小企业中。如果企业管理者的法律风险意识淡薄，那么在决策时往往会忽视或者轻视了法律风险的存在，更注重于效率和收益，结果往往是欲速则不达，甚至给企业生产经营带来不必要的损失和严重危害。

（二）没有建立应对法律风险的专门机构，人员不足

企业应对法律风险的专门机构可以是由内部专职人员组成的法务部门，也可以外聘律师做常年法律顾问，或者二者兼而有之。机构人数和规模的大小应当视企业的规模而定。从目前来看，一方面，很多企业由于成本太高或意识不够，法律机构和人员缺口还是比较大的。另一方面，很多企业在充分发挥外聘律师的作用方面做得不够，无法有效避免内部法律人员对本企业法律事务认识有深度无广度、无法汲取他人经验教训、法律知识退化等弊端，没有充分利用外聘法律人员的丰富经验与知识广度为本企业法律风险管理提供服务。

（三）法律风险管理没有与企业经营有机融合

目前，很多企业对法律风险的认识还比较片面、零散。有的企业对法

律风险的界定还不明确，对法律风险还处于粗略或仅进行定性分析的阶段。有的企业因为业务领域广、链条长，法律风险情况复杂而导致无从下手。绝大多数企业没有一套完整的、规范的、结构化的法律风险识别方法和流程。或者说就法律而谈法律，没有与企业业务经营相结合，法律管理与企业经营管理脱节的现象依然较为严重，未充分发挥法律风险管理对企业经营的保障作用。

（四）没有建立风险预警机制

虽然有的企业已经配备了专门法务机构和专业人员，但没有建立有效的风险预警机制，最终还是遭遇到法律危机。很多企业法律风险管理体系还处于初步建设阶段，由于资源和能力的不足，没有对重要风险涉及的关键指标进行持续监测，无法准确判断风险趋势，也就无法及时察觉风险端倪，更多的是发生问题后进行事后处理，无法真正做到防患于未然的事前防范。

（五）创新管理能力有待提高

虽然有些企业对于企业法律风险已经较为重视，但法律风险防范的管理办法和管理理念都还较为传统落后。没有意识到现代企业的管理创新手段和信息科学发展的程度对企业法律风险防范的具体作用，长期沿用过去传统的管理方式，也没有对法律管理的效果进行考评。企业缺乏对现有的风险管理工作的创新意识，缺乏实施管理创新的动力。

三 大型城投类企业法律风险的主要特征

大型城投类企业的法律风险存在于多个方面，这些风险呈现出以下特点。

1. 风险引致的社会影响巨大

城投企业由政府出资设立，承担重大发展任务。这类企业中无论是融资失信、还是投资失误、工程事故、运营事件，任何风险的产生都会被社会广泛关注，形成重大的社会影响，造成重大经济损失，并有因此引发政府失信等连带后果的可能。在北投集团承建奥运会时，国际的舆论就一直在关注中国奥运场馆的建设情况，进入后奥运时期，这一区域的运营也一直是人们的关注点。因此与一般企业不同，城投类企业风险的影响不仅关乎自身，还关系着政府等相关主体。

2. 发生风险的领域广

城投企业的经营链条一般比较长，通常涵盖融资、投资、开发、建设、运营中的两个以上，很多城投企业的业务包含以上全部。这样的业务，内容已经远远超过了一般企业的业务范围，呈现多业务并行的格局。对于相对单一业务的企业，比如以建筑业为主业的集团，其风险可以根据行业特点、业务标准化流程制定相对标准化的防范要求。城投类企业的风险来自于其所涉及的多个产业领域，分布于产业链条的各个环节

3. 引发风险的因素众多

城投类企业受内外部多因素影响，尤其是政府政策的影响比较大。从国家层面的政治、经济、产业政策，到地方层面的发展规划、财政预算，再到行业层面的景气情况、生产要素变化，以及来自于企业自身的资金、人员、管理等多方面因素都对城投类企业有着直接的影响，相对于一般市场化的企业来说，城投类企业对各类外部因素的变化，尤其是政策变化更加敏感。对各类因素造成的风险，需要从不同的方面去防范。

四 建立三维体系防控大型城投企业法律风险

对于企业的法律风险应以事前防范和事中控制为主，以事后补救为辅。综合全面法律风险防范的工作要求，经过实践，北投集团建立了三维防控体系，在企业法律风险防控上取得了一定的成效。

（一） 构建三维体系防范企业法律风险的基本思路

法律风险防控是一个系统工程，从时间顺序上这个体系要综合考虑包含事前、事中、事后三个阶段的全过程；从层级上既要有宏观层面的把控，也要有中观层面的管理，还要有微观层面的具体实施；从管理体系上讲，实施风险防控既要做好顶层设计，也要完善基层的具体流程，同时更

要以每个个案为单位做好工作。面对城投企业法律风险防范所面对的众多环节、复杂要求、不同主体，企业要厘清思路，明确重点，无遗漏，才能有序实施。

1. 分阶段明确工作重点

以事前、事中、事后为工作阶段划分，明确各个阶段的工作任务，将复杂的管控体系，按照管理时序划分到三个阶段，并结合企业实际实施。

2. 按层级设立管理架构

从顶层到基层，从核心到外围，科学设计城投企业法律风险防控的管控体系，将法律事务的管理与企业的总体管控相衔接，有效嵌入企业的运行机制之中。建立从上到下管理有效、运行顺畅的组织架构。

3. 全面防控建立管理流程

结合企业每一项经营事项的法律管理要求，建立科学的工作流程，用流程规范工作，加强责任防范风险。注重内部管理及外部协同，既用好企业内部的管理机制，又用好外聘法律顾问，同时协同审计监察等工作的开展共同进行风险防控。

（二）第一个维度：事前、宏观、顶层

1. 提高企业法律风险防范意识和理念

强化企业法律风险文化建设。定期开展请进来、走出去等形式多样的活动，围绕企业经营发展主旋律，在潜移默化中使员工树立知法守法用法的法制意识。在实践中北投集团除了举办法院旁听、普法知识宣传展板展示、法官与律师的普法讲座活动、免费法律咨询日、组织参观等常规性活动，还创新普法工作方法，举办了法治摄影大赛、法制宣传片的脚本征集活动，引导北投集团员工参与创新法治文化作品的创作，鼓励大家主动学法、守法。通过一系列的法律宣教活动，营造了依法治企的工作氛围，进一步提高了企业领导干部和经营管理人员依法决策和依法管理的能力和水平，使北投集团员工的法制观念和风险防范意识得到增强。

2. 将法律风险防控写进企业发展规划

依法治企是依法治国的重要组成部分，国有企业全面推进依法治企是贯彻落实党的治国方略和国家意志的基本体现，也是讲政治、守规矩的基

本要求；依法治企要求企业治理机构和管理人员运用法治思维和法治方式开展经营管理，目标是建设法治企业，真正实现理念先进、治理科学、管理规范、信守契约、行为合规、依法维权的法治要求；全面推进依法治企，领导干部是关键，制度建设是根本，全员合规是基础。

北投集团将依法治企写入企业"十三五"规划中，从战略角度突出法律风险管理与防范的战略地位，提出法律工作要坚持"一个中心三个服务"原则，即"以为集团发展保驾护航为中心，为集团依法治理服务，为集团合规经营服务，为集团规范管理服务"。

3. 科学建立企业法律风险管控机制

企业法律风险管理体系是一个涵盖了法律风险识别、法律风险评价、法律风险控制、风险机制测评的动态循环体系。必须以统一管理为核心，才能确保法律风险管理的系统性与整体性。

北投集团强化对所属企业法务业务工作的统一管理，对各子公司的法律事务机构设置及职能履行、法务人员配备与考评、外聘法律顾问聘请及考核、法务工作制度建设、合同管理工作、法律纠纷案件等提出了明确要求，对如何开展法律风险防范体系的构建工作，进行统一部署，提升了企业整体法律服务和保障水平。

4. 以制度管理为手段规范法律风险管理

城投企业通过优化完善合同、诉讼、投融资、工程建设、招投标等各项管理办法，可以将法律风险管理职能嵌入业务流程中，实现法律全过程监管。

为规范规章制度建设，集团制定了《规章制度管理办法》作为公司基本管理制度。通过召开集团制度管理工作专题会，对《规章制度管理办法》及《规章制度编写指引》进行了深入解读，从制度的立项、起草、审核、议定、发布、汇编、实施、评价、修订、废止等方面为规章制度的编写与审批提供了规范的指导。通过对规章制度进行评审，对现有制度进行梳理。明确了应废止、不再收入制度汇编、应修订的制度，进一步增强了规章制度体系建设，为从制度源头防控法律风险奠定了基础。

为保障各项规章制度的落实，集团注重对制度落实情况的监督检查，以多角度、全方位的监控，保障依法治企落到实处。每年组织对落实"三重一大"决策制度情况的检查，通过听汇报、查资料、个别访谈等形式，对集团及各分子公司执行"三重一大"决策制度情况进行监督检查，发现问题，及时整改。对于招标工作，派出专人进行现场监督，核实相关信息，保障招标的公开公平公正，坚持"第一名中标"的原则，并以招标为措施，规范相关合同签订的程序化规范化，防控违规现象的发生。

同时，为保证经营行为依法合规，北投集团将合规管理嵌入业务流程，针对具体事项制定了业务流程，细化了业务各环节的权利责任，保证制度的可操作性。

（三）第二个维度：事中、微观、基层

1. 法务管理全面嵌入工作流程

为切实做好依法治企，引入"全面法务管理"的理念。即让法务管理工作嵌入投、融、供、产、人、财、运等管理体系中，将法律风险管理覆盖到北投集团全部业务、全部流程，做到"盯住点、抓住线、管住面"。

"盯住点"就是要抓住企业法律风险管理的"牛鼻子"，哪些类别的经济合同应该重点关注哪些条款的风险点，哪些业务流程应注重哪些关键环节，投融资中哪些事项应提前做好法律风险识别等等。

"抓住线"就是防控住企业管理流程中的法律风险发生，把握住事前参与、事中控制、事后防范三个关键节点。

"管住面"就是守住企业法律风险的底线，坚决不越红线。客观提示面临的法律风险，守住底线，确保领导决策不碰"高压线"。

2. 以依法合规决策为抓手保证安全运行

将法律审核作为企业经营决策的重要把关环节，保证重大经济决策、重大投资项目和重要资产处置等依法合规，是依法治企的重要内容。企业法律事务部参加经理办公会、专题会，对相关决策提出意见，同时，外聘法律顾问也对重大事项决策出具法律意见进行再次把关。

法律顾问团队定期在北投集团公司值班，与企业法务人员互为补充，形成"法律双审制"，消除法律风险防范"盲点"，为各部门提供专业的法律咨询服务，协助审查各类合同，处理各类法律纠纷，出具法律意见。北投集团所属分子公司也制定了相应的外聘法律顾问制度，全部聘请了符合企业经营特点的外聘律师事务所。这些"法律外脑"为北投集团各级企

业经营决策提供了专业法律支持，成为北投集团法律风险防范保障的重要补充。2015年北投集团进行北京城市副中心通州区潞城镇棚户区改造建设工作，通过组建"内外合作"法务服务团队，将管理引入法务工作的轨道，运用科学管理方式，防范与化解了拆迁工作中的法律风险隐患。

3. 建立预审机制抓住风险源头

经济合同管理作为企业日常管理中的法律风险易发领域，风险防范前置显得尤为重要。以合同预先审查为切入点，在前期深度参与合同起草与谈判，对易发或可能会发生的风险点进行提示，实现法律审核先行，有效防控了以往合同审核中出现的一些常见问题，将问题解决在合同正式审批会签之前，确保企业的利益底线不被侵害，将源头风险降到最低。在保证合同审核质量的同时，提高了审批效率。

4. 以"管住合同"为导向抓关键

管住合同，就是保证每一份经济合同全生命周期的可控。北投集团在强化合同全生命周期管理的同时，不断开拓新领域新业务合同管理体系，对合同管理办法进行补充修订，借助开发建设"北投合同管理信息系统"，延伸对二级企业相关业务的合同监管，从源头入手，实现参与主要业务、重点合同的深度参与。坚持每年开展"年度合同管理"法律风险总结、评估和处置工作，及时更新合同法律风险事件库，制定具体的风险管理应对策略和解决方案。按合同类别对法律风险事件进行分析、评估，查找风险点，并逐类别确定控制措施、落实责任，确保法律风险防范责任落实到位。

5. 建立企业信用信息披露与反馈机制

加强企业信用信息公示的统一管理，对企业变更备案事项公示信息的真实性、及时性负责，增强企业的信用等级及诚信意识。利用政府企业信用信息公示系统，定期关注合作方、上下游等相关企业的信用信息情况，切实为企业具体经营决策、合同签订、合同履行等提供支撑服务。

（四）第三个维度：事后、中观、个案

1. 建立法务工作考核评价机制

北投集团每年对所属各企业的法务工作建设情况进行考核评价，对企业的依法合规经营、合同管理、制度建设、外聘法律顾问管理、法律风险

防控体系建设、诉讼案件纠纷处理、法务人员队伍建设等进行考核，切实保障依法治企的有效实施。北投集团总部每年定期对所属各企业的合同管理、规章制度合规性审查情况进行现场检查，选择重点业务领域开展专项检查，及时发现经营中存在的合规隐患，对各类纠纷案件进行分析研究，将合规检查变成常态化，对合规检查中发现的问题及时报告、整改，并有针对性的建议调整相关制度、管理流程。

2. 科学有序做好案件的管理

坚持以"发现问题、分析问题、解决问题"为工作导向，以不断健全案件管理工作机制为目标，制定《集团法律纠纷案件管理办法》，明确了纠纷案件管理的工作机制和工作流程，将不发生重大纠纷案件作为管理红线。加强对集团所属二三级企业纠纷案件督察督办，建立纠纷案件定期报告制度，深入查找案件原因和管理漏洞，把握案件发生规律，研究探讨有效措施，形成解决一个案件、完善一项制度、防范一批风险的良性循环。高度关注易发生涉案大金额的经济合同，让法律审核全过程参与管控。加强对关键岗位、重点人员、薄弱环节的管控，强化责任意识，牢固树立风险防范的责任意识，坚决不发生重大纠纷案件，坚决在纠纷案件中维护国有资产安全。结合实际，开展法律管理行业对标学习，认真与行业内遗留案件管理的企业进行对标，弥补不足，促进企业管理工作的全面提升。

3. 与审计等部门协同做好工作评估

将全面风险管理和内控管理进行有机结合，法务部门与审计部门形成合力，把法律风险管理、全面风险管理和内控管理打造成为统一平台，实现北投集团风险防范与企业发展战略规划相融合，最大限度上防范了投融资、招投标、项目投资、资产运营、劳动用工等法律风险。北投集团合同管理形成了以法务、财务、审计部门的工作评估机制，对已经完成的各项工作进行总结。以法务、财务、审计实时监督的三线平行，既保持了相对独立性，又确保了科学及全面性。

（五）不断提升企业法务管理创新能力

1. 建立法律风险防控创新工作的文化

城投企业适用的政策变化快，业务涵盖广，与此相对应的工作机制、业务活动也是不断变化的。倡导创新文化是法律风险防控工作与企业发展相适应的重要内容。首先领导要有创新意识，与时俱进进行目标、机制、管理机制的创新，其次法务部门要与业务部门一起结合新的工作内容查找风险点建立风险防控机制，第三要鼓励在一线的职工发现问题，反馈意见，不断完善工作。

2. 鼓励法律风险防控创新实践

面对新的工作内容，需要不断用新的探索去找到最适合的方法，这是一个随工作不断提升而不断变化、不断完善的过程，唯有实践才是检验科学的有效途径。北投集团就是在实践中不断形成了现有的风险防控体系。在已有的法律体系基础上，逐步培育上下联动的法律风险两级管理体系，即以集团总部风险防范制度和体系结构为基础，指导构建二级企业风险管理模式。总部作为战略规划和监管中心，负责法律风险管理的统筹规划与顶层设计，与全面风险、内控管理进行全面兼容。又在上下联动的基础上发展成为三维的法律风险防控架构，

3. 不断总结创新经验形成模式

对法律风险防控工作开展研究，企业法务人员就重大项目法律风险识别、工作难点突破、防控死角自查等专题进行自查，根据各重大项目法律风险防控特点进行总结，在此基础上形成经验。对新成立的工作，通过现场调研，明确工作延伸机制，落实具体工作，将法务工作前置到事前、事中，将法律风险防控贯穿全过程，复制有效的工作机制，使之直接在新项目中发挥作用。

集团三维立体法律风险防控体系，以变应变，以重点工程、重大项目法务工作为抓手，不断加大法务工作参与企业经营管理的广度和深度，将法务工作嵌入企业经营全过程，动态监控，时时防控，切实做到为城投企业发展保驾护航。

参考文献

马泽生、张军、徐兵：《集团型企业风险管理有效性评价研究》，《中国内部审计》2017 年第 8 期。

谌兴中：《城投企业市场化管理模式探究》，《现代经济信息》2018 年第 2 期。

陈采灵：《国有企业法律风险防控实践与思考》，《企业改革与管理》2016 年第 15 期。

高晓红、吕加多等编著《〈企业法律风险管理指南〉国际标准深度解读与最佳实践》，中国质检出版社、中国标准出版社，2014。

向飞、陈友春：《企业法律风险评估》，法律出版社，2006。

王正志、王怀编著《公司法律风险防范与管理》，法律出版社，2007。

于吉：《借鉴国内外成功经验做法加强国有企业法律风险防范机制建设》，载《国有企业法律风险防范与控制》，山东友谊出版社，2007。

以 TBC 机制破解企业"信息孤岛"困局 *

田红兵 **

摘 要 随着信息技术的不断发展，信息化成为当前社会发展的重要趋势，成为引领各行各业管理与技术创新的驱动力。而长期以来信息化建设"需求引领"的历史过程中形成的"信息孤岛"已普遍成为制约我国信息化社会发展的重要障碍。本文以企业信息化建设工作实践为基础，对破解企业"信息孤岛"问题进行研究与实践，提出解决方案——TBC 信息化管理机制。结合 TBC 管理机制在集团信息化工作实践中的具体实施，总结出了广泛适用的模式和方法。

关键词 信息孤岛 企业信息化 管理机制 方法实施

从企业信息化到信息化企业，是各行各业都离不开的发展之路。随着我国城市化进程不断延伸，综合性城投企业，担负着城市基础设施建设的重担，从投资、融资、开发、建设、到运营，产业链复杂多样、相辅相成。要管控如此复杂的业务链，实现流程标准化、业务协同化、数据共享化是企业信息化建设的必然要求。因此，打破"信息孤岛"是必须解决的问题。

一 企业"信息孤岛"问题

什么是"信息孤岛"？为什么会形成"信息孤岛"？本文不作过多赘

---

* 课题原名称为：以"零信息孤岛"为目标的企业信息化管理机制的构建与实施，获得第三十届北京市企业管理现代化创新成果二等奖，课题组成员：吴金梅、张亚利、方凯、田红兵、巩玉静、郭晨夫、李钒。

** 田红兵，中央党校研究生，高级经济师、信息系统项目管理师（高级），北投集团办公室副主任、信息化部负责人。

述，总体而言是与企业信息化过程中缺乏顶层设计和统筹管理、以需求引领盲目投资上项目、分支企业或业务部门各自为政等多种因素有关，有些可以说是企业信息化发展过程中交的"学费"。这些没有信息交互、数据互通的"信息孤岛"已经对企业综合管控形成了管理上、效率上的不良影响。从企业信息化建设角度看，"信息孤岛"引发的问题主要有以下几个方面。

一是数据冗余、资源利用率低。各个系统之间不互通，各自拥有独立的门户、账户、人力资源等信息，造成数据的冗余，不可复用。

二是资源浪费。各个信息系统需要自身的服务器、数据库来保证正常运行，即使是用服务器虚拟化或者云服务，每一个系统都要占用相应的空间，从而造成了硬件资源上的浪费；各个信息系统由于功能不同，操作特点也不同，每个系统需要至少一名专业系统管理员进行专门维护，造成人力资源方面的浪费。

三是系统闲置。当独立的系统数量不断增加时，企业用户在实际操作时，特别是企业高层管理人员，需要多次登录不同的系统，用户的体验较差。一些使用频率较低的系统会被闲置，从而造成信息系统与实际工作"两层皮"的局面。

四是投资损失。当信息系统在实际工作中无法发挥作用时，前期投资几十万，甚至几百万、几千万元建设的信息系统都有可能被闲置、弃用，给企业造成资产损失。

二　以 TBC 信息化管理机制破解"信息孤岛"

为了提升企业管理工作的规范化和效率水平，有效应用信息化手段，我们进行了早期信息化工作的研究，并决定先期建设办公自动化（OA）系统和数字档案管理系统。鉴于其他企业在信息化工作实际中遇到的"信息孤岛"问题，信息化工作团队将自身大规模区域土地开发的丰富经验与工业产品设计中常用的由上至下、由下至上设计思路借鉴、整合、利用到信息化工作中，结合自身信息化工作实际，总结建立出了一套避免"信息孤岛"产生的信息化管理机制。该信息化管理机制简称为 TBC（由上至下

Top－Down、由下至上 Bottom－Up、统一协调 Coordinate）。

（一）TBC 信息化管理机制内涵

我们充分利用企业各项管理资源，构建了以走出"信息孤岛"为目标的信息化管理机制。该管理机制采用由上至下的顶层设计原则，以由下至上的设计方法为基础，参考了大规模区域土地开发的工作模式，充分协调多信息系统的统一集成和数据交互，为企业信息化工作提出一条避免产生"信息孤岛"的管理工作思路，以进一步发挥信息化在企业管理和发展中助力与引领作用。

集团建立的信息化管理机制是基于软件工程（Software Engineering）①和工业产品设计②等领域中常用的从上至下（Top－Down）以及从下至上（Bottom－Up）设计方法。

在信息化工作中，Top－Down 是指从宏观着手规划出信息化建设大蓝图，再将目标细分，最后分步实施；Bottom－Up 是指原有的已建成信息系统，虽然没有在规划蓝图中，但是要分析这些信息系统的功能特点并使其真正融入整个信息化工作的蓝图，最大限度地在大系统中发挥其功能作用。最终将已经建成的独立系统整合到大系统中，达到消除"信息孤岛"的目标。

在按照建立的信息化管理机制来实施搭建信息系统以及集成已建成信息系统时，我们参考了大规模区域土地开发的工作模式，协调多个信息系统同时搭建，实现多个系统间的数据互通，避免信息孤岛的产生。

在信息系统建成后的推广使用时，利用其推动企业发展、进而引领行业导向才是企业信息化工作重要性的实际体现。所以信息系统的推广使用工作也尤为重要，这时我们仍采取了 Top－Down、Bottom－Up 以及统一协调 Coordinate 来促进信息系统在企业中的推广使用，从而避免信息系统"建而不用"，造成资源的浪费，也避免了人为使用原因产生的"信息孤岛"。

① 伍晏：《软件开发结构化处理初探》，《企业技术开发》2005 年第 10 期，第 55～57 页。
② 李建：《产品设计的 Bottom－Up 和 Top－Down 设计方法研究》，《机械工程师》2013 年第 12 期，第 47～48 页。

所以，TBC 信息化管理机制不仅涵盖了规划、实施阶段策略，也包含了信息系统的推广、运营、维护阶段措施。

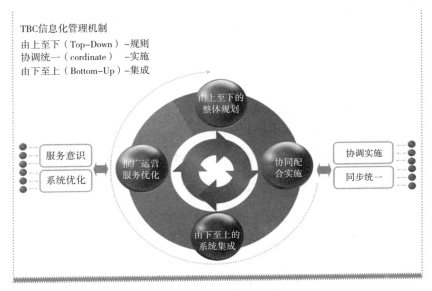

图1　TBC 信息化管理机制框架

（二）TBC 信息化管理机制框架

1. 由上至下的整体规划是信息化管理机制的根本核心

在这一阶段我们采用 Top - Down 设计方法规划出整体模块，然后根据实际所需划分不同的模块，再细化到各模块的实施。

首先，将一家企业的信息化工作目标假设为一个超大规模信息系统的应用，该信息系统包含此企业所需要的全部功能模块，我们称其为"整体规划信息系统"。

其次，将规划的大系统按照业务功能划分为不同模块，根据企业实际情况进行模块的建设，且可以将业务联系紧密的两个或多个模块同时搭建。

2. 协同配合、同期建设是信息化管理机制的基础策略

对于规划中要同时建设的两个或多个模块，我们借鉴了大规模区域土地开发中的组织、协调、配合经验，使多模块建设进度同步最大化、模块

间数据集成设计方案一致，在有效提升系统实施效率的前提下完成不同模块间的集成。

3. 由下至上的系统集成是信息化管理机制的关键步骤

对于已经在规划前就已经建设完成并运行使用的信息系统，我们采取 Bottom – Up 方式与整体规划信息系统集成结合。根据这些信息系统各自特点，将它们与在规划中新搭建的信息系统集成，使整体规划信息系统的功能不断扩充完善。

更重要的是，原有信息系统与新建信息系统集成的过程仍然要通过组织协调系统建设单位配合完成。

4. 推广运营、服务优化是信息化管理机制的重要手段

建设信息系统的目的就是使用。通过使用信息系统这一工具，促进、改善、提高甚至引领企业的发展是信息化工作的根本目标，在系统建成后的使用推广、运营、维护阶段，我们依然采用从下至上、从上至下以及统一协调的策略促进该阶段工作的开展。

（三）TBC 信息化管理机制特点

大部分企业认为信息化工作就是简单的软件采购和使用行为。这种认识最直接的后果就是产生一个个的"信息孤岛"，甚至有些"信息孤岛"变成了"无人岛"（放弃使用），造成了各种资源的浪费；还有一部分企业对于信息化工作认识较高，建立了相应的信息化工作规划，然而这些规划往往都是偏理论化的指导意见，且不能与企业实际情况结合，造成实际工作与规划偏离，规划变为了一纸空文。

TBC 信息化工作机制避免了以上在信息化工作中易闯入的误区，总结了从信息化工作规划到信息系统实施、到系统运营维护、再到后期系统整合的全项目生命周期过程，适用于任何企业信息化工作的开展。

三 TBC 信息化管理机制方法实施

（一）明确整体规划，因地制宜开展信息化工作

基于现有的信息化规划，我们对于集团信息化未来有着充分的认识，

意识到未来的趋势一定是大系统、大集成、大数据，所以将集团信息化工作的目标设立为一个涵盖集团所有基层单位和业务部门管理工作的大系统，包含办公、人力、财务、档案、规划、工程项目管理等功能需求。这样，从整体规划上就是一个大系统，从而首先在规划中避免了"信息孤岛"的产生。

集团的信息化工作在提出"大系统"的建设后，从最基础的信息系统（功能模块）的建设作为集团信息化工作的第一步。当时集团管理办公依照传统办公模式，为了利用信息化手段提升管理办公效率和节约资源，选择了办公自动化（OA）系统和档案管理系统作为初期建设的信息系统，并确立了同期建设，同期集成的原则。

（二）夯实信息基础，协调有序进行信息系统建设

1. 招标及合同签订中明确集成方案，明确任务功能需求

在招标文件、合同中规定信息系统间的数据集成与实施方案。

在办公自动化系统和数字档案管理系统的招标文件中，都明确要求了两个系统的集成性、可扩展性，同时规定了与原有系统、在建系统以及未来要建设系统的接口预留。这样从根本上体现了系统间的集成和数据交互，从而为大系统的建设打好基础。

在招标完成后的合同签订阶段，集团提前组织 OA 系统建设方与档案系统建设方共同对系统集成总体实施方案进行了多次研讨，并确定了三方都认可的方案。最终形成的技术方案将作为合同内容的一部分进行签订，以保证系统集成的顺利实施。我们还规定双方尽量保持工程进度一致，进一步确保实施过程中遇到问题能及时沟通解决。

这些措施与要求都是为了不让任何一个系统独立，避免造成"信息孤岛"而提出。在今后新建信息系统时，都必须以此为要求进行信息系统的建设。

2. 信息系统建设中协调实施，保证进度统一

在信息系统实施建设阶段，建立了日报、周报、周会制度，并落实形成书面文件。我们要求两家系统建设单位汇报每天、每周的工作进度，并给出第二天、下一周工作安排计划；建立了信息化周会制度，每周例会中

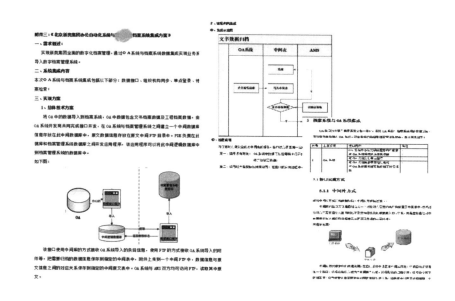

图 2　OA 系统与档案系统合同中关于系统数据集成的实施技术要求

汇报本周实施进展进度，双方建设单位提出需要协调解决的问题，由集团协调并讨论解决方案，然后对下一步重点工作任务时间节点进行布置安排，并在下次例会中确认是否按照计划落实实施。

对于在实施过程中遇到的重大较难协调解决的问题，由集团主管信息化领导主持召开信息化工作专题会议进行进一步的协调解决，最终形成专题会议纪要并作为推进工作的依据。

在信息系统实施建设阶段，我们借鉴工程项目管理中常用的甘特图法，对两个系统的实施进度进行了初步计划，使双方各个阶段的进度尽量吻合，从而按照计划开展相应工作。之后将实际实施进度加入表中，与计划进度对比，比较分析造成提前或延误进度的原因。

3. 系统功能与数据集成测试，确认需求功能完善

当 OA 系统与档案系统基础功能搭建完成后，首先进行信息系统基础功能测试并确认系统能够正常运行时，在系统建设双方开始按照数据集成的技术文档要求开发各自分工部分。

双方开发任务完成后，开始系统间集成与数据传输功能测试。我们按

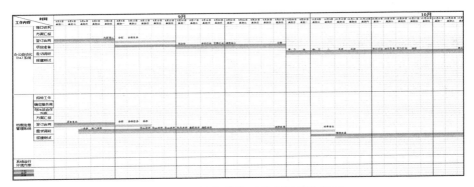

图 3　OA 系统与档案系统项目实施进度

照具体工作要求，对 OA 系统所有需要存档的流程和文件进行了逐条、多次、长时间的实际操作测试，并将在数据传输测试中各种问题进行汇总、研究、解决。在所有测试都通过后，开始准备系统的上线工作。

系统间集成和数据传输功能是实现"大系统"的最根本手段，如果这一部分功能做得不扎实就会产生"信息孤岛"，从而直接影响到系统上线后用户实际使用时操作感受以及业务需求。所以这一阶段的测试必须重视，按照设计要求进行功能测试工作，使系统间数据交互通畅。

4. 系统上线后服务商驻场维护，保障系统正常运行

当系统上线工作准备完成后，两个系统同时进行上线试运行。在上线试运行期间，我们要求两信息系统开发建设方同时驻场维护 2 个月，以确保在试运行期间系统的正常运作，并发现实际操作中产生的问题。

信息系统上线后的驻场工作非常重要，该措施是我们从很多企业信息化工作实际经验总结而来。通常在信息系统上线后，服务商会驻场一周解决后续可能发现的问题。然而由于系统刚上线，系统使用培训刚刚正式展开，企业用户对系统操作还不熟悉，在短时间内只是一个熟悉操作的阶段，并没有实际发现系统内与实际工作结合的问题。所以我们在签订合同之初就将此列为必要条件，以确保系统上线运行后能发现实际问题并迅速得到解决。

（三）巩固建设成果，循序渐进加强信息系统使用

1. 深入培训，不断强化信息系统实际操作

由于集团 OA 系统和档案系统为集团式部署，从集团总部覆盖到全部

二、三级子公司，所以在 OA 系统和档案系统上线试运行后，我们组织开展了集团总部、集团各子公司的系统使用培训。培训分为针对普通员工的系统操作培训、专门针对集团领导层的系统使用培训以及系统管理员的维护操作培训等。对于一次培训不能满足要求的子公司，我们为该子公司增加了培训场次。

系统操作使用培训是用户接触系统的第一步，就好比第一印象，极其重要。而且系统的使用也是从系统使用培训开始的。如果培训这一关键步骤没有做好，那么用户对系统的印象分就会降低，并且在实际系统操作中也不顺畅，从而用户体验不佳，那么这个系统必然会被排斥、孤立，人为形成系统"信息孤岛"。

2. 分步推广，逐渐适应信息化工作方式

在系统上线使用初期，用户的工作习惯与模式还没有完全适应，所以我们采取了渐进的策略。

①传统办公方式与信息化办公方式结合

工作习惯的改变不是即刻就能发生的，所以我们在初期（3～4 周）推广信息系统的使用上采用了"两条路走"的方式，即在这一阶段传统纸质办公或线上办公都可行，我们称该策略为 Bottom – Up。

集团领导对系统的使用，在信息系统全集团的推广工作中起到至关重要的作用。在初期领导会同时接受纸质文件和线上操作，之后逐渐不再接受纸质文件，从高层自上而下将系统推广开来，这一策略为 Top – Down。

②系统内流程分批上线

通过信息系统搭建过程中的集团各部室需求调研，OA 系统初期共搭建各类业务流程 94 条（由于档案系统业务单一，故流程数量少且固定，未在此处提起）。若将这 94 条流程同时上线投入使用，会给尚未熟悉信息系统操作的企业用户带来很大困扰，从而影响使用感受，造成差的用户体验。

所以我们在系统内流程的上线采用了分批上线的措施。第一批上线的为企业内日常工作最多涉及的相关流程，如用印审批、工作请示、收发文等流程。使用这些简单而常用的流程一段时间后，企业内用户逐渐熟悉了信息系统的操作特点，并逐渐形成了利用信息系统办公的习惯。这时再继续逐批次将剩余流程分别上线，形成由少至多、由简入繁的节奏。

3. 建章建制，规范员工信息系统使用

在逐渐推广信息系统使用的同时，还有一项必不可少的措施：建立相关制度。

集团在 OA 与档案系统推广使用阶段，由集团经理办公会研究通过了一系列信息化管理办法。在出台的相关制度中，明确了信息系统的操作使用规范、企业全员对信息化系统使用的权利与信息安全保密义务、企业各业务部门及信息化工作部门在信息系统的推广运营维护中的职责等内容，从制度方面规范信息系统的使用，进而避免了因系统"建而不用"造成的资源浪费。

4. 主动服务，提高信息系统的用户体验

信息系统上线投入使用后，信息化部门应做好相应的服务工作。信息系统作为提高管理工作效率的工具，工具的使用则应该有相应的服务，而提供这些服务是信息化部门所应承担的责任，所以我们要树立良好的服务意识。

在用户使用系统中遇到任何问题，应认真对待，能当下解决的要立刻解决；不能当场解决的问题，说明情况和原因后，立刻组织相关技术支持解决。更重要的是，我们不能被动等待用户提出问题，而是要主动去询问使用情况，主动发现问题。

当前市场主流模式是免费提供产品使用，产品的各项服务需要通过购买来实现，此时服务的重要性就凸显出来。其实信息化工作也可以从这个规律中找到新的定位，信息系统的建设使用不再是信息化工作的主要内容，重要的是能够提供优质完善的服务，那么系统的利用率就不再是问题。

（四）紧跟发展步伐，科学合理实施信息系统优化

信息系统在投入使用后，需要进行定期的梳理优化工作。事物都是发展的，企业的组织架构、管理机制、工作流程等都是会变化的，所以信息系统的使用不是一劳永逸的。这就需要我们信息化工作部门定期结合企业实际情况与系统情况进行系统的梳理与优化工作。

集团在 OA 系统和档案系统投入使用后，组织机构多次调整，机构的调整带来的是系统内相应工作流程的调整。在系统集成的情况下，档案系统内组织机构、人员等信息可从 OA 系统中同步，所以系统内机构的调整

只需要在 OA 系统操作即可。目前，我们对 OA 系统内的组织架构和流程优化调整、增加、停用工作一直在持续，有效提高了相关工作流程的效率、可操作性与实用性，大大提高了管理工作效率，降低了管理成本。

系统的优化、流程的梳理工作同样需要信息化工作部门的"主动出击"，不能等到信息系统不能适应实际工作需要时再做出改变，而是要提前发现，提前治理。这样才能跟上企业发展的步伐，从而充分发挥信息化工作对企业发展助推、引领的作用。

（五）汇聚百家之长，同步统一完成系统数据集成

对于原有的信息系统，则要采取 Bottom – Up 的方式，分析其特点，决定交互数据类型，与"大系统"进行集成。

集团的二级子企业于 2012 年已开始实施建设信息一体化管理系统。其信息一体化管理系统是为了满足其商业运营管理的需要，满足流程、执行、资产、招商租赁、营销、运营、人力、财务、会员、协同办公、合同、客户、预算、物业、决策分析等需要，以提升企业核心竞争力。

由于该系统先于集团信息化规划建设，部分功能贴合大型商业地产项目经营管理，具有鲜明的特殊性，我们实施了异构系统集成策略，实现了与集团系统间的集成。2016 年集团在原有 OA 系统门户的基础上，开发建设综合管理一体化平台"智慧北投"，同期开发人、财、合同等管理系统。平台建设过程中，我们实现了 HR 系统对全部应用系统的组织机构与人员管理，使 HR 系统人员信息成为商业系统、OA 系统、档案系统等各类系统用户权限的唯一资料来源；实现了平台对各业务系统流程办理过程的集约管理；实现了商业系统中合同、资金数据与集团财务核算系统的无缝对接；实现了各系统数据抽取、采集、计算形成的企业大数据分析模型及智能报表。

四 研究结论与建议

（一）运用科学合理的信息化管理机制，避免了独立信息系统的产生和存在

集团在信息化工作中通过运用 TBC 工作机制，有效避免了信息孤岛

的产生和存在，从而为企业节约了重复整合信息系统投资、多信息系统管理人力等投入，进一步提高了企业管理水平。

（二）提升了企业管理的效率和规范性，推动企业持续不断发展

1. 节约时间，提高工作效率

集团 OA 系统的办公模式改变了传统的工作方式。简单以"用印审批"来讲，传统方式是由员工填写纸质用印申请单，本人到部门负责人及主管领导处申请签字后方可用印。领导外出的情况时有发生，审批进度较慢。而在 OA 系统中使用"用印审批"流程则很快捷，员工在线填写申请单并提交后，部门负责人和主管领导在系统中批准即可；如有领导外出时可通过手机 OA 应用进行审批，不耽误任何时间。这样节省了大量的时间，提高了工作效率。

2. 工作过程规范化，彻底去除人为因素

信息系统中流程为固化状态，不能随意跳过任何一个需要经过的节点，这样就避免了不规范的工作习惯，使工作习惯正规化。

3. 节省成本

成本的节省不仅体现在物质上的，还有时间和人力成本等等。信息系统的使用，替代了传统的纸质表单，所有的申请表格类表单全部实现线上填写，节约了用纸量；信息系统中审批流程加快了办理速度，节约了时间成本；信息系统的操作只需要在计算机前操作，无须跑上跑下，节约了人力成本。

4. 与档案系统的深度集成，提升了档案资源的利用率

集团 OA 系统与档案信息系统实现了深度集成，所有在 OA 系统中生成的需要存档的文件都会自动推送至集团档案系统，节约了人力，并使档案资源自动数字化，便于员工查阅，进一步提高了档案资源的利用率，提高了工作效率。

5. VPN 的使用，提高了数据的安全性

北投集团搭建的信息系统是基于虚拟私人网络（VPN）上的应用系统，任何无关于集团的人员都无法从外部网络访问利用企业信息系统中的任何资源，从而使集团信息系统数据的安全性大幅提升。系统安全性与可

靠性的提升可间接转化为管理效率的提升。

（三）创新工作机制，为其他企业的信息化工作提供借鉴

目前全国范围内尚未有完整、可行的企业信息化工作机制可供借鉴，各企业在信息化工作中处于各自为政的情况。本信息化工作机制为科学合理开展企业信息化工作且避免"信息孤岛"问题，积累了成功经验并总结出了广泛适用的一套模式和方法。

在 TBC 信息化管理机制模式下，集团有效避免了信息孤岛的产生，并充分将原有信息系统特点与新建信息系统有效结合起来，最大限度地发挥了信息化对企业的管理、生产、经营等工作所应发挥的辅助功能。

综上，TBC 信息化管理机制在企业信息化工作的实际应用中起到避免产生信息孤岛的作用，提炼出了企业在信息化工作过程中各部分的共性，形成了模式化的工作流程。

参考文献

郭东强：《企业"信息孤岛"的产生与治理》，《企业经济》2003 年第 10 期。

伍晏：《软件开发结构化处理初探》，《企业技术开发》2005 年第 10 期。

李建：《产品设计的 Bottom－Up 和 Top－Down 设计方法研究》，《机械工程师》2013 年第 12 期。

谷宝华：《企业信息化的瓶颈——信息孤岛》，《辽宁工学院学报》（社会科学版）2012 年第 6 期。

王改性：《河南省中小企业信息化战略管理研究——基于企业信息孤岛化视角》，《吉首大学学报》（社会科学版）2016 年第 12 期。

唐斌：《大数据：生态文明建设信息资源的"去孤岛化"》，《湘潭大学学报》（哲学社会科学版）2017 年第 1 期。

后　记

　　编这本书的过程就像在看一部电影，场景从农田、村落生长为运动场馆、繁华都市，人物依次登场，演绎着让你不时感动的故事，跌宕起伏中穿插的技术与创新就像是特技，既烧脑又神奇，使得影片更加玄妙。

　　我们，一群城市发展实践者，工作的主题词是——忙，最近这个阶段是——没日没夜的，忙！这些天来，大家被书这件事逼迫着挤出一段段时间，或深夜、或清晨，回望、回想、总结、提炼，当那些走过的路、做过的事场景重现，我们感到无比自豪，奥林匹克中心区、奥体文化商务园区，正在进行建设的北京城市副中心、亚投行总部大楼、大兴新机场、丽泽金融商务区……就是我们，建设并见证了北京首都城市的提升与改变。我们感恩有这样一个机会参与到这些载入史册的重大事件中，我们荣幸将我们的实践总结与大家分享。

　　本书中的文章都来自北投人的实践，每一篇文章的主创团队就是这些经验或模式的创造者、实施者，他们是工作岗位上的高级工程师、高级规划师、高级经济师，是行业中的领军者，是业务上的专家。与此同时，他们的身上也有着诸如大学老师、海归、博士、硕士的历史基因。所以，这是一本专业的人写的专业的书。

　　特别感谢这本书的创作团队，每个深夜，当我提出修改意见、讨论文章内容的时候，伙伴们总是第一时间回应，我们配合得愉快而顺畅；很多修改的文章是清早收到的，我知道，那后面一定是个不眠夜；有的文章进行了反复修改，大家不厌其烦，因为我们想把最有用的经验介绍给大家；有的同事休假，但超长待机，工作微信从不离线；更多的领导同志对这本书给予了祝福与期待。这一本书包括序在内的 17 篇论文只是我们工作众多实践经验总结的冰山一角，是我们集团领导员工创新务实精神一个小维度的体现。

当我敲完这段文字的时候，这本书的编撰工作也已接近尾声，很期待见到它，同时已经开始期待下一本！

2018 年金秋，于北京奥林匹克中心区

图书在版编目（CIP）数据

城市发展的足迹与回响：从奥林匹克公园到北京城市副中心建设的实践创新／北京城市副中心投资建设集团编. --北京：社会科学文献出版社，2018.11（2019.2 重印）
（城市发展丛书）
ISBN 978 - 7 - 5201 - 3797 - 3

Ⅰ.①城… Ⅱ.①北… Ⅲ.①城市建设 - 研究 - 北京 Ⅳ.①F299.271

中国版本图书馆 CIP 数据核字（2018）第 255369 号

· 城市发展丛书 ·

城市发展的足迹与回响
——从奥林匹克公园到北京城市副中心建设的实践创新

编　　者／北京城市副中心投资建设集团
主　　编／李长利
副 主 编／吴金梅

出 版 人／谢寿光
项目统筹／邓泳红　陈　颖
责任编辑／陈　颖

出　　版／社会科学文献出版社·皮书出版分社（010）59367127
　　　　　地址：北京市北三环中路甲 29 号院华龙大厦　邮编：100029
　　　　　网址：www.ssap.com.cn
发　　行／市场营销中心（010）59367081　59367083
印　　装／三河市尚艺印装有限公司

规　　格／开　本：787mm × 1092mm　1/16
　　　　　印　张：19.75　插　页：0.5　字　数：299 千字
版　　次／2018 年 11 月第 1 版　2019 年 2 月第 2 次印刷
书　　号／ISBN 978 - 7 - 5201 - 3797 - 3
定　　价／98.00 元

本书如有印装质量问题，请与读者服务中心（010 - 59367028）联系